THE RISE

OF

THE MARGINAL UTILITY SCHOOL

边际效用学派的兴起

【美】理查德·豪伊 —— 著
晏智杰 —— 译

晏智杰译文集
YAN ZHIJIE'S TRANSLATIONS

晏智杰

1939-；北京大学经济学院教授，博导，前院长。曾任北京大学党委常委、宣传部部长、经济学院院长等职。主要著作十余部、译著8部，发表论文逾百篇。主要著作包括：《经济学中的边际主义》、《亚当·斯密以前的经济学》、《古典经济学》、《劳动价值学说新探》、《晏智杰解读<道德情操论><国富论>》等。主要译著包括：《亚当·斯密与现代政治经济学》（俄），《西方经济学发展阶段》（俄），《现代经济分析史》（英），《边际效用学派的兴起》（英），《经济思想的成长》（英），《魁奈<经济表>及著作选》（英、俄），《生产与分配理论》（英）等。百余篇论文涉及我国经济体制改革与经济发展、经济学说史等。

Yao Zhiji

向岱老请教学术问题（1987年，南京）

与陈岱孙教授在一起的岁月

1985年，摄于北大朗润园79号甲岱老寓所庭院

岱老1993年摄于北大燕南园寓所门前

在岱老客厅（1992年，北大燕南园）

左起：刘雅颜，岱老，晏婴（1986年）

与岱老合影于1993年北大燕南园

与陈岱孙教授在一起的岁月

在岱老书房（1991年，北大燕南园）

1998年摄于岱老塑像前

边际效用学派

的

兴起

THE RISE

OF

THE MARGINAL UTILITY SCHOOL

晏智杰教授简介

晏智杰，著名经济学家，经济思想史学家，北京大学教授，博士生导师，享受国务院政府特殊津贴，《二十世纪中国知名科学家学术成就概览》（钱伟长总主编）入传者。曾任教育部高等学校经济学学科教学指导委员会委员、北京大学党委常委兼宣传部部长、北京大学经济学院院长、中华外国经济学说研究会副会长等职，现任北京大学市场经济研究中心理事长、多所高等院校兼职或兼课教授、《经济学家》等刊物学术顾问或审稿人。1985 年赴美国、1991 年赴德国、2000 年赴日本等国做访学研究。

几十年来，一直在北京大学从事教学和研究工作，努力践行北大校训“勤奋、严谨、求实、创新”，获得丰硕成果，桃李满天下；1995 年荣获首届北京大学研究生和大学生评选“我们最爱戴的老师”称号；在经济科学研究领域成绩斐然：迄今已出版著作 20 余部，译著 10 余部，发表论文 100 余篇，多次获奖。

20 世纪 70 年代末到 80 年代中期，在陈岱孙教授的直接指导下，在国内学界率先系统研究和重新评价了西方经济学的边际主义思潮（流派），填补了一项学术空白；破除了多年来根深蒂固的教条主义说教，开创了实事求是地看待西方经济学之先河，开启了作者重新研究和评价西方经济学之开端。

20 世纪 90 年代，本着与时俱进，打破旧模式、探索新模式的宗旨，重新研究和撰写了近现代西方经济学说史。对从重商主义到凯恩斯主义为止的重要经济人物及其理论或观点，提出了一系列富有创见的论述，体现了作者敢于面对现实，坚持独立思考的勇气和担当。

世纪之交，本着为改革立论的宗旨，以实践为准绳，经过长期艰苦探索，在重新评价传统理论的基础上，最终构建了“多元要素价值论”及“按要素贡献分配论”等新的基本理论。这些成果被誉为新时代的重大理论创新，“为党的十六大做了理论准备”。

多年来，就改革开放所面临的政策和现实问题，在调查研究的基础上，发表了一些具有影响力的看法或建议。20世纪90年代，提出我国经济体制改革的总体取向应是自由竞争与宏观调控相结合；指出“国有经济的作用不容否定”，但须对之进行市场化改革；针对否定改革思潮，提出“中国经济改革不容逆转”；倡导市场经济与道德情操统一；主张建立适应中国国情和满足中国需要的经济学；还对社会主义与市场经济兼容的条件等进行了探讨。

进入21世纪以来，致力于研究民营经济发展问题，肯定了民营经济的战略地位和巨大贡献，呼吁解除妨碍其发展的体制性障碍，对直接危及其生存的“离场论”和“消灭私有制论”等提出了批评。呼吁警惕计划经济思维回潮；对认为大数据时代必然回归计划经济的观点提出质疑；指出综合劳动价值论与要素价值论的想法行不通；拥护和肯定供给侧结构性改革决策，同时提出要警惕淡化体制改革目标，切勿以行政手段代替市场化解决方案；主张追求供给与需求的平衡与统一，等等。

主要学术著作：《经济边际主义》（1987年）、《亚当·斯密以前的经济学》（1996年）、《古典经济学》（1998年）、《边际革命与新古典经济学》（2009年）、《劳动价值学说新探》（2001年）、《经济剩余论》（2009年）、《马克思〈剩余价值理论〉导读》（合著，1985年）、《晏智杰讲亚当·斯密》（2011年）、《晏智杰解读〈道德情操论〉与〈国富论〉》（2018年）等。发表论文逾百篇。

主要译著：《亚当·斯密和现代政治经济学》（俄文版）、《魁奈经济著作选集》（英文版、俄文版）、《生产与分配理论》（英文版）、《科学的青春》（俄文版）、《经济思想的成长》（合译，英文版）、《西方经济学发展阶段》（合译，俄文版）等。

译序

本书问世已半个世纪，其学术价值仍未消减，至今仍是该领域的经典和权威之作，未来恐怕也难有可取代者。凡研究和关注经济边际主义尤其是其起源问题者，莫不从此专著中获益良多。诚如斯蒂格勒所说："对于1871—1890年这段边际效用理论的形成时期来说，豪伊的这部著作仍然是标准的来源。"

本书作者豪伊教授是一位资深学者，其学术功力之深，态度之认真，全书可鉴；他在为中译本撰写的序言中，着重地对批评意见作出善意的回应，这有些出人意料，但尤显其做人与做学问之谦虚谨慎和仁慈宽厚。

本书此次出版，得益于西南财经大学出版社领导同志的大力支持和编辑同仁的认真细致工作，还有幸得到黄秋锦和张俊辉等先生的友情襄助，谨在此一并致谢！

晏智杰

2019年2月20日

译者前言

我在 1987 年发表的专著《经济学中的边际主义》一书中曾经指出，边际主义已有两个半世纪的历史，它在 19 世纪末期和 20 世纪初期发展成为西方经济学的主流，并对后来经济学的发展产生了深刻的影响；而在这漫长的历史中，边际效用学派于 19 世纪 70 年代到 80 年代末的兴起，在经济学领域占有非常重要的地位。

呈现在读者面前的这部书，正是对这段历史的专门研究，它以其资料丰富翔实、分析严密周到和论述准确生动而备受读者好评，甚至被视为经典性的著作，成为研究西方经济学及其历史特别是边际主义经济学史的必读参考书；该书于 1960 年由美国堪萨斯大学出版社出版，迅速售罄，学者们往往欲求而不可得，成为书中珍品。有鉴于此，美国哥伦比亚大学出版社于 1989 年再版了这部书。

本书作者理查德·豪伊（1902 年生）是著名的美国经济学（史）家，他于 1926 年获哈佛大学经济学学士学位，1929 年获南加州大学经济学硕士学位，1955 年获芝加哥大学经济学博士学位；1929 年起任教于堪萨斯大学，历任经济学讲师、助理教授、副教授和教授，前后长达 44 年之久，直到 1973 年退休。豪伊教授还是一位闻名遐迩的经济学文献收藏家。

1984 年，译者赴美研修期间有幸与豪伊教授建立了联系，并获赠一

册他的这部名著。在得知本书译事之后，他又应约于1987年8月为中译本写了一篇学术评论性的序言；同时寄来了他的一篇题为《边际主义的起源》的论文，该文是作者于1971年夏在意大利白拉吉纪念边际效用学说问世100周年学术讨论会上的发言稿。豪伊教授在来信中说："这篇论文是对我的著作（即指本书）的补充。一方面，我的书只写到1960年，而这篇论文涉及的范围扩及1971年；另一方面，这篇论文充分利用了《瓦尔拉斯通信及论文集》中的资料，这部论文集是贾菲教授的不朽之作，三大卷，1965年出版于阿姆斯特丹。"本书择译了作者的这篇论文。

在本书问世之际，我要特地向北京大学西语系王文融教授、东语系杨康善教授、经济系范家骧教授表示感谢，他们在百忙中热情和认真地协助我翻译了原著中为数不少的法文和德文语句，从而使本书得以圆满译成。全书文责当然应由译者自负。欢迎读者指正。

晏智杰

1987年8月

译者补记

本书原由美国堪萨斯大学出版社于1960年出版，中译本即据该版本译出。

1989年美国哥伦比亚大学出版社以作者“早期著作”之名出了再版本。与原版相比，再版本增加了一篇乔治·斯蒂格勒教授撰写的前言，并将上文提到的豪伊教授本人的《边际主义的起源》一文作为再版本的绪论，正文则全部是1960年版的内容。

豪伊教授于1989年12月给我寄来一册刚问世的再版本，我据此补译了斯蒂格勒教授的前言，并将《边际主义的起源》一文的全译文作为绪论，正文译文则保持原样。

索引的页码为原文页码；原文页码以【1】【2】【3】…… 插在相应译文处。原书各章的注释集中排在全书正文之后，为了读者阅读方便，我将注释移到各页正文之下。由于做了这个调整，在同一页上的原书注释的页码同原书正文的页码就不连贯了，提请读者注意。

晏智杰补记于1990年3月

此中译本在译成之后11年终于问世，同中国社会科学出版社领导同志的大力支持是分不开的，我要感谢他们对出版学术著作的热忱，对该书学术价值的重视和认同，以及责任编辑张红女士的努力和辛勤劳动。还要感谢台湾友人詹庚辛先生的热情资助。

晏智杰

1998年12月17日

作者：中译本序言

《边际效用学派的兴起（1870—1889 年）》问世后，有幸颇受世人评说。在这个序言中，我想对 1960—1965 年在各种学术杂志上发表的对本书的评论作一小结，我相信这对晏智杰教授的中文译本的读者是有意义的，就像往昔的游记对今日的旅游者有用一样。

评论者对一本书通常总是既有赞许也有贬抑。前者超过后者，可谓肯定的评论，反之，便是否定的；而肯定的评论极易超过否定的评论。本书问世后五年间先后获得的署名评论中，属于肯定的评论有 11 篇，属于否定的评论有 3 篇。

肯定的评论的评语、作者、出处及日期如下：

“在当代经济学家中，也许没有人能像理查德·豪伊那样熟悉该学科浩瀚的文件了。”R. M. 罗伯逊，《维多利亚时代研究》，1961。

“一部出色的作品……一篇惹人喜爱的历史记载。”J. E. 巴塞尔，《南方经济杂志》，1961。

“资料可信，文笔优雅。”P. 阿尔特，《科学与社会》，1963。

“作者在这个研究中并没有自命不凡，而是以一种毫不矫饰和平实的方式获得了丰富的成果。遗憾的是，这种学者风度与作风正在学术界迅速地消失。”R. 达塔，“Arthaniti”，1961.

“总之，这是一本内容非常丰富的著作，很难相信它只有 271 页。”E. 菲尔斯，《国民经济与统计年鉴》，1962。

“在近期关于著名经济理论的产生和形成的历史研究中，豪伊的这本书应被看作是最值得注意的贡献之一。” A. 蒙塔纳，《施穆勒年鉴》，1965。

“一般来说，豪伊所用的不是思辨的方法，而是根据最精确安排的事实材料进行研究的。” M. 斯特林塞，《国民经济学杂志》，1963。

“这是一部关于边际效用理论起源的非常精确和深入的历史著作，它出自一位忠实和博学的作者之手。” E. 詹穆斯，《经济评论》，1964。

发表类似评论的还有荷兰的杂志（M. 爱斯金斯，《经济学评论》，1960；P. 亨尼普曼，《经济学家》，1962）以及丹麦的刊物（K. E. 斯文森，《国民经济学评论》，1961）。

G. H. 布斯凯、C. W. 季尔鲍德和 E. 考德发表的评论则是否定的。他们的观点与本书显然不一致。他们对本书的某些部分看来是赞成的，但总的来说都提出了不同的观点，对此不应忽视。

布斯凯评论的开头是一句释疑的话：“这是一部易读的有教益的著作，它介绍了一段我们科学的有趣的历史。”（《政治经济学评论》，1961）。布斯凯早在 1927 年就发表过一部常见的经济学史，我在本书第 216 页〔见中文译本附录注释（24）〕提到过这本书。

在一番略显恭维的介绍之后，布斯凯声称，我的这本书不是他所写的那一种：他的书论述的范围更大，开头比 1870 年早得多，而结尾是在 1889 年之后很久。此外，他还更多地注意到戈森等重要人物，而不太重视拉韦利和奥托这些相对来说不甚重要的人物。

我起初是想写一部布斯凯所说的那种著作。我深知这样写的优点，但我改变了主意，宁可牺牲广泛的涵盖范围，也要做更详尽的研究，以阐明边际效用理论进入经济学主体的过程。

第二篇否定的评论是季尔鲍德提出来的，他勉强承认本书作者“看来阅读了大量著作，这些著作甚至在大多数欧洲国家都早被人遗忘了……书末的注释也是一份很有用的文献书目单”（《经济学家》杂志，1961）。季尔鲍德（他是A. 马歇尔的侄子）对我的下述结论非常不满：他叔父认为他自己先于杰文斯表述了边际效用思想的说法是错误的。季尔鲍德的这种怨恨使他不能公正地评价本书的其他方面。

F. M. 邓恩从新南威尔士给我来信，对季尔鲍德的攻击有以下评论：“季尔鲍德的评论是蓄意中伤，不单是因为他对你的整个著作的辱骂，远远超出了有关马歇尔是否为首创者这个次要和部分来说无关紧要之点。既然任何认真和不抱偏见的研究均已表明，马歇尔所谓他惠及于其他人的种种说法，都不过是精心和审慎编造的谎言，所以它也就不仅是一种不真实的说法了。季尔鲍德真正的失误在于，在这样一个大多数出版物简单地、不加分析地重复别人言论的学科中，他的确碰到了一本书，这本书的严肃批评必定分辨出了某些新颖和富于首创性的东西，而他的唯一目的就是把这些东西一笔抹杀。”

邓恩接着说：“你可以聊以自慰的至少是时间在你这一边。熊彼特写《经济分析史》时，起初轻率地接受了有利于马歇尔的种种要求，后来又仔细解释这些要求为什么不可能是对的。你则干得直截了当，因而受到了中伤。”

考德是第三篇否定的评论的作者，他长期致力于写作《边际效用史》，此书于1966年出版。我在第8~9页（中文译本第一章第v节）曾提到他的一篇多次被援引的文章（发表在1953年的《经济学季刊》上），指出他“把价值解说的分歧同经济学家的宗教背景联系起来”。

考德评论的第一段以三句赞扬的话结束：“为收集资料付出了极大的努力，”“充分地解释了数学理论，特别是瓦尔拉斯、威斯蒂德、奥斯皮茨·里宾的观点，”“作者以出色的英语写作，还用了一些辛辣的措辞。”（《世界经济文献》，1961）

但他接着说：“尽管有这些优点，本书仍然是不值得推荐的。”他认为，我关于杰文斯的“一位论教派”的背景对其边际效用思想的影响的说法是错误的。他还挑出关于奥地利学派的各章，列举了我所犯的至少四个错误。

由于某种原因，我一直未得到这个评论的副本，对考德的评论也不知晓，直到O. 摩根斯坦的一封来信才使我得以了解。摩根斯坦先后就读和任教于维也纳大学。他在来信中说：“直到最近我才读到您的大作《边际效用学派的兴起》，我觉得这是一部极有意义的和令人鼓舞的著作。您肯定对有关著作（特别是奥地利人的著作）有深入的了解。考德在《世界经济文献》上发表的文章是我迄今所看到的唯一的评论您的著

作的文章。在我看来，此文有失公允，尽管我也觉得书中有一两处错误，但这对此类著作来说不足为怪。您能告诉我还有其他人的评论吗?”

我立即做了答复，并附寄了许多评论的复印件。他回答说：“我非常高兴地收到您5月12日的来信和有趣的附件。我认真阅读了这些评论，尤其对菲尔斯的那一篇感到高兴，他对您著作的理解有独到之处。考虑到季尔鲍德同马歇尔的关系，完全没有料到他竟会做出这样的反应。接到您的来信之前，我同巴塞尔（Basel）大学的埃德加·塞林教授谈过您的书，并把您的书给他看了。他此前一直没有注意到这本书。他对该书深感兴趣，发现它是极富有启发性的。”

理查德·豪伊（荣誉教授）

1987年8月14日

斯蒂格勒：前言

豪伊教授的这篇博士论文，在问世30年后的今天，理应获得再版的殊荣。无论是在他以前还是在他以后，都无一人如此广泛和精心地论述过边际效用理论从杰文斯、门格尔和瓦尔拉斯提出到1890年的演进。豪伊以其精深的学识，非常细致地追踪了这些经济学家及其同时代人对这一理论的研究。

豪伊的研究没有什么需要后人补充和修正的，他的论述只是在某些更具技术性的细节上不大准确。例如，互补性问题只一带而过；威斯蒂德衡量边际效用的方法（第131~132页），只对附加的效用函数才是正确的。除去这些次要点之外，他的论述仍旧是十分可取的。

在边际效用理论出现大约100周年时，人们曾集会庆祝。读者如想了解该理论在这个时期的其他方面和后来的发展，可参阅专题论文集《经济学的边际革命》（刊于《政治经济学史》1972年秋季号），还需参阅戈森的那部令人惊异的著作《人类关系法则》（英译本，麻省理工学院出版社，1983）。[①] 不过，对于1871—1890年这段边际效用理论的形成时期来说，豪伊的这部著作仍然是标准的来源。

乔治·J. 斯蒂格勒[②]

芝加哥大学，经济与国家研究中心

---

① 这里提到的两本书都已有了中文译本：《经济学的边际革命》，商务印书馆，1987年版。戈森：《人类交换规律与人类行为准则的发展》，商务印书馆，1997年版——译者注。

② 乔治·J. 斯蒂格勒（George Joseph Stigler，1991）美国著名经济学家和经济学史家，1982年诺贝尔经济学奖获得者。1958年以来任教于芝加哥大学，本书出版时任该大学美洲研究所查尔斯·沃尔格林讲座杰出教授。主要著作有：《生产和分配理论》（1941年）《经济学史论文集》（1965年）《价格理论》（1942年、1952年、1966年）《工业组织》（1968年）以及《市民与国家》（1975年）《经济学家和说教者》（1982年）等——译者注。

原序

1890年以后，经济学学术研究的课题与1870年以前相比是大不相同了。在这20年间，经济学经历了像以前各时期一样剧烈的变动。造成这种差别的原因，是边际效用学说进入了经济分析。1871年前，没有哪位经济学家对边际效用做过任何重要和公认的应用，而在1889年以后的较长一段时间里，大多数经济学家则感到不得不利用边际效用，或者不得不赞成利用它。因此，要想很好地理解1871—1889年经济学的现代化，就必须理解边际效用学派兴起的作用不可。在说明现代经济学演进的一个特点方面，边际效用学派兴起的历史具有普遍的意义。

本书限于研究这20年，以囊括边际效用学派兴起的大部分阶段，甚至包括某些细微和附带的方面。对1871—1889年边际效用的完整研究，使早先的断代史研究得到补充，而这段重要的历史以往却被忽视了。这个研究应为其他的研究，特别是为精雕细刻地研究边际效用思想后来的历史以及它最终局部的复归，提供更坚实的基础。

除了介绍许多新资料以外，本书还想对有关著作所提出的各种不甚重要的和少数重要的解释加以评说。主要更正在于，排除了以为边际效用思想很快就会被人们接受这个论断。实际的情况确非如此。边际效用思想进入经济学家们的头脑中是非常缓慢的，它不得不靠逐渐地克服惰性和更缓慢地克服对立面来赢得胜利。有些经济思想史著作常给人留下一个印象，似乎杰文斯、门格尔和瓦尔拉斯的著作一问世，他们的观点就传遍了全世界，经济学家们的思想和观点就起了明显变化。但思想上的突破并不是这样取得的。边际效用学派形成于我们所研究的这20年之末，但在整个这20年之内，边际效用思想作为一种新的然而是次要的经济思想，是与旧的学说同时并存的。

本书第一部分（第1~5章）带有绪论性质，主要追溯了杰文斯、门格尔和瓦尔拉斯1871年以前的思想发展，他们于19世纪70年代初分别发表的著作标志着边际效用学派兴起的开端。第二部分（第6~7章）比较了效用学说在杰文斯、门格尔和瓦尔拉斯的里程碑式著作中所起的作用，以揭示边际效用学说的起源，以及他们的划时代著作的内容。第三部分（第8~25章）考察他们思想的缓慢扩展和偶尔的再发现。最后的第26章与附录是结论和对有关边际效用学派兴起的经济思想史著作的详细研究。

目　录

早期著作版绪论　边际主义的起源[①]

I

【xiii】[②] 约翰·霍布森在《工业与财富》（1914 年）一书中首创“边际主义”一词，用以概括经济学家们所接受的边际效用论和边际生产力论[③]。它首次出现在“‘边际主义’在学术界已被普遍接受”这句话中。当然，接受的是思想而不是“边际主义”这个词。从上下文来看，霍布森是在贬义上用这个词的，因为他发现这个概念有缺点，而且其政治结论也不受欢迎。他在《工业与财富》中用了七次“边际主义”这个词。霍布森在 1909 年曾把使用边际分析的经济学家叫作“边际主义者”[④]。

“边际主义”这个词在霍布森首创之后的 25 年中不常被使用。在评论霍布森《工业与财富》的人中，没有人视“边际主义”一词为新词。该词得以流传，完全是霍布森一人之功，他在自己的著作《社会科学中的自由思想》（1926 年）中，插入了题为“新古典经济学中的边际主义”一章。两年后，《国家学说袖珍词典》第四版的整个索引中，在‘边际主义’主题条目下只有一处提到霍布森。“边际主义”和“边际主义者”这些词在《社会科学百科全书》（1930—1935 年）中很少见到[⑤]。

① 此文采自《经济学的边际革命》中文译本（商务印书馆，1987 年，于树生译），收入本书时做了必要的校改——译者注。

② 方括号内的数字系原书页码，下同。

③ 第 174~175、331 页。

④ 霍布森：《工业制度》，纽约，1909 年，第 114 页。

⑤ 第 1 卷，第 166、175、176 页，第 10 卷，第 609 页。

边际成本、边际收益、边际替代率以及边际消费倾向等概念在20世纪30年代的广泛使用，引起理查德·莱斯特的抱怨，他在1946年的一篇文章中说："边际主义的详情细节"充斥着美国教科书的1/3～1/2①。他的抱怨标志着"边际主义"这个词【xiv】再次被作为贬义词使用。翌年，莱斯特在一篇文章的标题中用了"边际主义"一词，使它更显突出②。麦克洛普为反边际主义者准备了最长的答复，他在答复的第一部分采用了这个词，从而接受了它③。

莱斯特在1946年发起的那场边际主义论战，到1961年告一段落，"边际主义"一词经此论战而有了新的含义。例如，在美国经济协会编制的《经济论文索引》（其前身是《经济刊物索引》）的主题索引中，"边际主义"只限于指研究边际成本或边际生产力在经济分析中的作用，此项索引在"边际主义"项下没有列出1925—1945年的任何一篇文章，却大量列举了1946—1961年关于莱斯特论战的文章，从1962—1966年在"边际主义"项下又没有列出任何文章。但至少有两位作者指出，"边际主义"是非马克思主义经济学的精髓④。

"边际主义"一词之新颖，从词典中可以明显看出。这个词首次进入普通的英文词典是在1966年，当时《威伯斯特词典》第3版把"边际主义"解释为"一种经济分析，它强调边际特性在决定均衡中的作用"。在其他文种的词典中，只有《葡萄牙文词典》不是仅仅用其"特性"之一来解释"边际主义"。

公认的和连续的边际主义史，是随着现今被称为"边际效用"的这种"特性"的出现而开始的。已经有了若干有关边际效用起源（从而有关边际主义的诸种起源之一）的研究著作问世⑤。按照一般的说法，以后来经济学家可

---

① 莱斯特：《在工资—就业问题上边际分析的缺点》，《美国经济评论》第36卷（1946年）第63页。

② 莱斯特：《边际主义，最低限度工资和劳动市场》，《美国经济评论》第37卷（1947年）第135～148页。

③ 麦克洛普：《边际分析和经验主义的研究》，《美国经济评论》第36卷（1946年）第518～554页。

④ 对边际效用历史的篇幅较长的论述有：斯蒂格勒：《效用理论的发展》，《政治经济学杂志》第58卷（1950年）；豪伊：《边际效用学派的兴起》，劳伦斯，1960年；考德：《边际效用理论史》，普林斯顿，1965年。贾菲：《里昂·瓦尔拉斯的通信和有关材料》，阿姆斯特丹，1965年，一套三大卷，本书是一部关于边际效用史的内容丰富的原始资料著作。本书论述的许多问题的更详细的资料，可以从中找到（通过查阅标题和索引）。

⑤ 克佩尔：《边际理论和马克思主义》，莱比锡，1930年；勒曼：《边际理论》，东柏林，1968年。

以接受的形式来说，边际效用学说是在 1862—1874 年，由杰文斯、门格尔和瓦尔拉斯首次成功地和各自独立地提出来的。【xv】人们一般也都同意说，1871 年是这些年中最富有成果的一年，在这一年，杰文斯和门格尔分别发表了他们关于这个问题的著作。

边际生产力是霍布森的"边际主义"所包含的第二种"特性"，它也有许多的先兆。然而直到 1890 年以后它才被人们完全发现和认识，也就是说，直到边际效用已被众多的有潜在影响的经济学家接受了以后，边际生产力理论才被系统地考虑。

这种接受是极为重要的。边际主义的第一种"特性"并没有很快被人们接受，它需要杰文斯、门格尔和瓦尔拉斯有意识地努力以争取支持者，但遭到相当多人的冷遇和一些人的反对。现在，也许最终成功的时机已经到来。1870 年以后，在以往作为流行边际主义的唯一场所的大学，边际主义得到了迅速发展，而且被接受为经济学研究的一项课题。

Ⅱ

杰文斯（1835—1882）是 19 世纪 60 年代发表边际效用理论的唯一的作者。1860 年 2 月 19 日，杰文斯在日记中写到，他已经做到了对"价值的真正理解"①。他当时 24 岁，在澳大利亚工作 5 年后刚回到伦敦，就读于大学学院。该年晚些时候他写信给他的兄弟说："最重要的公理之一是，随着一个人必须消费的……任何商品的数量的增加，从所使用的最后一部分所获得的效用或利益在程度上减少。"他又说："我不想让这些东西束之高阁，坐等别人利用，我将设法于来年春季公之于世。"②

但是，杰文斯的首次公开陈述推迟至 1862 年 10 月 7 日才发表，时年他已 27 岁。那一天，在剑桥举行的英国科学促进会 F 组的会上，该会的秘书宣读了杰文斯的《简论政治经济学：一般数学理论》。除了这位秘书以外，还有谁听到了这篇论文，尚不得而知。该文的一篇摘要于次年刊登在《英国科学促进会第 32 次会议报告》（1863 年）上。【xvi】此后 10 年无人提及这篇摘要。

显然，无论将杰文斯引向边际主义的是什么情况，它们都肯定在他年届

---

① 拉诺茨：《杰文斯的效用理论的概念》，《经济学家》杂志第 20 期，1953 年，第 357 页。

② 哈里斯·杰文斯：《威廉·斯坦利·杰文斯通信与日记》，伦敦，1886 年，第 151~152 页。

24 岁时的前后几个月对他产生了影响。此前他有过想要取得成功的冲动。他22 岁时写给姐姐的一封信中说："我有一种想法，不妨对你说，我认为我对人类知识的基础和性质的认识，比大多数人或作者更为深刻。我觉得我的使命就是致力于研究这个课题，并且打算干起来。"① 他同一封信中还谈到，他发现政治经济学是"一种模糊的数学，用以计算人类勤劳的原因与效果"。他想要利用数学的意向是认真的，因为，当他准备从澳大利亚回国，而且念念不忘自己的使命和政治经济学的性质时，就曾写道："我特别希望成为一个精通数学的人。我相信，没有数学家，什么都不可能做得非常透彻。"②

杰文斯也养成了一种同样重要的偏好，即将效用与经济分析联系起来。他对效用的兴趣似乎部分地来自边沁的著作，他可能是在回到英国、进入大学学院时熟悉边沁的著作的。边沁对杰文斯的影响，首次出现在公开发表的杰文斯报告的摘要中，他在那里虽未提及边沁，但他用了边沁的话，例如边沁的"行动的源泉"一词。杰文斯说，在他 9 岁时，听母亲为他读理查德·威特利的《货币问题通俗讲话》（1833 年）时，便接触了效用概念。杰文斯后来说，他从这本书上学到了"最初的政治经济学概念"③。据威特利传记的作者说，威特利认为他自己的《货币问题通俗讲话》"比他的一些更大的著作具有较多的实际重要性。"④ 相隔 15 年之后，杰文斯对威特利的下述公理的含义及其生动的说明【**xvii**】也许仍然记忆犹新，并对他自己 1860 年最初几个月的研究起着指导作用。威特利说："不是劳动使物品具有价值，而是它们有价值才值得它而劳动。"⑤

关于他自己的能力，杰文斯写道："给我一些事实或资料，我便能将他们构成一种安排得很好的成熟的理论结构，或者将它们造成某种形式新颖之物。"⑥ 杰文斯在未到伦敦之前已经看到了一些"事实或资料"。不久又找到了一些。除了研究哲学，他还报名参加了奥古斯塔斯·德·摩根的微积分班和雅各布·威利的政治经济学班，威利是摩根的数学高才生。在威利的研究班上，杰文斯发现有机会思考约翰·穆勒《政治经济学原理》的细节，当然，他从

① 哈里斯·杰文斯：《威廉·斯坦利·杰文斯通信与日记》，伦敦，1886 年，第 101 页。
② 哈里斯·杰文斯：《威廉·斯坦利·杰文斯通信与日记》，伦敦，1886 年，第 119 页。
③ 哈里斯·杰文斯：《政治经济学》，纽约，1878 年，第 5 页。
④ 威特利：《神学博士理查德·威特利的生平与通信》，伦敦，1866 年，第 1 卷，第 377 页。
⑤ 威特利：《货币问题通俗讲话》，伦敦，1833 年，第 33 页。
⑥ 哈里斯·杰文斯：《威廉·斯坦利·杰文斯的通信与日记》，第 96 页。

摩根那里也学到了他所渴求的微积分知识。1860 年初，杰文斯把他所有的“事实或资料”发展成一种他认为“颇为新颖”的“成熟的理论结构”。

Ⅲ

卡尔·门格尔（1840—1921）和杰文斯不同，他没有留下什么通信和日记，能够揭示《国民经济学原理》（以下简称《原理》）（1871 年）中新思想的来源，此书是他的第一部也是最后一部关于边际主义的著作。尽管不知道有什么东西能够直接否定下述推测，即认为《原理》是早已出现的一些思想发展的结果，但《原理》中的一个说法却似乎表明它是在 1869 年前不久完成的，当时他需要一项“具体成果”，以便取得维也纳大学讲师之职。门格尔说过，他研究的范围“在不小的程度上……是德国政治经济学‘新近发展’的结果。”[①] 这‘新近的发展’是指德国学者持续进行到 1869 年的一场关于价值问题的讨论[②]，门格尔显然想对这场讨论做最后的补充。

德国学者要求门格尔做出“具体成果”，而他们使他面对的却是一个不能令人满意的非劳动价值论。为了改进这一理论，门格尔加进了关键的边际主义观点，即“价值”等于“由全部可以获得（的物品）数量所提供并能以任何相等部分取得的满足之中最不重要的那个满足的意义”[③]。【**xviii**】类似观点在门格尔读过的德国学者的著作中还找不到。对杰文斯和瓦尔拉斯来说，关键的观点是数学的，他们也都承认微分学同边际效用表述的关联，但门格尔却从未公开将他的说法同微分学联系起来。由于这一点，加上他对方法论所发表的显然反对在经济学中使用数学的看法，所以人们一直推测数学在门格尔 1871 年前关于经济学看法的发展中没有起什么作用。熊彼特试图解释门格尔的数学，他说：“奥地利的效用价值论者，由于使用了边际效用概念，实际上发现了微积分学。”[④]

然而，有证据表明，门格尔对边际效用的表述可能并不是熊彼特所暗示的那种简单的微积分的再发现。如果门格尔在 1869 年以前熟悉微积分学（情况

① 门格尔：《经济学原理》，格论科，伊理诺斯州，1950 年，第 49 页。
② 门格尔：《经济学原理》，格论科，伊理诺斯州，1950 年，第 306 页。
③ 门格尔：《经济学原理》，格论科，伊理诺斯州，1950 年，第 139 页。
④ 熊彼特：《经济分析史》，纽约，1954 年，第 18 页。

似乎就是如此），就不会是这样了。他熟悉微积分，有他写给西格斯蒙德·菲尔博根的一封信为证，后者在《经济学家》杂志（1911 年）上发表了这封信的法文译文①。门格尔在信中写道："哲学和数学向来是我喜爱的科目。"门格尔给瓦尔拉斯的第一封信中，有他熟悉数学的进一步的证据。瓦尔拉斯是 1883 年 6 月 22 日从奥尼斯·德·布瓦伊的来信中第一次知道门格尔的，当时，布瓦伊刚刚看到门格尔的《原理》（即在该书问世 12 年以后），认为它是"一部纯理论的书，有数学概念（即不同数量的比较），并由此提出了交换价值的学说"②。瓦尔拉斯于是连忙开始和门格尔通信。门格尔在复信中讨论到数理经济学，如果他对数学毫无兴趣，或者缺乏数学知识，他似乎不会写这样的信③。门格尔在信中列举了他本人收藏有关政治经济学的 10 种数学著作，并表示愿意借给瓦尔拉斯。如果门格尔同数学只有淡淡的关系，他自己断不会收藏这么多数学书，即使他是一位收藏家。此外，在上述 10 种书中，有一种是古尔诺的。门格尔在给菲尔博根的信中说过古尔诺的著述"对我的思想发生了特殊的影响"。

【**xix**】遗憾的是，我们对他同他的弟弟（年龄比他略小）的关系一无所知，特别是考虑到他的数学。他的弟弟安东·门格尔出于爱好于 1867 年开始研究数学，1891—1894 年以朱利叶斯·伯格博姆博士的笔名发表了若干篇关于改革微积分学的研究论文。门格尔在 1867—1871 年可能受到他弟弟对数学浓厚兴趣的影响。

Ⅳ

直接注意到里昂·瓦尔拉斯（1834—1910）边际分析的第一位政治经济学家是约瑟夫·加尼尔，他是《经济学家》杂志老资格的主编。瓦尔拉斯于 1873 年（时年 38 岁）把他即将出版的《纯粹政治经济学要义》的样张 60 页寄给加尼尔，请求发表④。

两个月后，瓦尔拉斯再次试图引起人们对其即将问世著作的注意，他向道

① 门格尔：《经济学家》杂志，第 6 卷第 31 期，1911 年，第 56~57 页。

② 贾菲：《里昂·瓦尔拉斯通信集》，第 1 卷，第 766 页。

③ 贾菲：《里昂·瓦尔拉斯通信集》，第 1 卷，第 768~769 页。

④ 贾菲：《里昂·瓦尔拉斯通信集》，第 1 卷，第 318~319 页。

德与政治科学院宣读了一篇题为《交换的数学理论原理》的论文提要。这是他首次公开发表自己的主要观点，他在给友人的一封信中谈及此事时说："我在我的科学领域有了一项重要的发现，我在暑期向学会作了汇报。人们对整个报告的反应冷淡。"①

研究院稍后于1874年1月的《会议与工作》上发表了瓦尔拉斯的论文，这是他的边际主义研究成果的首次问世。他意识到他的论文如果不在其他刊物上发表，就很少有人看到，因此他再次请求加尼尔发表他的一部分手稿。加尼尔拖延了一段时间，最后还是拒绝了，理由是"我们的读者99%都不会欢迎和欣赏这种著作"②。加尼尔往常是善待瓦尔拉斯的，这一次也不例外，他在拒绝的同时，又答应给他其他帮助，说是"考虑到您是已故政治经济学教授奥古斯特·瓦尔拉斯的哲嗣，富有才华，虽然脾气大了些"③。瓦尔拉斯立即表示接受加尼尔的好意④。于是加尼尔在《经济学家》杂志1874年4月号上转载了瓦尔拉斯发表在《会议与工作》上的论文，这是他应允给瓦尔拉斯帮助的一部分。杰文斯从这一转载的手稿中得知瓦尔拉斯持有和自己相似的观点。

【xx】瓦尔拉斯从1873年就开始争取古尔诺的支持了，由于过去受惠于他，所以瓦尔拉斯邀请他来研究院听自己的报告，同他磋商彼此的观点，请他出面同出版商哈歇特联系，还请他帮着写一篇数理经济学的论文⑤。古尔诺（1877年去世）愿意帮忙，但他无能为力，他忙于自己的家务和出书事宜，而且，他发表了《财富理论的数学原理的研究》（1838）之后不久，患上严重的眼疾，以致在后来30年间放弃了一切数学研究⑥。

据瓦尔拉斯自己说，他对政治经济学的兴趣，缘起于1848年偶然听父亲阅读政治经济学文稿。他回忆说："我14岁时已得知土地及其产品有一种内在的价值，该价值来自与效用相结合的效用。"⑦ 这种认为价值与效用之间有一种合理联系的看法，可能促使他走向边际主义。然而，瓦尔拉斯把自己看作政

① 贾菲：《里昂·瓦尔拉斯通信集》，第1卷，第354页。
② 贾菲：《里昂·瓦尔拉斯通信集》，第1卷，第350页。
③ 贾菲：《里昂·瓦尔拉斯通信集》，第1卷，第350页。
④ 贾菲：《里昂·瓦尔拉斯通信集》，第1卷，第351~352页。
⑤ 贾菲：《里昂·瓦尔拉斯通信集》，第1卷，第326、330~332、366~367、375、421~422页。
⑥ 贾菲：《里昂·瓦尔拉斯通信集》，第1卷，第331~332页。
⑦ 瓦尔拉斯：《政治经济学的先驱者——奥古斯特·瓦尔拉斯》，《评论报》，1908年，第6期，第181页。

治经济学家却是大约 10 年之后的事了。这个转变发生在 1858 年夏，当时，他在浪费了 4 年光阴和 7000 法郎而未能当成工程师，并得到父亲谅解之后，瓦尔拉斯开始了自己的教授生涯，答应继续他父亲在政治经济学方面未完成的工作①。25 年后，他在给母亲的信中谈到自己的学术经历时说："这有点像是父亲为我提供了铅笔初稿的一幅油画。"②

所谓"铅笔初稿"的内容是什么呢？它强调效用及其同稀缺性的关系，结果就有了"稀缺性"的概念，这个概念表现为一种比例，但这还不是边际主义。其中还有奥古斯特·瓦尔拉斯的未经解释的鼓励在政治经济学中使用数学的思想。这个草图留下了不少需要填充和修正之处。

瓦尔拉斯在 1858—1870 年虽经多方努力，【**xxi**】但未能在政治经济学方面获得立足之地。在巴黎的 12 年中，他未能把数学和效用之间的重要关系加到那草图上去，尽管他在 1860 年和 1869—1870 年尝试过两次③。

假如瓦尔拉斯不曾被意外地聘为洛桑大学的教授的话，他的生活也许就会这样继续下去。这一任命减轻了他的一些旧的义务并得到了新机会。这无疑改变了边际革命的进程。他于 1870 年 12 月 11 日到达洛桑，为此他的父母付出了 3000 法郎，雇人替他服兵役。在这新的环境中，他再次努力把政治经济学和数学结合起来。他到达洛桑不久写信给妻子说："星期日早晨我去拜访了另一位同事、研究院的数学教授盖伊先生，并和他探讨了几个政治经济学问题。"④

瓦尔拉斯什么时候第一次获得边际效用这个难以捉摸的基本概念呢？贾菲查阅了所有的通信和有关文件（含未发表的），得出的结论是："无论在里昂·瓦尔拉斯到洛桑以前的文件中，还是直到 1872 年 10 月 19 日为止的工作计划中，都没有任何一点效用最大化理论的迹象。"⑤ 关于这个日期的一点"暗示"，是他在给一位同事的一封信中，提到他正在和洛桑的机械学教授安东·保罗·皮卡德研究他的即将出版的著作，"拟修改一些代数公式"⑥。皮卡德早些时候向瓦尔拉斯提出过一个评注，贾菲说这个评注"对于使瓦尔拉斯运用数学观点

① 贾菲:《里昂·瓦尔拉斯通信集》，第 1 卷，第 2 页。
② 贾菲:《里昂·瓦尔拉斯通信集》，第 1 卷，第 761 页。
③ 贾菲:《里昂·瓦尔拉斯通信集》，第 1 卷，第 216~221 页。
④ 贾菲:《里昂·瓦尔拉斯通信集》，第 1 卷，第 264 页。
⑤ 贾菲:《里昂·瓦尔拉斯通信集》，第 1 卷，第 309 页。
⑥ 贾菲:《里昂·瓦尔拉斯通信集》，第 1 卷，第 307 页。

起了非同寻常的作用”①。如果说皮卡德使得瓦尔拉斯运用“数学观点”，那么，瓦尔拉斯的《要义》一书临近出版还没有讲到边际效用，是因为他已经有了一份手稿，并开始找出版者。一个多月前，他在写给出版商吉约曼的一封信中曾说，他的关于纯经济学的著作“今天已经差不多全部完成了”，而且是一种“完全新的形式”，意思是说他运用了数学方法②。

V

【**xxii**】前面几节意在说明边际主义是在 1862—1873 年由政治经济学领域的新人逐渐发展形成的。这些新人（杰文斯、门格尔和瓦尔拉斯）具有年轻人的观点，觉得不必拘泥于当时流行的但阻碍进步的关于政治经济学的见解。各人也都有一种使命感。各人经历了不同的环境，最后都扩大了欲望或者效用在对经济学的了解方面所起的作用。这三个不同国籍的人将他们的欲望概念或者效用概念和微分的基本概念结合起来的时候，边际效用就出现了。

从 1873 年直到 19 世纪 80 年代的大部分时期中，边际主义进一步发展的历史是寻求人们接受和支持边际效用的历史。边际主义，作为得到人们承认的经济学的一部分，直到有人支持和接受以后才开始。杰文斯、门格尔特别是瓦尔拉斯，是这种争取承认的奋斗史中的主要人物。他们是新人这一事实，使得他们长期没有助手。

杰文斯和瓦尔拉斯不久就彼此相知，但是差不多 10 年后瓦尔拉斯和门格尔才开始通信。有人很快向他们指出已经有过前辈。主要的前辈是赫尔曼·海因里希·戈森，他的发现在 1878 年杰文斯就写信告知瓦尔拉斯了③。瓦尔拉斯和杰文斯一致承认戈森走在他们前面。关于其他的前辈，他们的意见不尽一致。乔治·弗里德利希·科纳普于 1874 年提出约翰·海因里希·冯·杜能，要瓦尔拉斯注意④。罗伯特·亚当森则于 1876 年向杰文斯提出⑤。瓦尔拉斯发现，杜能的著作没有什么东西使他感兴趣，最后在一封给杰文斯的信里说：

① 贾菲：《里昂·瓦尔拉斯通信集》，第 1 卷，第 308 页。

② 贾菲：《里昂·瓦尔拉斯通信集》，第 1 卷，第 298 页。

③ 贾菲：《里昂·瓦尔拉斯通信集》，第 1 卷，第 581 页。

④ 贾菲：《里昂·瓦尔拉斯通信集》，第 1 卷，第 401 页。

⑤ 贾菲：《里昂·瓦尔拉斯通信集》，第 1 卷，第 508 页。

"不管怎样，我怀疑是否有多少东西可取。"① 杰文斯始终没有对瓦尔拉斯的评价表示意见，但是他在《政治经济学理论》一书的1879年版本里仅仅提了一下杜能的名字，而用了差不多7页叙述戈森②。夏尔·勒托尔1874年在评论瓦尔拉斯的《要义》时提出朱尔·杜皮特的名字③。和对杜能一样（但原因不详），瓦尔拉斯不承认杜皮特是前辈。瓦尔拉斯于1874年【xxiii】对杰文斯关于《杜皮特先生的回忆录》作了评价，他说："杜皮特事实上已经接触到效用的数学表达方式问题，但是他什么也没有解决。"④ 后来杰文斯写信给瓦尔拉斯说："不可能不承认杜皮特对这门学科有很深的理解，并在效用的基本概念方面比我们先走了一步。"⑤ 瓦尔拉斯立刻复信说他不同意杰文斯"对杜皮特先生的回忆录的评价的意见"⑥。

卡尔·门格尔似乎不太费力就获得了一些支持者。然而，他所费的气力可能被低估了，因为人们对他的结果知道得较多，而对他的活动知道得较少。表面上他单凭他的《原理》一书的优点就首先取得两个主要支持者庞巴维克和维塞尔的忠诚拥护。然而，奥地利学派的创立延迟了，因为维塞尔在1884年以前完全没有发表什么关于边际主义的东西，而庞巴维克直到1886年才开始。关于门格尔在这些著作方面的作用，人们知之不多。

杰文斯认识到他必须想办法传播他的见解。因此，他于1866年发表了一篇比他原来论文长的文章，刊登在一个比较引人注意的地方——《皇家统计学会会刊》上。晚些时候，他准备了一部篇幅较大可以出书的精细作品，他的《政治经济学理论》，由麦克米伦公司于1871年出版。1875年杰文斯写信给他已经认为是盟友的瓦尔拉斯说："我毫不怀疑我们的努力最后会取得成功，但必须经过一些斗争。"⑦ 在他的《政治经济学理论》第2版中，杰文斯为边际主义提供了他最初的历史和文献目录，这两者有助于奠定这个问题的地位，并增进人们的理解。可是杰文斯忙于其他的事情，没有兴趣加以推动，而且不幸于1882年去世。他始终不知道门格尔有同样的观点。

---

① 贾菲：《里昂·瓦尔拉斯通信集》，第1卷，第532页。
② 杰文斯：《理论》，第35~42、44页。
③ 贾菲：《里昂·瓦尔拉斯通信集》，第1卷，第458页。
④ 贾菲：《里昂·瓦尔拉斯通信集》，第1卷，第456页。
⑤ 贾菲：《里昂·瓦尔拉斯通信集》，第1卷，第533页。
⑥ 贾菲：《里昂·瓦尔拉斯通信集》，第1卷，第535页。
⑦ 贾菲：《里昂·瓦尔拉斯通信集》，第1卷，第474~475页。

瓦尔拉斯在有系统地和不断地寻求人们的承认和支持方面，是三人中干劲最足的一个。贾菲编排得极好的三大本《里昂·瓦尔拉斯通信和有关文件》中，有很大一部分叙述了瓦尔拉斯为确保新经济学被人接受，从1873—1909年所做的不懈努力。

瓦尔拉斯认为他知道必须怎么办。他有一个科学革命的计划，那不仅是宣告此项革命性的发现。【**xxiv**】瓦尔拉斯在1883年写给他母亲的信中说："有了发现还不够，必须懂得如何造成一种形势，使这些发现能被人理解。"①他有足够的革命热情，肯用他自己的钱资助边际革命。1901年瓦尔拉斯估计他已经从继承的家财中花掉了5万法郎（等于他最高年俸的10倍）推广他的学说②。从一开始起，瓦尔拉斯就估计到法国的政治经济学家会忽视他的著作。瓦尔拉斯的想法推动了要把边际效用引进政治经济学的斗争的国际化。这种国际化是有助于取得斗争的最后胜利的一个因素，因而也有助于边际主义的兴起。

国际化的计划第一次出现于1873年，当时瓦尔拉斯告诉加尼尔，如果法国人固执地把我当作"一个梦想者"而不予理睬，他将诉诸"外国公众的评判"③。他于1874年3月12日确实开始有系统地寻求外国支持者，他寄了内容相同的信给"一个在英国的朋友和一个在德国的朋友"（这两个人和他都是合作运动的成员），以及一位在日内瓦的大学教授（此人熟悉意大利的情况）④。在这三封信中，他请对方提供一个精选的教授和主编的名单，以便他可以把他在《经济学家》杂志上发表的文章的单行本送给这些人，希望以后"和他们发生关系，这些人会深入钻研我的思想，加以讨论"⑤。瓦尔拉斯在一封信中解释为什么"在发表时略有更改"，他说因为他的著作是"很科学的但不太通俗"，他不得不向远处去寻找即使是一小批的读者⑥。他又进一步说明读者对他特别重要，因为他的出版人只有在他的新著的第一部分的销数确实可以保证不赔本以后才会印制第二部分，这项协议把瓦尔拉斯的《要义》的第二部分延迟到1877年才付印⑦。他估计他的《要义》会有成功的机会，如果

① 贾菲：《里昂·瓦尔拉斯通信集》，第1卷，第761页。
② 贾菲：《里昂·瓦尔拉斯通信集》，第1卷，第187页。
③ 贾菲：《里昂·瓦尔拉斯通信集》，第1卷，第344页。
④ 贾菲：《里昂·瓦尔拉斯通信集》，第1卷，第359~361页。
⑤ 贾菲：《里昂·瓦尔拉斯通信集》，第1卷，第360页。
⑥ 贾菲：《里昂·瓦尔拉斯通信集》，第1卷，第360页。
⑦ 贾菲：《里昂·瓦尔拉斯通信集》，第1卷，第361页。

能在法国、英国、德国和意大利找到30个人“能够阅读、评判，并公开予以支持”①。

【xxv】瓦尔拉斯最初的三封信找到了两个意大利的、七个德国的和十六个英国的有希望的对象；但是只有一个意大利和两个英国的通信者对瓦尔拉斯的倡议作出反应。这个意大利人是阿尔贝托·埃雷拉，他使得意大利向边际主义开放。杰文斯是给了复信的第一个英国人，他说已经读过《经济学家》杂志刊登的瓦尔拉斯的文章。他1874年5月12日写道：“我感到满意的是，我的关于交换的理论，尽管在英国发表时不是被人忽视就是受人批评，而实际上被你的研究成果所肯定。”② 瓦尔拉斯和杰文斯之间这种目的一致，加强了创造边际主义的力量。关于他们在新发现方面的巧合，瓦尔拉斯在写给另一个通信者的信里说，他希望“这种巧合的奇特会引起您的好奇心，使您想深入了解杰文斯先生和我两人的著作”③。另一个写来复信的英国人是克利夫·莱斯利教授，他指出杰文斯有一种类似的理论，他本人和约翰·穆勒都不同意④。

瓦尔拉斯在他的《要义》（1874年）的第一部分出版时，为了争取和感兴趣的经济学家取得通信关系，又采取了同样的做法，即“向欧洲差不多所有的政治经济学教授寄赠一份”⑤。这一次，杰文斯给瓦尔拉斯提供了六位可能有反应的经济学家的姓名⑥，其中仅仅与G. H. 达尔文一人通了信。瓦尔拉斯寄出《要义》（1877年）第二部分时效果也不好。实际上，他争取读者的计划结果得到的人数一定比他预想的少得多；经过种种努力，到1881年他只数出三个“值得提名的学生”：奥尼斯·德·布瓦伊、冯·温特费尔德和德尔·佩佐⑦。

1881年以后，前途呈现光明。1881—1890年，承认和支持边际效用概念的著作家几乎每年都在增加。1882年，杰文斯死后，成为瓦尔拉斯的主要英国顾问的赫伯特·萨默顿·福克斯威尔，寄给瓦尔拉斯一张列出可能成为对象的十二个英国人⑧。根据这张名单，瓦尔拉斯才能够和马歇尔及埃奇沃斯开始

① 贾菲:《里昂·瓦尔拉斯通信集》，第1卷，第361页。
② 贾菲:《里昂·瓦尔拉斯通信集》，第1卷，第393页。
③ 贾菲:《里昂·瓦尔拉斯通信集》，第1卷，第420页。
④ 贾菲:《里昂·瓦尔拉斯通信集》，第1卷，第395页。
⑤ 贾菲:《里昂·瓦尔拉斯通信集》，第1卷，第424页。
⑥ 贾菲:《里昂·瓦尔拉斯通信集》，第1卷，第427页。
⑦ 贾菲:《里昂·瓦尔拉斯通信集》，第1卷，第681页。
⑧ 贾菲:《里昂·瓦尔拉斯通信集》，第1卷，第738~739页。

通信，这在某些方面是令人鼓舞的。1883 年，布瓦伊使门格尔和瓦尔拉斯有了接触，结果边际革命的范围又增加了一个国家。门格尔在写给瓦尔拉斯的第一封信中说，【xxvi】他早已知道有了瓦尔拉斯的一些著作，但是不知道自己的观点和瓦尔拉斯的观点相似的程度①。或许是没有这种认识，因为门格尔不以为有相似之处。另外，瓦尔拉斯在写信给门格尔时却强调他们观点的相似点，他说："先生，我们显然遇到了同样的问题，并且显然采取了同样的方法来解决。"②

门格尔被介绍给瓦尔拉斯以后的一年，维塞尔发表了他的《经济价值的起源和主要规律》(1884 年)。这是一本以门格尔的观点为根据的书，也是将要出现一个奥地利学派的最初迹象，并且书中第一次使用了"边际"一词。它流通的范围狭小。瓦尔拉斯在 1886 年还不知道这本书③，直到 1887 年才得到一本④。夏尔·吉德 1885 年向瓦尔拉斯建议创办一种"接受批评意见"的法国新杂志，说明瓦尔拉斯早已感觉到的法国人那种冷漠态度有了一些好转⑤。1886 年，庞巴维克的《经济货物价值理论大纲》一文在《国民经济学与统计学杂志》上发表，这个杂志是德国关于经济学的专家意见的主要论坛。瓦尔拉斯立即写信给庞巴维克谈到"初步的和匆促的检查已使我意识到该书的极端重要性"⑥。就在这一年瓦尔拉斯写出第二次的边际主义史，放在他的《货币论》(1886 年) 的序言里。1887 年晚期，瓦尔拉斯找到一位俄国数理经济学家拉迪斯劳斯·冯·博尔基韦兹，此人成为一个受到重视的通信者和可靠的辩护人⑦。

瓦尔拉斯曾于 1884 年第一次接到菲利普·亨利·威斯蒂德来信，信中说："我现在正以极大的兴趣阅读您的《要义》。"⑧ 四年过去，瓦尔拉斯才再次接到他的信。继续向瓦尔拉斯提供有着英国经济学家的意见的福克斯威尔，于 1886 称赞威斯蒂德"很能干，是杰文斯的一个热情的信徒"，1888 年又说他是"令人钦佩的著作家"，并且"正在写一篇对杰文斯先生的《政治经济学理

① 贾菲：《里昂·瓦尔拉斯通信集》，第 1 卷，第 768~769 页。
② 贾菲：《里昂·瓦尔拉斯通信集》，第 1 卷，第 771 页。
③ 贾菲：《里昂·瓦尔拉斯通信集》，第 2 卷，第 152 页。
④ 贾菲：《里昂·瓦尔拉斯通信集》，第 2 卷，第 187 页。
⑤ 贾菲：《里昂·瓦尔拉斯通信集》，第 2 卷，第 42 页。
⑥ 贾菲：《里昂·瓦尔拉斯通信集》，第 2 卷，第 152 页。
⑦ 贾菲：《里昂·瓦尔拉斯通信集》，第 2 卷，第 229~237 页。
⑧ 贾菲：《里昂·瓦尔拉斯通信集》，第 2 卷，第 12 页。

论》的导言"①。威斯蒂德送给瓦尔拉斯一本他的《经济科学入门》（1888年），【xxvii】瓦尔拉斯回信说他"极其愉快地"拜读了佳作②。次年，他又用了"极其愉快地"这完全相同的词句来形容他看了马费奥·潘塔莱奥尼寄来的一本《纯经济学原理》（1889年）以后的心情③。1889年边际主义在奥地利占有的地位，可以从那一年出现的三本其他运用边际分析的书这一事实中看出。这三本书是：鲁道夫·奥斯皮茨和理查德·利本的《关于价格学说的研究》、庞巴维克的《资本与利息》（第二部分）和《资本实证论》，以及维塞尔的《自然价值》。

Ⅵ

在1862—1887年，这种研究效用的新方法被赋予各种不同的名称。杰文斯在寻求一个令人满意的名词时杜撰过"效用的最后程度""最终效用"和"极限效用"这些表达方式。门格尔用"最不重要的满足的重要性"来表示同样的概念。瓦尔拉斯使用了"内涵的效用""稀少性"和"得到满足的最后需要的强度"这三种说法来指同一概念。到1887年的时候，似乎"最终效用"可能成为标准的名词，至少在英语中是这样。甚至维塞尔在《起源》（1884年）中用过的"Grenznutzen"（边际效用）一词，也被译为"final utility"（最终效用）。

1888年末出现一个词，它终于取代了英语中的"最终效用"，并大概也将取代其他语种中以前使用过的名词。它就是"边际"这个词，由菲利普·亨利·威斯蒂德在他的《入门》中首先采用，在这本书的每一页上平均出现两次：就初次使用而言，这是大量出现了。别人接着采用的现象发展缓慢。例如，"边际"一词在1888年埃奇沃斯对《入门》一书的评论中就找不到④，在该年晚些时候埃奇沃斯对英国科学促进会的F组发表的会长就职演说中也找不到，尽管他谈到威斯蒂德的《入门》，并多次提起"最终效用"和"最终的无效用"⑤。

① 贾菲：《里昂·瓦尔拉斯通信集》，第2卷，第160~161、259页。

② 贾菲：《里昂·瓦尔拉斯通信集》，第2卷，第307页。

③ 贾菲：《里昂·瓦尔拉斯通信集》，第2卷，第331页。

④ 《研究院》，第35期（1889年），第71页。

⑤ 《英国科学促进会第五十九次会议报告》，伦敦，1890年。

不难推测，这个词是威斯蒂德从维塞尔的书里借用的。维塞尔曾于1884年首先把“最终效用”译为“边际效用”，这简直不是确切的翻译。但是，在《入门》中或者在其他地方，没有证据表明威斯蒂德在引用“边际”这个词时曾受到维塞尔的《起源》或者其他著作家偶尔使用“边际效用”一词的影响。【xxviii】还可以加上一句说，“边际效用”是一种“非直译”。而且也未必是一种靠得住的译法，特别是因为“最终效用”这个说法曾经越来越多地作为同义词用了17年。1890年的《美国政治与社会科学院记事》双月刊登载了庞巴维克的文章的两篇译文，其中“边际效用”一词不出人们所料每次都被译为“最终效用”①。“Grenze”（边际）这个词在门格尔的《原理》一书里也有，但是应该并且在英文版里确实是译为“极限”而不是译为“边际”。

埃奇沃思在他为帕尔格雷夫的《政治经济学词典》（1869年）所写的《（经济学中的）边际》一文中说，威斯蒂德首先使用“边际”这个词，而不是“最终效用”。另一个可靠的报道者詹姆斯·博纳1889年说：“‘边际主义’是威斯蒂德使用的一个巧妙而恰当的词语。”② 埃奇沃思和博纳都没有使人联想到和维塞尔有任何关系。奇怪的是，威斯蒂德在他为帕尔格雷夫的词典所写的《效用的最终程度》那篇文章里始终没有提到“边际效用”。威斯蒂德的文章的结尾中有一句话说：“杰文斯所谓‘效用的最终程度’就是奥地利学派的‘边际效用’。”

包括“边际”这个词的第二本书是马歇尔的《经济学原理》（1890年）。马歇尔对这个词的使用不像威斯蒂德那样频繁，平均每15页使用1次。人们可能以为马歇尔是从威斯蒂德那里学到“边际”这个词的，然而并没有人这样说过。在《原理》第一版中，马歇尔亲自说明了这个词的来源。他写道：“‘边际’增量这个词是我从杜能那里借来的，现在德国经济学家一般都使用。杰文斯的《理论》问世时，我采用了他的‘最终’这个字眼，但是我逐渐地终于相信‘边际’比较好。”③ 马歇尔的说明在某些方面是不确切的。杜能并没有使用“‘边际’增量”一词；就这个词来说，马歇尔除了上面引述的这段话以外也没有使用过。杜能只使用了“边际”这个名词一次，而这一次指的是“极限”，超过这个极限雇主就不会增雇任何工人④。

① 第1期，第244~271、361~384页。

② 《经济学季刊》第3期（1889年），第344页。

③ 马歇尔：《经济学原理》（伦敦，1890年），第X页。

④ 杜能：《孤立国》（罗斯托克，1850年），第178页。

【xxix】马歇尔觉得自己的说明不恰当，于是在第二版里把脚注改成这样："'边际'增量这个词是和杜能的思想方法协调一致的，并且是由于受了他的启发，虽然他没有实际使用。由于维塞尔教授所提倡，奥地利经济学家一般已经使用了一个时期，而且已经被威斯蒂德采用。杰文斯的《理论》出现时，我采用他的'最终'这个字眼，但是我逐渐地终于相信'边际'比较好。在第一版里，这个脚注错误地把这个词以及'边际增量'的概念追溯到杜能。"① 这简直不是改进。他所谓"采用"是什么意思呢？马歇尔在第二版的索引中也两次引用"维塞尔首先使用了'边际效用'"这句话。此后的版本中都删掉了这可能引起误解的一句。

在庞巴维克的《资本实证论》（1889 年）由威廉·斯马特于 1891 年译成英文时，"边际"这个新词的确曾作为德文"Grenze"的英译而出现（或许是第一次出现）。在克里斯琴·马洛赫 1893 年翻译的维塞尔的《自然价值》（1893 年）一书中，也是这样处理的。但斯马特以及他的学生马罗赫一定是从马歇尔的《原理》而不是从一些德、英词典中学到"边际"这个词的。

"边际"这个词被威斯蒂德应用于 10 个不同的词，被马歇尔应用于 13 个不同的名词。威斯蒂德和马歇尔两人都用"边际"这个词来修饰的唯一名词只是"效用"。威斯蒂德的其他名词是欲望、被向往性、效果、效力、有用、价值、使用价值、需要和值得。马歇尔的其他名词是资本、生产成本、需求价格、劳动的无效用、投入量、生产要素的效率、努力、费用、增量、产品、报酬、供给价格和货币的效用。

很可能，"边际"这个词被采用，不是作为"Grenze"的译名，而是作为"最终"一词的比较方便的代用语。"边际"这个词比较灵活。尤其是因为它还可以用在例如"在边际"或者"在边际上"的意义上。威斯蒂德和马歇尔都利用了这一有利条件。威斯蒂德使用"边际"这个名词 24 次，马歇尔用了 12 次。这是有吸引力的，因为它使边际分析符合英国政治经济学中长期存在的一种分析类型，其内容包括把注意力集中在"耕作边际"的情况上。【xxx】威斯蒂德和马歇尔写书时，人们认为"边际"在这一意义上广泛使用。西蒙·帕顿 1889 年说："'耕作边际'这种说法，由于长期使用，已经成为一种标准方式，表达经济学上一些最基本的概念之一。"②

① 马歇尔：《原理》，第 2 版，第XIV页。

② 《经济学季刊》第 3 期（1889 年），第 356 页。

"耕作边际"这种说法曾被托马斯·查默斯在他的《论政治经济学与社会的道德状况及道德前景》（1832 年）一书中引用。他学习"爱德华·韦斯特爵士和马尔萨斯先生"，从考虑"耕种的终极限度"开始他的探讨①。查默斯重复了这种说法，然后未做解释就改用"耕种的终极边际"，这另一种说法他只用了两次②。他也用了"最后和最远的边际"③。"边际"这个词用了 3 次以后，他又恢复使用他原来用的名词"限度"，频繁地使用，常常写出"终极限度""某种限度""自然限度""最小可能的限度"或者"存在的限度"。"限度"的一种德文译语是"die Grenze"。

仅仅查默斯一个人或许还不能把"边际"这个词引进政治经济学的词汇。在得到约翰·穆勒的赞成时，引进后发生效力了。穆勒所著《政治经济学原理》（1848 年）中，把查默斯博士包括在"最著名的和有重大成就的著作家"之列，这是他通常得不到的地位④。穆勒说查默斯具有善于表达意见的优点，"用他自己的语言，往往说出人们惯用的词句只会隐蔽的真理的某些方面"⑤。穆勒写道："查默斯博士说得好，政治经济学上许多最重要的教训必须在终极的耕作边际才能认识到。"⑥ 穆勒在许多别的时候提到"边际"，认为这是查默斯最先采用的。"边际"这个词被译为德语的经过很有趣。阿道夫·泽特贝尔在他所译的穆勒的《原理》的德文本（1852 年）里，把"在极终的边际"译为"auf dem aussersten Rande"⑦；把穆勒的"终极限度"解释为"die ausserste Grenza"⑧。这样，"边际"这个词（以及因此"边际主义"这个词），【xxxi】恰好就像它应该的那样，把杰文斯、门格尔及瓦尔拉斯的著作和韦斯特、马尔萨斯及穆勒的著作联系起来了。在这一意义上，边际主义似乎是两股分析之流的汇合。

① 托马斯·查默斯:《论政治经济学与社会的道德状况及道德前景》，第 2 页。
② 托马斯·查默斯:《论政治经济学与社会的道德状况及道德前景》，第 21、45 页。
③ 托马斯·查默斯:《论政治经济学与社会的道德状况及道德前景》，第 32 页。
④ 穆勒:《政治经济学原理》，第 1 卷，第 82~83 页。
⑤ 穆勒:《政治经济学原理》，第 1 卷，第 94 页。
⑥ 穆勒:《政治经济学原理》，第 2 卷，第 234 页。
⑦ 穆勒:《政治经济学原理》，第 2 卷，第 149 页。
⑧ 穆勒:《政治经济学原理》，第 2 卷，第 206 页。

Ⅶ

把边际主义包括在一般经济学的论文之内，标志着边际主义起源方面的最后或得到承认的阶段。为了简明扼要，这里只考察美国的教科书。

理查德·伊利的《经济学大纲》（1893 年）是出书后 40 年中经济学教授们最广泛选用的一本美国课本，这本书是作为作者的《政治经济学绪论》（1889 年）的修订本处理的，《绪论》中原来简直没有边际主义的迹象。《经济学大纲》中包含了略多一些的边际主义。他在一段简短的经济学史中介绍了杰文斯、门格尔和瓦尔拉斯，并评论当时在美国已经有人知道的奥地利学派。此书的索引中列出了“边际主义”，但是正文里只有关于边际效用这一概念的简略介绍，而且没有提到这个名词本身。

伊利的《经济学大纲》的第一版从 1893—1907 年适应了当时的需要。在这 15 年中边际分析进入了一些其他竞争的课本，这些书的作者中有：A. T. 哈德利（1896 年出版）、C. J. 布洛克（1897 年出版）、H. J. 达文波特（1897 年出版）、E. T. 迪瓦因（1898 年出版）、F. W. 布莱克默（1900 年出版）、F. A. 费特（1904 年出版）、H. R. 西格（1904 年出版）和 E. R. A. 塞利格曼（1905 年出版）。这些课本多半仅仅讨论边际效用，虽然哈德利和塞利格曼的著作里也有边际生产力这个项目。

伊利的《经济学大纲》修订本（1908 年）的出现，反映了边际主义方面的变化。在修订本的编订者加上了边际生产力作为对回到劳动和资本的一部分收入解释以后，没有其他的课本再把它排除在外。伊利的《经济学大纲》后来于 1916 年、1923 年、1930 年和 1937 年先后印了四版，关于边际主义保持着差不多同样的内容。

从 1908—1936 年这一段时期的其他主要的美国课本，其内容范围都和伊利的著作基本上相同。这些书的作者是阿尔文·约翰逊（1909 年出版）、F. W. 陶西格（1911 年出版）、欧文·费希尔（1911 年出版）、F. M. 泰勒（1911 年出版）、J. R. 特纳（1919 年出版）、H. 克莱（1919 年出版）、T. N. 卡弗（1919 年出版）、O. F. 布克（1925 年出版）、莱昂内尔·伊迪（1926 年出版）、L. A. 鲁菲纳（1927 年出版）、F. B. 加弗和 A. H. 汉森（1928 年出版）、P. F. 格米尔（1930 年出版）、F. R. 费尔柴尔德（1930 年出版）、布罗德斯·米契尔（1932 年出版）和 F. S. 戴布勒（1936 年出版）。【xxxii】这是一段28年的稳定时期，边际效用和边际生产力都已经被人接受。在这些课本中，边际分析没有其他的用处。

20世纪30年代中，边际概念被引进一些刊物和专业文献。“边际效用”已经失宠。边际替代率取而代之，部分地作为J. R. 希克斯和R. G. D. 埃伦的《价值论的再商讨》（1934年）一书的直接结果①。边际成本和边际收益，长期以来出现在个别事例中的对最大限度化的两项指标，开始在爱德华·张伯伦的《垄断竞争经济学》（1933年）和罗宾逊的《不完全竞争经济学》（1933年）中广泛使用。凯恩斯的《就业、利息和货币通论》（1936年）开始把一些边际名词异乎寻常地作为常用词使用。

这些变化在1937—1947年影响了课本。两本教科书，第一本是迈耶斯写的，第二本是麦克艾萨克和史密斯合著的，都已于1937年出版，其中第一本清楚地表明张伯伦和罗宾逊的概念被人接受了。1947年出版的洛里·塔布斯写的教科书，把凯恩斯式的边际名词放在显著的地位。

代表1947年以后美国课本的新特征的一本书是萨缪尔森的《经济学》（1948年），这是当时销售日益增多的一本书。1970年修订时此书仍在风行。这个修订本包括基本上和第一版相同的边际主义题目，但用了一倍以上的篇幅。当时流行的其他教科书中，边际主义的数量与性质大致和萨缪尔森的书中相同。

美国课本中的边际主义经历了三个逐步取得人们认可的稳定时期：第一个时期，1893—1907年；第二个时期，1908—1936年；一段时间的间歇，1937—1947年；第三个时期，1948年至今。

① 《经济学家》杂志，第1期（1934年），第52~76、195~219页。

第一章　杰文斯的边际效用观点的形成

I

【1】一件物品对其消费者的效用或满足的概念，在1871—1889年的经济学研究中首次处于关键地位。这个概念的引入标志着经济学家观念的急剧变化。过去的经济学家虽没有完全忽视效用，但也没有有效地利用它。这是因为，一般来说他们没有从实用的观点，而主要在其最不实用和最明显的形式上考察它，亦即考察一个人从一定量消费中所获得的总效用。采用“边际的”观点，即把注意力集中于总效用相应于消费量的变动而出现的变动，为有效地利用效用概念开辟了道路。后来，当经济学家严格和全面审视他们的课题时，他们便来研究效用的节约（最大化），而过去他们却一直在研究成本的节约（最小化）。

新的“边际”观点通常被认为发端于威廉·斯坦利·杰文斯、卡尔·门格尔和里昂·瓦尔拉斯的同时问世的主要著作①。研究这些有影响的著作是如

① ［225］杰文斯:《政治经济学理论》（伦敦，1871年，第2版1879年，第3版1888年，第4版1911年，第5版1957年）。法译本:《政治经济学理论》，H. E. 巴洛特与M. 阿法萨译（巴黎，1909）;《政治经济学理论》，见《经济学家丛书》第3类，第Ⅱ卷（1878年），第173~312页，G. 勃卡多编。意大利译本:《政治经济学理论》，O. 温伯格译，耶拿，1924年。日译本出版于1913年。

门格尔:《国民经济学原理》（维也纳，1871年），由其子K. 门格尔编辑的第2版《国民经济学原理》（维也纳，1923年），R. 舍勒作序。伦敦经济学院重印了该书第1版，作为《经济学和政治科学珍本著作重印丛书》第17种（1934年）。在M. 潘达里奥尼的指导下，由G. 爱维灵和B. 阿茄诺合译:《经济学基本原理》，作为《经济学家》杂志（1906—1907年）的增补；后来出版单行本（潘达里奥尼作序），埃穆拉，1909年。第2版还是在潘达里奥尼指导下，由B. 阿茄诺与N. 包尼利合译，书名改为《政治经济学基本原理》（巴里，1925年）;《经济学原理》，J. 丁沃尔与B. 霍斯利兹合译，F. 奈特作序，（格林克，1950年）；日译本出版于1937年。

瓦尔拉斯:《纯政治经济学纲要》（洛桑，1874—1877年）；第2版，1889年；第3版，1896年；第4版，1900年；第5版即最终版1926年（重印本1951年）。英译本《纯经济学原理》，W. 贾菲译（伦敦，1954年）；日文节译本出版于1933年。

何写成的，从这些作者中的第一人开始可能比较方便。因为杰文斯远在他的主要著作问世10多年前（1860年2月19日）即已发现了边际效用的意义。拉恼泽依据杰文斯的未发表的日记（保存在杰文斯儿子手中）确定了这一日期①。2月3日到5日，杰文斯还曾写到，他“几乎完全埋头于政治经济学的一本著作……价值建立在劳动的基础上……”从而表明他此时还追随着英国古典学派的先驱者。但在两周以后，1860年2月19日，杰文斯写道：“整日在家，主要研究经济学，并且得出了我认为是对价值的真正理解。关于价值概念，我不久前说过许多错话。”拉恼泽认为，这里所说的“许多错话”指的是他先前赞成劳动价值论，【2】而“对价值的真正理解”则指效用价值论。

杰文斯本人在1860年6月1日致其兄弟赫伯特的信中确认了他发现的大致日期。他说：“在最后这个学期，我在政治经济学方面做了大量工作；几个月来，我幸运地提出了无疑是真正的经济学理论，这个理论是如此透彻和一贯，以致我现在读到这方面的其他著作时不能不深感愤怒……我从一些数学原理引出了政治经济学家们先前已经得出的全部主要规律，我只是把他们搞成一系列精确和有联系的定义、公理和理论，就像许多几何学问题一样。最重要的公理之一是，随着一个人所消费的任一商品（例如进餐）数量的增加，得自所用的最后一部分商品的效用或福利在程度上是减少的。进餐的开头和结束之间享乐的减少可以作为一个例证。我认为，一般来说，效用的比例是商品数量的某种连续的函数。事实上，政治经济学家们在更复杂的形式上，以供给与需求规律名义已经提出了这个效用规律。不过一旦以简单的形式对它加以适当表述，它便揭示出了问题的全部……我不想把这些东西束之高阁而让别人占先，因此我想在明年春季把它发表出去。”②

这是边际效用学派基本原理的最早陈述。它是完全准确的。它无疑表明，远在门格尔和瓦尔拉斯注意到这个问题之前，杰文斯已经制定了该学派的基本原理。

是什么原因使伦敦大学的这位24岁的学生把边际效用思想引进他自己的经济学构想？本章没有选用有关杰文斯创新的个别材料，而是列举了一系列不连贯的情况，这些情况程度不同地增进了做出这种创新的可能性。

① 拉恼泽：《杰文斯效用论的内容》，《经济学》，新编，第XX卷（1953年），第356~358页。

② 《杰文斯通信和日记》，H. A. 杰文斯（伦敦，1886年），第151~152页。

Ⅱ

杰文斯虽没有暗示是谁引导他得出了效用论，但他确实普遍赞扬了许多作者，认为这些人的著作有助于他思想的形成①。其中之一是西尼尔，他是牛津大学第一位“德鲁蒙德政治经济学教授”（1825—1830）。西尼尔德鲁蒙德讲席的继任人威特利（1830—1832）【3】和劳埃德（1832—1836）可能对杰文斯也有影响，尽管杰文斯没有提及。也许还可以加上都柏林三一学院的第一位“威德利教授”朗菲尔德（1833—1838）②。这些人都被誉为边际效用学派的先驱者，我们可以很容易地指出杰文斯受到了他们的影响。他们的著作出现在杰文斯诞生前后不久；他们的效用观点正期待着1859年从澳大利亚归来，并准备投身于价值论研究的杰文斯的发现。

杰文斯没有意识到他直接受惠于“德鲁蒙德”和“威德利”教授们关于效用的著作。他曾提及西尼尔与效用论的关系，但没有为我们提供什么根据，可以使人相信他知晓西尼尔关于边际效用的著作是在他自己独立发现边际效用（1860年）之前。不过，杰文斯在少年时代曾有机会接触威特利的观点，这可能为他日后把效用论作为基本工具的想法做了准备。杰文斯接受经济学教育，按照他妻子的说法，开始于他的母亲为他读威特利大主教的《货币通俗讲话》③。他本人在他去世前不久说过：“我在孩提时代曾从这些讲话中学习了最初的政治经济学。”④ 如果真是这样，我们可以大致不差地说，杰文斯接受边际效用价值论应部分地归功于这位大主教，因为威特利（如下所述）拒绝劳动价值论，而接受了一种不太严密的效用论。

威特利说：“当所需要的任一物品由劳动获得，而且没有劳动便得不到时，我们当然会发现为得到它而付出的人的劳动；如果这些物品有很大的价值，则通常会发现它花费了很多劳动。这使得一些人认为，给它价值的正是花在它上面的劳动。但这是完全错误的。不是任一物品所花费的劳动才使它以较高价格而售卖，相反地，正是为了高价售卖才使人为得到它而劳动。例如，渔

---

① 罗伯逊：《杰文斯及其先驱者》《计量经济学》，第XIX卷（1951年），第232~238页。该文讨论了杰文斯在其效用理论上对其他作者的继承性。

② 塞利格曼：《若干被忽视的英国经济学家》，《经济杂志》，第XIII卷（1903年），第356~363、525~533页；鲍利：《西尼尔和古典经济学》，伦敦，1837年，第2章；布莱克：“都柏林三一学院和价值理论（1832—1863年）”，《经济学》，新编，第XII卷（1945年），第140~148页。

③ 《杰文斯通信和日记》，第5页。

④ 杰文斯：《政治经济学》，纽约，1878年，第5页。

夫之所以出海，在恶劣气候下艰苦劳作捕鱼，为的是卖得好价钱；但是，如果某渔夫虽然夜以继日地干，却只捕到1条小鱼，而另一渔夫也许因为落潮而在浅滩上抓到1000条鱼，则前者不可能以后者1000条鱼的同样价格来售卖他的1条鱼。1条大马哈鱼和1条鲟鱼也许偶然蹦到船里，虽然没有花费任何劳动，【4】但没有理由说它们的价值较小。如果一个人在吃牡蛎时，偶然发现了一颗晶莹的珍珠，那么这颗珍珠的售价绝不会少于他花一整天时间潜水而得到的珍珠的价格。

因此，不是劳动使物品具有价值，而是它们有价值才值得为它而劳动。"①威特利的这段话对一个9岁少年该有多大的影响啊！难怪35年后杰文斯还会想起当时的情景！

杰文斯为什么会忽略牛津和都柏林的教授们关于效用的著述呢？主要的理由是，当时英国教授们的地位比现在要低，在经济学和英国大学教育上都是这样②。学生们难得去听这几位教授所开的课程，其他许多人的讲课就更不在话下了。据说西尼尔第一次讲座（在牛津）结束时，听众只剩下一个人③。杰文斯开始著述时，"德鲁蒙德教授"实际上都不住在牛津。这些教授的微贱地位使其著作不被杰文斯注意。

牛津和都柏林的教授们对效用的偏爱是从何而来的（这种偏爱得到了如此充分的发挥，以致其中的一位对边际效用在价值论中的作用做了几乎完整的说明）？最大的可能是，早期的这批效用经济学家有着一致的看法，这又因为他们师承西尼尔或威特利。支配这批人的是一个人，而不是一种思想。西尼尔在经济学界的声望比威特利高；不过，也有许多证据表明，威特利可能影响了

---

① 威特利（都柏林大主教）：《货币问题通俗讲话》（伦敦，1833年），第32~33页。

② 奥曼对牛津的教授们在19世纪的特殊作用做过扼要说明，见其《维多利亚时代牛津回忆录》，伦敦，1941年，第258页。休厄尔是剑桥的一位硕士，对经济学有浓厚兴趣，他对英国当时大学教育计划做过全面论证，见其《英国大学教育原理》（再版，伦敦，1838年），他还对教授在其中所起的次要作用有所解释（第66~70页）。罗杰斯是后来的德鲁蒙德政治经济学教授，他也概述了同样的制度，特别是晚些时候牛津的制度，【226】见其《牛津的教育：它的方法、资助和奖励》（伦敦，1861年）。下面这本指导学生通过牛津课程的书，对教授在英国大学教育制度中的作用持有同样的估价，见鲍罗斯：《及格及课程。通过牛津课程指南，人文、数学、自然科学、法学和现代史》（牛津，1860年）。大学有时进行议会调查。牛津的下述报告多处谈及教授在19世纪英国所起的微不足道的作用：大不列颠牛津大学委员会《女王陛下的官员关于牛津大学及学院的状况、训练、研究和收入的报告，附证言及附件》（伦敦，1852年）。瓦汗的《牛津改革和牛津的教授》（伦敦，1854年）一书来自对上述报告的研究。该书维护教授的态度又引起了普赛的下列著作：《学院的专业的教学与训练：对瓦汗教授的责难（主要是责备与法国和德国的学院相抵触）的回答》（牛津，1854年）。

③ 莱维：《西尼尔：现代资本主义的预言家》（波士顿，1943年），第114页。

西尼尔观点的形成，而不是相反。这是自然的，因为西尼尔初次遇到威特利是在他于1811年聘威特利做他的家庭教师时。西尼尔还可能把他自己选择教授职业归功于威特利，以致后来在西尼尔的讲授中还不忘恩师的观点。毫无疑问，这批早期效用理论家的中间联系纽带是威特利，而不是西尼尔。威特利在挑选劳埃德这位明星的效用经济学家方面肯定起了作用。威特利在都柏林及时建立了以他自己命名的讲席，并且支配着人选的任用。

威特利和西尼尔在价值问题上的言论不多。西尼尔最初论及价值（非常简略，没有涉及效用），【5】是在他匿名发表的对两篇农业论文的评论中①。第二次是为威特利《逻辑原理》② 所做的附录（1826年）谈到“价值”一词的定义。他不赞成李嘉图把价值与成本相联系的观点，但他也没有提供一种思路，表明正确的联系应是价值同效用。他最后一次回到价值问题是在1826—1827年的讲义中（这些讲义10年后才出版）。西尼尔写道：“在价值的三个条件即效用、可转移性和供给有限性中，最后一条是最重要的。”③ 这不太像是一位效用经济学家的说法。当然，西尼尔还进而提出了效用递减原理，但是，他把这个原理同他对为什么“我们向往的不是数量而是品种多样性”的解释联系起来④。除了前面引证的段落外，威特利再没有谈及效用与价值理论的联系。但它足以同西尼尔在此问题上所写的一切相媲美，而且先于西尼尔。

在劳动价值论占有牢固地位的情况下，威特利或西尼尔何以能够使其他的“德鲁蒙德教授”或“威德利教授”转到效用价值论上呢？这种转变的发生，多半是因为这些作者（甚至包括西尼尔在内，至少在1825年）并不完全懂得李嘉图经济学，从而难于接受李嘉图的学说体系。英国的这些早期经济学者在知识的广度和深度上同今天的经济学家相比有很大的差距。就他们中间的大部分来说，研习经济学只占他们生活的一小部分。他们几经选择，终以教授为业，是基于动机，而不是基于他们对当时经济文献的了解。他们在授课和出版发表其一部分作品的同时，仍继续他们的主业，或任律师（西尼尔、朗菲尔德），或任教会牧师（威特利、劳埃德），而且一般来说他们在教授任期届满

① 西尼尔：《关于农业状况的报告》，《每季评论》，第XXV卷（1821年），第466~504页。

② 威特利：《逻辑原理》（伦敦，1826年）。

③ 西尼尔：《政治经济学大纲》（伦敦，1836年），第133页。这是作者为《首都百科全书》所写条目“政治经济学”的单行本。作者先前多次讲演的内容大都包括在内（列维编：西尼尔的《工业效率和社会经济》〔纽约，1928年〕，第2卷，第383页）。

④ 西尼尔：《政治经济学大纲》（伦敦，1836年），第133页。

后发表的经济学方面的东西很少。

没有谁能从这些早期英国政治经济学教授们的任何一人的著作中找到证据，表明他们确实曾经认真地通读过李嘉图的《原理》。他们之所以能提出一些创见，多半因为他们不懂得李嘉图价值论的内容，而较少因为认识到了这一理论的缺点而要加以补救。他们所要求的一切不过是朝正确方向迈出一小步，【6】威特利或西尼尔能够做和实际做的就是这些；他们仍然停留在远离劳动价值论陷阱的路途中。因此，英国古典派成员忽视他们就不足为奇了，他们对要攻击的对象尚缺乏充分的了解。

因为他们没有惹起当时的争论，而后来的作者们也没有提及他们的思想，所以，当杰文斯于1859—1860年冬在伦敦制定他的价值理论时也就没有发现他们的著作。

Ⅲ

哈奇逊认为，19世纪末期，在许多国家促使经济学家们研究边际经济学的一般动力，是对铁路或其他需花费巨大管理成本企业的研究①。如果说“德鲁蒙德教授”和“威德利教授”未能影响杰文斯，那么，也许铁路起了这种作用。杰文斯的诞生之日（1835年9月12日）和诞生之地（英格兰利物浦），肯定使杰文斯的早年生活同英格兰最初的铁路建设密切相关。杰文斯对此问题也确实早有兴趣，因为他为澳大利亚的报纸写过铁路问题的文章②。不过，他的文章并没有表明他已认识到边际效用与铁路的成功经营的关系，当然也谈不上边际效用分析了。杰文斯的其他著作也没有显示出铁路问题与边际分析，特别是与边际效用分析之间的直接关系。

希克斯借助于拉德纳的《铁路经济学》③一书，在铁路问题和杰文斯的边际分析之间搭起了一座间接的桥梁。希克斯认为，通过阅读拉德纳的著作，杰文斯受到古尔诺的影响，从而接受了依据那些可靠资料把边际分析应用于效用的思想，也许如此。但是，依据同样多或更多的证据，我们可以说，当杰文斯

① 哈奇逊：《经济理论评论（1830—1929年）》（牛津，1953年），第16~17页。又见《经济思想中的偏狭性和世界主义，1870—1914年》，《美国经济评论》，第XIV卷（1955年），第5页。

② 拉恼泽：《杰文斯在悉尼》，《经济记事》第XVII卷（1941年），第41~42页。

③ 希克斯：《里昂·瓦尔拉斯》，《计量经济学》，第2卷（1934年），第339~340页注。

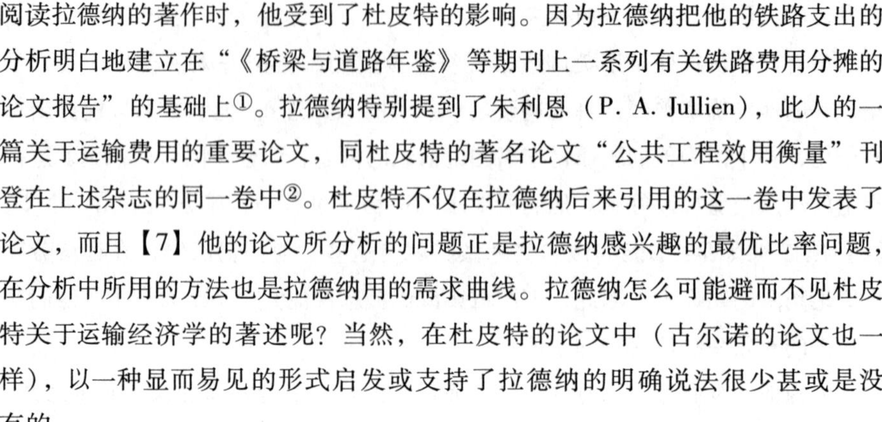
阅读拉德纳的著作时，他受到了杜皮特的影响。因为拉德纳把他的铁路支出的分析明白地建立在“《桥梁与道路年鉴》等期刊上一系列有关铁路费用分摊的论文报告”的基础上①。拉德纳特别提到了朱利恩（P. A. Jullien），此人的一篇关于运输费用的重要论文，同杜皮特的著名论文“公共工程效用衡量”刊登在上述杂志的同一卷中②。杜皮特不仅在拉德纳后来引用的这一卷中发表了论文，而且【7】他的论文所分析的问题正是拉德纳感兴趣的最优比率问题，在分析中所用的方法也是拉德纳用的需求曲线。拉德纳怎么可能避而不见杜皮特关于运输经济学的著述呢？当然，在杜皮特的论文中（古尔诺的论文也一样），以一种显而易见的形式启发或支持了拉德纳的明确说法很少甚或是没有的。

Ⅳ

杰文斯对经济学感兴趣不到两年便发现了效用的意义。在他 24 岁（当时仍滞留澳大利亚）时给其姐姐的信中说：“透彻理解社会的各项原理现在对我来说是最有吸引力的事业。”③ 在此（1858 年）之前，他还抱有人人都对物理学有热烈和强烈兴趣的想法。对于他从物理学转向经济学，杰文斯未作解释，只是说“从事物理学的人很多，而实用科学和工艺学则听其自然”④。

杰文斯后来又说过，对经济学的新兴趣使他逐渐转向经济学。一年后他给姐姐写信说，虽然物理学提供了“一个几乎无穷无尽的研究领域……然而在人的科学研究方面要做的事情更多”⑤。同时，他还想把物理学方法，至少把应用数学方法应用到社会的研究中。他说：“我的大部分理论是以数学为基础来进行的，不过，我深为抱歉的是，除了一般的论证外，我不能把数学方法贯穿到底。”⑥

结果，当他 1859 年秋从澳大利亚回国并开始在伦敦的大学学院学习时，他便着手研究经济学和微积分。正是这次对经济学的系统学习，为他发现边际

① 拉德纳：《铁路经济学：对运输新技术的研究》（伦敦，1850 年），第 223 页。

② 《桥梁和道路年鉴》，第 2 类，第Ⅷ卷（1844 年），第 1~68，332~375 页。

③ 《杰文斯通信和日记》第 101 页。

④ 《杰文斯通信和日记》第 101 页。这也许是当时的陈词滥调，杰文斯像瓦尔拉斯一样，有幸成了这个时代的牺牲品。

⑤ 《杰文斯通信和日记》第 116 页。

⑥ 《杰文斯通信和日记》第 119 页。

效用提供了直接的刺激。杰文斯参加学习时，威利正执教大学学院的政治经济学讲席，他可能以某种方式鼓励过杰文斯的效用发现。不过这种影响一定是间接的和不自觉的。威利的主要兴趣在法律方面，而且有引人注目的经历，他只把一部分时间花在经济学上。作为一位教授，威利的主要任务是讲授课程，主持考试。【8】杰文斯上课时，威利每周二讲授，从 1859 年 11 月 13 日开始，每次从下午 5:20 到 6:20，这一年讲了大约 20 课时。① 3 个月间（从听威利的课开始到他最终看出效用和经济学问题的关联为止），杰文斯不可能听很多课。威利讲授的课题也是严格遵循着约翰·穆勒《原理》的章节次序，因而没有给杰文斯在利用效用方面任何直接的帮助②。

杰文斯春季的政治经济学考试成绩不佳，可以很好地说明他在效用问题上下了多少功夫。很可能他在自己新奇的想法上花的时间太多，而在阅读威利所指定的穆勒著作上却不甚努力，这是相对于他应当做的事情以及应当相信的思想来说的。他认为他应该得第 1 名，结果屈居第 3 名③。杰文斯责备威利，并把自己相对的失败归因于“观点分歧。这种分歧是完全允许的，而怀有偏见的教授却反对我的答案”④。对于这个轻微的责难，我们尚无其他证据加以确认。可以肯定的是，威利可能的偏见不会来自对数学的完全忽视，因为当他于 1839 年在伦敦大学获得硕士学位时，他的数学成绩是第 1 名⑤。其次，威利在 1860 年所主持的考试中没有包含几个问题（如果有的话），会给杰文斯提供一个机会，让他运用新的效用观点或数学与经济学关系的观点。许多问题反而给他提供了运用关于穆勒的广泛知识的机会⑥。296 个多月以后，当威利在奖给杰文斯以“李嘉图奖学金”方面予以合作时，威利也表示，他对杰文斯不抱偏见。但是，不管杰文斯对他的成绩如何不满和抱怨（或是因为忽视穆勒，或是因为威利教授对他可能有反感），威利的课程和备考毕竟为他集中注意经济学（此时即集中于边际效用）提供了一种动力。

---

① 伦敦。大学。大学学院。《MDCCCLX 学期校历》，第 LXI册，第 19 页。

② 伦敦。大学。大学学院。《MDCCCLX 学期校历》，第 LXI册，第 19 页。

③ 伦敦。大学。大学学院。《MDCCCLX 学期校历》，第 LXI册，第 74 页。柯泽斯-哈迪赢得了“奖励和第一名奖状”，“第二名”奖状送给了“一位学生，他的信封（Envelope）没有送还办公处。”杰文斯与 M. N. 阿德勒分享“第三名”。

④ 《杰文斯通信和日记》，第 154 页。

⑤ 《国家传记辞典》，第 LIX卷，第 34 页。

⑥ 伦敦。大学。大学学院。《MDCCCLX 学期校历》第 LXI册，第 167 页。考试共有 16 道题：【227】有关财富性质的 2 道、有关工资和利润的 4 道、有关货币银行的 6 道、有关税收的 2 道，其他 2 道。

V

考德把价值观点的分歧同早期经济学家们的宗教背景联系起来①。他发现，基督教徒倾向于劳动论而天主教徒倾向于效用论。他承认，【9】这个说法不能原封不动地用到19世纪经济学家头上，因为这时经济学家“一般来说不再按其宗教背景进行思考”②。

不过，在杰文斯关于效用思想的形成中，宗教还是起了一定作用，虽然不属于考德说的那种类型。杰文斯对宗教的内容和形式确实未表现出任何兴趣，但他的双亲却不然，而且对幼年杰文斯的成长产生了一定的影响。杰文斯的父母属于一位论教派，他们也是通过对一位论教的共同兴趣而彼此相识的。关于杰文斯母亲的生平，有人说她“嫁给了一位论教信徒托马斯·杰文斯”③。结婚时，她是年已30岁的姑娘。她出身于利物浦的名门之家——威廉·罗斯科（虽已破落，门第依旧高贵）。托马斯·杰文斯则属于小工厂主之家，从伯明翰附近搬来不久，还未尝到许多成功的欢乐。托马斯·杰文斯和玛丽·安·罗斯科结合的最可贺的“成果”是有了杰文斯这个儿子，母亲以她兄弟的名字为儿子取名叫威廉·斯坦利，还为他的出世写了一首十四行诗，开头几行是这样的：

> 忧郁中，投进一束明亮的欢乐，
> 我可爱的宝贝！我最终的希望！④

在许多方面，杰文斯都更像他母亲这一支而不像父亲那一支。他母亲出嫁前，一直同她的父亲相依为命；虽然她在威廉·斯坦利成人之前不幸去世，还是把她家许多可贵的品质传给了他。后来，当杰文斯进入大学学院时，他又同舅舅生活在一起，后者使他对罗斯科家庭有了进一步的了解。

一位论教派对权威和论证采取了一种特殊的态度。杰文斯从双亲那儿一定

---

① 考德：《边际效用理论的延缓接受》，《经济学季刊》，第ⅠⅩⅦ卷（1953年），第564~575页。

② 考德：《边际效用理论的延缓接受》，《经济学季刊》，第ⅠⅩⅦ卷（1953年），第570页。

③ 钱德勒：《利物浦的威廉·罗斯科》（伦敦，1953年），第XXXⅣ页。

④ 托马斯·杰文斯夫人：《十四行诗及其他，主要是祈祷诗》（伦敦，1845年），第26页。

接受了这种态度的某些部分。他对在其他理论和价值理论中维护非正统立场一定深表好感，虽然对正统[①]的这种冲击无疑有多方面的原因，但是他的双亲的非正统宗教信仰一定给了他极大鼓励。一位论教派也包含着对人和自然的理性主义的和分析的观点，以及要求把各种情况分解为它们的要素和组成部分。杰文斯把这些思想用到经济学中，因为边际效用理论【10】就是由把消费分解为许多特殊的部分，以及对这些部分的各种关系加以分析所组成的。

一位论教派对杰文斯还有某些直接的影响。由于他不信奉国教，所以被牛津和剑桥拒之门外，不得已进了伦敦大学学院并处在那里的各种影响之下。一位论教派提供了杰文斯的最积极和最出众的学生菲利浦·威斯蒂德。威斯蒂德可能了解杰文斯的各种情况，不过，杰文斯不信奉国教这一事实必定有助于使威斯蒂德接触杰文斯的《政治经济学理论》(以下简称《理论》)。在英国，如果没有威斯蒂德和杰文斯之间的联系，效用理论的演变将遵循完全不同的路线。

Ⅵ

在使杰文斯摆向运用效用方面，边沁的著作无疑比其他任何明显的条件都发生了更多的作用。杰文斯在其《理论》再版（1879 年）序言中承认了这一点。他说，边沁的思想“被作为该书理论的出发点……”[②] 该书初版第二章包含着完整的边沁主义手法，并且开宗明义地指出：“我们必须肯定无疑地接受边沁在这个问题上奠立的原则。”[③] 不过，最重要的是，杰文斯关于效用理论的第 1 篇短文（1862 年宣读，1863 年发表，即在他的《理论》问世前八年多)，14 个段落中至少一半明显地反映出边沁的影响。第 2 段说，在一定程度上，“一种真正的经济理论只能通过回溯到人类行为的动机——快乐和痛苦的感觉——才能得到。”[④] 还有什么能比说“人类行为的动机”更明显地反映边沁的影响呢？从杰文斯的这篇早期的短文我们知道，边沁不是杰文斯所指责的那些权威之一，这个指责从杰文斯最初写效用理论时起，到他 1870 年初在展

① 原文为非正统、非规范性（nonconformity)，显系笔误或排版错误。译者注。

② 杰文斯：《理论》，第二版，第 XXⅦ 页。

③ 杰文斯：《理论》，第一版，第 33 页。

④ 杰文斯：《政治经济学的一般数学理论简述》，载于《不列颠科学促进协会第 32 次会议上的报告。1862 年 10 月，剑桥。各组简报和消息摘编》（伦敦，1863 年），第 158 页。

开的形式上著述它为止，杰文斯是一再指出的：杰文斯用这个指责来支持他的发现①。

杰文斯最初是何时和怎样了解边沁的著作，并把它用于他的经济分析？当然，边沁长期以来一直在起作用。他属于前辈，在杰文斯出生前 3 年就去世了。约翰·鲍林把边沁的许多分散的著述收集起来，出版了边沁著作集（1843 年），【11】当时杰文斯还是利物浦的一个孩子。大学学院（杰文斯在去澳大利亚前后都进过这个学院）可以时常提醒杰文斯想起边沁，边沁是这个学院的创建者之一②。该学院的图书馆保存着边沁 1832—1853 年的书籍和文章③，解剖学博物馆还展出了他的雕像、骨架、衣服和手杖。④ 不过，直到杰文斯从澳大利亚回国之前，他可能从未进一步考察过边沁的思想，特别是因为他早年的兴趣并没有遵循边沁的路线。当他回到伦敦后，他便既研究经济学，又研究哲学。他在哲学上下了不少功夫，以致在学院的哲学考试中名列第一，与当时最好的学生齐名⑤。为此所做的准备看来使他偶然熟悉了边沁的思想。

杰文斯在发挥他的效用价值论时从边沁那里可能借用了多少东西呢？实际上，仅仅是快乐和痛苦计算的一般思想。有两点基本考虑妨碍杰文斯直接利用边沁的观点（除了某些不相干的讨论苦乐量的地方以外）。这两点考虑是：第一，边沁对日用品给人提供的享乐未加详论。边际效用所观察的恰恰是这类消费享乐。第二，边沁在其大量著作中如此成功地掩饰了他所具有的哪怕任何一点点边际效用的想法，以至今天没有人能从中揭示出它来。简言之，我们绝不要以为，杰文斯仅仅在边沁著作集的范围内去发现效用思想；他要完成他对经济过程的数学观察。边沁不赞成亚当·斯密对钻石和水的“似非而是”命题的解答，对该命题的解答，今天看来可以视为包含着边际效用思想的核心。但是，边沁的上述看法不过是边沁经济学中一个极其次要的部分，而他的经济学又是他整个文字成果中的很小一部分⑥。

① 像对 W. E. 赫恩和 D. 伯努里明确致谢一样，杰文斯对其他许多人也肯定表示了敬意。

② 贝洛特：《伦敦大学学院，1826—1929 年》（伦敦，1929 年），第 25 页。

③ 贝洛特：《伦敦大学学院，1826—1929 年》（伦敦，1929 年），第 423 页。

④ 阿金森：《边沁的生平和著作》（伦敦，1905 年），第 208 页。

⑤ 《杰文斯通信和日记》，第 154 页。

⑥ 哈奇逊：《经济学家边沁》，《经济杂志》，第 LXVI 卷（1956 年），第 288~306 页。

Ⅶ

杰文斯在《理论》初版中说："对我来说，对效用规律的本质和意义作了最明确解释的作者是理查德·詹宁斯先生……"[①] 詹宁斯关于边际效用的观点【12】最初发表于1855年[②]，并在来年的第二本书中予以确认[③]。杰文斯只提到詹宁斯的第一本书《政治经济学的自然要素》（以下简称《自然要素》），而且完全不认识作者本人，虽然他们都住在伦敦。杰文斯初读詹宁斯的书的日期对确定杰文斯思想的来源是很有关系的，日期不同，会使其受惠于人的性质有所不同。他是在澳大利亚时最早阅读詹宁斯的《自然要素》的吗？或者，是回到英国之后，在1860年早些时候着手制定他自己类似的理论之前？或者，是在他早先发表他的观点和1870—1871年冬写作《理论》这段时间之间？最后这个说法的证据充足。

杰文斯的确可能在澳大利亚时就已经阅读过詹宁斯的书。这本书由一家伦敦的主要厂家出版，在悉尼的书店也售卖过。但是，杰文斯对它并没有注意，即使他在这些年初次读过也罢。因为我们确知，杰文斯在澳大利亚期间的观点并不带有任何詹宁斯的色彩。特别是我们知道，即使在他回到英国之后，他还持有劳动价值论，而詹宁斯公开宣称反对这种理论[④]。我们没有同样有力的证据表明，杰文斯没有在1860年2月从《自然要素》中获得更好地运用效用的线索。如果这样，杰文斯应对詹宁斯深表谢忱。他可能经由新近出版的加尼斯的书会发现有关詹宁斯的资料，它们应能引起他的好奇心[⑤]。但是却有相当多的证据表明，杰文斯当时绝不知道詹宁斯。首先，从他这一时期的通信和日记

---

① 杰文斯:《理论》，第1版，第64~65页。

② 詹宁斯:《政治经济学的自然要素》（伦敦，1855年）。詹宁斯（1814—1891）进过剑桥，学过法律，后来，作为土地贵族的一员，他显然把自己的时光分别花在卡马辛什尔的盖里迪和伦敦的寓所。我们不了解他为什么会对经济学感兴趣，或者，他为何像当初突然搞经济学一样，又突然放弃了它。

③ 《关于财富和需求的社会欺骗》（伦敦，1856年）。

④ 参阅该书第一章。

⑤ 加尼斯和杰文斯一样，只注意到詹宁斯的《自然要素》。见加尼斯:《政治经济学的性质和逻辑方法》（伦敦，1857年）。加尼斯注意这本书的部分原因是，他和詹宁斯的著作的出版商是同一个人。加尼斯发表上述著作，旨在履行做一名威特利教授的第一次出版要求。加尼斯在下列各处提到詹宁斯："理论"和"实际"相一致问题（第47页注），利用数学问题（第81页注），经济学家们论"作为论证前提的心理学原理"（第180~183页）。但是，他没有指出他和詹宁斯对价值问题看法的区别，当然也没有提及边际效用。

中，看不到对詹宁斯的任何暗示，从他早些时候的两篇有关该问题的出版物中也看不到这种暗示。在他后来所写的文字中也没有提及他当初已经知道詹宁斯。其次，虽然杰文斯关于经济学的观点一般来说与詹宁斯的观点是吻合的，但是，这些观点在早期的表述方式上并没有任何类似之处，否则是暗示他认真地研究过詹宁斯的著作。看过杰文斯的两篇早期有关效用的短文，我们可以说他读过边沁的书，但我们从中得不到一点线索，表明他读过詹宁斯的著作。另外，杰文斯的《理论》中却提及、称赞和援引过詹宁斯。在很多地方，《理论》同《自然要素》在形式和例证上都很相像。看来，很可能杰文斯发现詹宁斯的书是在他从伦敦大学【13】获得学位并进入曼彻斯特的欧文学院之后，在那里，除了别的以外，他还讲授经济学。

虽然杰文斯从《自然要素》中援引了若干段落，但他可能也同样有效地利用了詹宁斯的第二本书《关于财富和需求的社会欺骗》，因为这本书在许多方面以同样方式研究了同一课题。詹宁斯的这两本书包含的许多想法，杰文斯发现他会完全赞同的。第一，詹宁斯虽然没有使用数学概念术语，但他主张在社会科学中运用数学。如果说这并没有对杰文斯产生什么影响，那么也应是出现在他面前的一种机会。詹宁斯可能读过早期数学经济学方面的东西，或者至少见到过它，因为他在第一本书的扉页上引述了休厄尔关于该问题的论文中的话①。后来，詹宁斯谈及应用数学于社会现象中可能的好处时说："假如研究哲学的这些同等的分支（心理学和经济学）是可能的话，则借助于纯数学科学将会使它们的语言更合适，使观察和实验更确定，更有把握地推断过去现象的长远后果，从而使最熟悉和精通自然哲学史的人最恰当地理解使用数学方法的意义。"② 杰文斯承认詹宁斯重视利用数学，而且在这个问题上还引述了詹宁斯的另一些段落③。

詹宁斯拒绝劳动价值论的立场是明确而坚定的。他声称："全部价值来自人类劳动的命题是一个重大的基本的谬误；这个谬误虽然表现为一种抽象命题，而且有一定限制条件，但是，它以其潜藏的后果毒害了我们的整个政治经济学。"④ 他援引威特利的话以支持自己的观点，并以此把自己列入"德鲁蒙

① 詹宁斯进入剑桥三一学院时，W. 休厄尔是院长。

② 詹宁斯：《政治经济学的自然要素》，第 35 页。

③ 杰文斯：《理论》，第一版，第 18 页。

④ 詹宁斯：《关于财富和需求的社会欺骗》，第 12 页。

德教授”中效用理论的可能的奠基者①。杰文斯在他的《理论》中用两页多篇幅引述了詹宁斯关于边际效用的一个解说②。以下是詹宁斯有效地利用边际效用思想的另一例证：

“……没有价值可以加到数量无限的物品的有限数量上，因为很显然，如果这一数量的物品被持有，则另一同量物品可以代替它，直至人的本性的各种欲望得到满足。【14】我们还看到，当适量商品已经满足了消费感觉时，则该商品的每一连续增量产生的满足感觉越来越少；反之亦然。由此可见，物品不丰裕，则任何有限数量物品定有较多价值；物品愈丰裕，则他的价值必定较少；每个商品的价值随其数量增加而消散，像水一样，直至价值因其数量的‘不断增长而消失’。”③

这个段落比杰文斯所援引的段落更好地表述了边际效用递减思想以及它同物品价值之间关系的观点，它表明詹宁斯对该关系已有了多么明确和完整的理解。在劳动的边际反效用问题上，杰文斯也引用了詹宁斯的话④。杰文斯早先已经表述了这一看法，但当他后来在《理论》中加工整理这一点时，他觉得用詹宁斯的说法更适宜。

在经济学同正在发展中的心理学问题结合方面，詹宁斯比杰文斯更明确得多。在下述文字中，詹宁斯表述了关于心理学的普遍性或主观经济学的思想。他说：“物质从外部接触到人体，例如消费中发生的情形；或者，劳动的努力从内部发起，例如在生产和分配中的情形；从这些地方引起了某种感受，或是多少不等的满足，或是相反；当这些感受同物体，或同它们所有发生的行为联想在一起时，便引起各种复杂的概念。在这些概念中，物质和行为被看作或多或少是有价值的；这就是扼要描述的因果关系的链条，即内在地从物质导致我们思想形成的链条。”⑤ 詹宁斯后来又问道：“为什么在政治哲学的这个分支中，我们的老师没有系统地谈到人类本性的原理，为什么没有运用这些法则和条件以求在困惑中得到帮助？而了解这些法则和条件已在精神哲学的历史记载

① 詹宁斯：《关于财富和需求的社会欺骗》，第13页注。
② 杰文斯：《理论》，第一版，第65~68页。
③ 詹宁斯：《政治经济学的自然要素》，第208~209页。
④ 杰文斯：《理论》，第一版，第166页。
⑤ 詹宁斯：《政治经济学的自然要素》，第22~23页。

中赢得了盛名。”① 詹宁斯以当时心理学文献的叙述而告终。他援引了托马斯·布朗的《人类精神哲学讲义》（1820 年）和詹姆斯·穆勒的《人类精神现象分析》（1829 年）② 这看来是对心理学文献的有分寸的利用。然而，我们应当记得心理学史仅仅提到 19 世纪前半期的另一位英国作家【15】约翰·斯图亚特·穆勒；对于他，詹宁斯当然是知道的③。

① 【228】詹宁斯:《关于财富和需求的社会欺骗》，第 78 页。

② 詹宁斯:《政治经济学的自然要素》，第 34、171、140、191、216 页。詹宁斯:《关于财富和需求的社会欺骗》，第 106 页。

③ 下述两位英国思想家和詹宁斯同时（19 世纪中期）发表了心理学著作，因而对詹宁斯没有发生影响。一位是 A. 贝恩:《感觉和智力》（伦敦，1855 年）;《情感和意志》（伦敦，1859 年）。另一位是 H. 斯潘塞:《心理学原理》（伦敦，1855 年）。詹宁斯是否知道他们的著作是有疑问的，因为他根本没有提到他们。不过，贝恩在 1857 年快要成为伦敦大学的一名考官了。

第二章　杰文斯关于效用的最初著述

I

【16】1860年夏，杰文斯再次注意到经济学，特别是资本问题①。1861年春，他编制了《统计图表集》，试图对理解“商业风潮”有所帮助②。但是，从这时到1862年6月获得硕士学位为止，他主要是专心致力于读学位。1862年9月，即杰文斯向他的兄弟透露了他的效用观点之后两年多，他又转向了理论经济学。这时他向剑桥的不列颠科学促进协会提交了两篇论文。他没有亲自宣读，可能是因为他还不习惯在公众面前讲话。他在效用问题上的第一篇论文《一般数理经济学简论》，杰文斯在写给其兄弟的信中谈到这篇短文时说：“虽然我知道这篇短文的价值，可以同其他将在这里发表的所有论文加到一起的价值相提并论，我还是不敢妄想它将怎样被接受：是让全文宣读呢，还是被当作十足的谬论……我的确非常想知道我的理论对我的朋友和外界会产生什么影响，就像一名炮手观察炮弹和子弹的发射是否会达到预期效果一样。”③

结果并不如愿。秘书告诉杰文斯说，他已看过杰文斯的两篇论文，只有第二篇得到应允可以宣读④，这篇论文题为《商业周期波动之研究》。这无异于向杰文斯泼了一盆冷水。1862年年底他在一封信中说，在刚结束的一年中，“我的经济理论提交给了研究协会，却未引起任何人的兴趣和信心。我已看出

① 【228】《杰文斯通信和日记》，第155页。

② 《杰文斯通信和日记》，第157页。

③ 《杰文斯通信和日记》，第169页。

④ 《杰文斯通信和日记》，第169页。这篇论文可能是在最后一次会议（1862年10月7日）的前一次会上宣读的。

我的努力所能获得的成果总要比我想象的低，这一年的经历打掉了我的许多锐气。”①

我们只能推测这次剑桥会议的参加者。间或参加的人员大概有：埃德温·查德威克，他是F组的主席，也许是边沁的最热心的门徒；亨利·杜宁·马克利昂，【17】他是F组的一位秘书，他要亲自阅读论文；埃蒙德·麦克劳利，他也是一位秘书，他阅读了杰文斯的论文；亨利·福塞特；W. T. 松吞；赫尔曼·墨里维尔；大卫·查德威克。以上各位都提交了论文。我们还可以指出当时滞留剑桥的三位作者，他们可能想听杰文斯宣读论文但未能如愿。其中一位是马歇尔，他1862年在剑桥已开始了第二年的学习②。另一位是威廉·休厄尔，他是剑桥的一位居民，不列颠协会副主席，按理说他应为杰文斯把数学应用于经济学的论文所吸引，因为他自己几年前就写过类似主题的东西。第三位是弗列明·詹金，8年后鼓励杰文斯撰写其主要著作的就是此人。他参加了协会的会议，但把时间花在其他小组的活动上了。

还有一个情况似应提及：在可以听到也应做此安排但几乎可以肯定没有听到杰文斯介绍边际效用论文的这些人中，我们发现，马歇尔——他的朋友们后来鼓励他要求作为边际效用理论的独立发现者；休厄尔——他是把数学和经济学结合起来的第一个英国人；至于詹金，他后来在解释经济问题时用过几何方法。这使杰文斯大为吃惊，从而促使他赶快发表他的《政治经济学理论》以保持领先！

Ⅱ

次年，剑桥会议文件汇编首次将杰文斯的论述边际效用的论文付印，标题是“政治经济学一般数学理论简报”，只有一小页，14个段落③。杰文斯在这

---

① 《杰文斯通信和日记》，第175页。

② 凯恩斯在论及杰文斯的一篇文章中说，马歇尔正是这个时候来到剑桥，还说“马歇尔是一年级学生”（凯恩斯：《威廉·斯坦利·杰文斯》，《皇家统计学会杂志》。第XCIX卷〔1936年〕，第532页）。凯恩斯显然搞错了，因为马歇尔一年前就进入剑桥读书了。

③ 《各组简报和消息摘编》，《不列颠科学促进协会第32次会议报告》（伦敦，1863年）第158~159页。凯恩斯说：“这篇论文未引起注意，也未付印。不列颠协会的秘书通知他说：‘为了处理好如此困难的事情，对上述理论的进一步解释和出版被推迟到更适当的时候。’”（凯恩斯：《威廉·斯坦利·杰文斯》，《皇家统计学会杂志》第XCIX卷〔1936年〕，第532页）不列颠协会实际上发表了一个摘要，较充分地反映了杰文斯论文的内容。

一小块空间列出了他的体系的全部要点。他简明扼要地提出了他的论证，没有任何数学概念和几何图形。他在第 1 段倡导把经济学的基本问题归结为严密的数学形式。第 2~7 段开始提出痛苦和快乐是行为的动力，不过也应承认其他的动机；最后提出了边际效用递减的观点。第 8 段把痛苦与快乐联系起来。第 9 段反驳劳动价值论。【18】第 10 段是中心，说明市场上持有两种商品的两方交换均衡的条件。接着的一段是把两人两商品扩展到数人数种商品。很少有人了解杰文斯在研究经济理论之初就已经坚决主张现今经济学家所谓的“一般均衡”了。第 12 段把生产和交换联系起来；第 13~14 段研究资本和利息，最后表示对上述理论将予以详细论述。

三年后，杰文斯在《伦敦统计协会杂志》发表了长篇论文，题为《政治经济学一般数学理论简论》① （以下简称《简论》)，这期杂志分送给了该协会的四五百名成员，其中大多数人看来都欣赏到了对边际效用的这篇专门论证。《简论》比先前的《简报》的篇幅大三倍多。

《简论》开头 7 段与《简报》大体相同。虽然他说：“（对经济学的）数量法则的明白理解，因为忽视这种有力的表现方法（该方法在其他大多数科学却得到了如此成功地应用）而受到妨碍”②，但他自己除了最简单的数学观念之外，并没有用数学方法。他新加了一段谈及：“我们总是把感情看作能够增减的……”方法，以及如何“估量在选择和志愿行为中表现出来的感情比较量。”③ 他还详述了快乐的强度和持久性的观点。最后他讨论了效用的预期。他指出：“预期的影响不过在于使理论的其他部分复杂化，而不会改变它。”④ 他还强调说：“我们必须仔细地区分现在效用即现在的用途和估计的将来的效用……”这一句是《简报》中没有的。

在论及边际效用递减的部分，杰文斯作了重要变更。在 1866 年付印前他可能改写了这个部分。因为他采用了不同的术语来表达他的思想，特别在表述边际效用观点时是这样。【19】他 1860 年中给兄弟的信中第一次谈及这一思想时，他说的是“所使用的最后部分所获得的效用或利益”程度；当他说

① 第 XXI 卷（1866 年），第 282~287 页。杰文斯这些年间一直忙于其他事务，主要是任职于曼彻斯特欧文斯学院教授。部分地作为进修的手段，他在这期间发表了三本书：《金价严重下跌及其社会后果》（伦敦，1863 年）；《纯逻辑或不含数量和质量的逻辑：评布尔的著作以及逻辑和数学的关系》（伦敦，1864 年）；《煤的问题，论国家发展和我国煤矿的可能枯竭》（伦敦，1865 年）。

② 第 XXI 卷（1866 年），第 282 页。

③ 第 XXI 卷（1866 年），第 282 页。

④ 第 XXI 卷（1866 年），第 283 页。

"效用比例"时指的可能也是同样的意思①。在1863年的《简报》中，杰文斯一开头就谈到"最后增量的效用比例"并说要称之为"最后效用程度"②。在这里他首次使用了与效用相关的"最后的"这个词。在1866年的论文中杰文斯首次谈到"一物最后供应的效用"，并说"我们必须追溯至无限小量；我们所谓的'效用系数'是指物品的最后增量或无限小供应量与其所引起的快乐增量之间的比例，这两个增量当然是以其适当单位估算的"③。"效用系数"是一个新概念，早先的论文中没有出现过。"最后效用比例"在同一论文中稍后处又出现过，但没有下定义。杰文斯可能把第一个"最后比例"变成了"系数"，但没有变更第二个。《简论》还有几处若干侧重点和不多几处新增的内容。杰文斯强调了效用递减法则的意义，这在早先的论文中是没有的，他称该法则是"全部理论中最重要的法则"④。他把不可分割的物品这一情况包括在内，而过去他只涉及完全可分割的物品。他评论了他的方程式体系在不可分割物品的场合失效的经济意义⑤。他还加了一段，指出人们将发现不了他的模式所要求的条件，因为这些条件"在理论上是完全和复杂的"，在现实世界我们将不得不满足于"近似的和经验的法则"⑥。他通过更详细地论述交换所带来的效用的增加来说明效用的应用。

杰文斯在《简论》中深入分析了交换与生产本身的联系。他认识到一旦引入物品的生产就会增加一系列未知数和同样多的方程式。杰文斯对他早先扼要提及的论点重新作了长篇论述——在瓦尔拉斯有关著作问世之前已经表述了一般均衡的基本思想。

杰文斯说："从两人和两种商品的情况所得出的交换原理，对任何数量的当事人和商品也是适用的，【20】它不仅适用于国内的一般贸易，而且适用于人群和国家之间的贸易即国际贸易。

"方程式数目将依照简单的结合法则十分迅速地增加起来。

"……

"由于把交换理论和劳动理论、生产理论联系起来，每人生产量将取决于

① 《杰文斯通信和日记》，第151页。

② 《各组简报和消息摘编》，《不列颠科学促进协会第32次会议报告》，第159页。

③ 《皇家统计协会杂志》，第XXIX卷（1866年），第283页。

④ 《皇家统计协会杂志》，第XXIX卷（1866年），第283页。

⑤ 《皇家统计协会杂志》，第XXIX卷（1866年），第285页。

⑥ 《皇家统计协会杂志》，第XXIX卷（1866年），第285页。

交换的结果；而交换的结果可能大大修正效用的条件。

“这样，一系列新的未知数就出现了；不过，决定这些未知数的同样多的方程式也是可以成立的。每一个这样的方程式都处于产品最后增量效用和生产它们所必要的劳动增量之间”①。

瓦尔拉斯理应获得他应得的荣誉，因为他详尽地发挥了更广泛和更复杂的模式，而杰文斯仅仅提出了蓝图，而且后来他显然把这个蓝图也遗忘了。

Ⅲ

1866年以后的五年间，没有经济学著作谈及杰文斯的任何一篇早期的效用问题著述。唯一提到的是一篇刊载于《经济学家》杂志的短评，作者是莫利斯·布洛克，他后来对边际效用首次作了广泛的考察，人们有时把他列为边际效用学派的一员。② 布洛克关注的主要是杰文斯提倡在经济学中运用数学。瓦尔拉斯注意到了布洛克的评论，他作为上述期刊的读者，在自己从事效用理论研究五年之前就已经对杰文斯的理论有所了解了。

杰文斯从1866年年中到1870—1871年冬开始写《政治经济学理论》的这段时间，对效用理论没有给予多少注意③。甚至作为F组的主席发表的演说也没有对经济学中抽象的理论分支表示兴趣④。谁也没有想到杰文斯会在第二年出版一部该世纪经济理论的杰出著作。

发表这篇主席演说后不久，杰文斯就开始着手写作《政治经济学理论》，他的妻子对他的这个转变有详细地描述，但未加解释。她说：“三四年来，【21】杰文斯的思想主要集中在逻辑上，但在这个冬天他的兴趣重新转向政治经济学，并全力以赴地写作《政治经济学理论》。他专注于此，撰写的速度很快，但同时也损害了他的健康，后来的事实证明了这一点。”⑤ 关于杰文斯1870—1871年冬突然转而写作《政治经济学理论》的缘由，他的儿子H. S.

---

① 【229】《皇家统计协会杂志》，第XXIX卷（1866年），第283页。

② 第三类，第IV卷（1866年），第89页。

③ 杰文斯在这四年间忙于他在欧文学院的教席和婚事，他于1867年12月19日结婚。他在此期间发表的两本书是关于逻辑学而不是经济学的；他在期刊上发表的文章主要是实用经济学方面的内容，涉及煤的问题、货币问题和税收问题。

④ 《各组简报和消息摘编》，《不列颠科学促进会第40次会议报告》（伦敦，1871年），第178～187页。

⑤ 《杰文斯通信和日记》。第251页。

杰文斯提供了一些线索。他在《政治经济学理论》1911 年第四版前言中说："根据我父亲的一本手稿附记，我十分幸运地发现，如果不是因为 1868—1870 年出现了弗列明·詹金教授的论文的话，我父亲的《政治经济学理论》可能推迟到 1871 年之后很久……詹金教授的论文的方法显然是数学的，还包含着一些图解供求法则的精巧的几何图形。我父亲在这个附记中提到，詹金教授已经同他开始通信，讨论经济学的数学问题、曲线的利用问题。接着便发表了詹金的论文：'供求法则图解法'，结论是：'部分地由于这个原因，促使我写作并发表了 1871 年的《政治经济学理论》' "①。

凯恩斯得到了一份杰文斯儿子提到的这份附记，并将它收进了论述杰文斯的一篇论文中。凯恩斯说："这份附记（我勉强可以辨认，它像通常那样写在一个旧信封的背面）说：'关于弗列明·詹金教授的这部文集和其他文集，我想作出如下解释以防误解。我的理论最初是在 1862 年的不列颠协会（Brit. Assoc.）上宣读的，后来收进统计杂志（Stat. Journal），1867 年（原文如此）。1868 年 3 月，詹金教授为不列颠每季评论（Br. Quarterly Review，原文如此）写了一篇文章，重申（?）……以数学语言表述供求法则。他赠我一份征求意见。作为答复，我送他一份上面提到的论文，随后还有关于这一理论正确性的一次通信，双方在信中都用曲线作为图解。1870 年詹金教授发表了'图解'（Graphic Illustration，原文如此），其中未曾提及我先前的（原文如此。?）。

部分由于这个原因，促使我写作并发表了 1871 年的《政治经济学理论》。

1872 年詹金教授在 Roy Soc Edin（?）的会议记录汇编中发表了（?）' "②。

【22】遗憾的是，詹金和杰文斯的这次通信没有保留下来。当然，我们可以看看杰文斯提到的詹金的三篇文章，这些文章也就是詹金的全部经济著述。它们表明杰文斯担心的只是詹金利用数学方法将会夺去他自己的优先权。他并不担心在利用效用上会失去优先权，因为詹金从未涉足杰文斯论证的这个部分。

詹金的第一篇文章是关于商会的。他对此感兴趣是因为他作为徒工所在的工厂发生了罢工。在这篇文章中，有一部分论及政治经济学与商会的关

---

① 杰文斯：《政治经济学理论》，第 4 版，第 LVII 页。

② 凯恩斯：《威廉·斯坦利·杰文斯》，《皇家统计学会杂志》，第 XCIX 卷（1936 年），第 533 页注。

系①。詹金在这里没有利用任何效用之类的观点，而利用了数学概念。他绝没有把效用和价值联系起来；实际上他所表述的是一种生产成本价值论，因为他说，物品的价格“（可以随意增加）应被正确地认为最终取决于生产成本”②。

两年后詹金又论及这一问题，不过着重强调的是供求分析，还提出了一种图解③。他以此为英国经济学家首次提供了一套完整的供求曲线分析法。但他未涉及效用问题，除非读者假定某物品对购买者的效用体现在需求曲线的某一位置上。

詹金不接受效用思想在经济学中的意义，即使在第三篇即最后一篇经济学方面的文章中也是这样。这篇文章写于他同杰文斯通信以后和他读过杰文斯的《政治经济学理论》之后。在明确表述了消费者剩余和生产者剩余（与税收细则有关）的思想以后，詹金表示拒绝运用效用曲线而不是拒绝运用需求曲线。他说：“杰文斯教授用曲线把用类似于上述方式从交换中获得的效用加总起来；但是，如他所说，效用不允许进行实际的测定，而且他的曲线不是基于不同个人对他所拥有或他所需要的东西所做的不断变动的估价，【23】而是基于物品每一增量对每人的不断变动的效用。”④

杰文斯一气呵成地写出了《政治经济学理论》，并于1871年10月出版了这本书。

① 《商会：合法的程度》，《北不列颠评论》，第XLVIII卷（1866年），第1~34页。

② 《商会：合法的程度》，《北不列颠评论》，第XLVIII卷（1866年），第24页。

③ 《供求法则的图解和该法则对劳动的应用》，《衰退研究》，A. 格兰特编（爱丁堡，1870年），第151~185页。

④ 《论调节税收细则的原理》，见詹金：《文学与科学论文集》（伦敦，1871年），第2卷，第109~110页。

第三章　门格尔为《原理》所做的准备

I

【24】我们知道，杰文斯在19世纪70年代初发表他的主要经济学著作以前已经有大量著述问世。

同样，瓦尔拉斯发表他的最主要著作以前也已有了相当长一段出版史。这些出版物的一部分有助于说明他们各自的边际效用观点的发展过程及其同经济学的关系。但是我们不能以同样的方式考察门格尔，因为他没有什么早期著作可供我们参考，《国民经济学原理》（以下简称《原理》）一书在他的书目单上位居榜首。

此外，无论是杰文斯还是瓦尔拉斯，在为他们赢得了荣誉的著作问世以前，都有相当完整的生活记录。杰文斯有日记，还有信件的副本。同样，瓦尔拉斯也保存了书信和日记。但对门格尔来说，我们没有这样的原始材料，以致使我们对他的早年生活几无所知①。只有他1871年前的一点思想过程被保留下来。

我们只知道这位奥地利人先后就读于维也纳大学和布拉格大学，并于1867年在克拉科夫大学获得法学博士学位，此后他任职于内阁新闻局，并逐渐对社会科学发生兴趣（他的两个兄弟也转到这个方面），在他近30岁时，为了在维也纳大学谋一教职，应校方要求，准备并提交了他的著作《国民经济学原理》。

---

① 【229】下列资料为我们提供了关于门格尔的大部分情况：《人名录》，H. A. L. 迪格纳编，第5版（莱比锡，1911年），第945页。维塞尔：《卡尔·门格尔》，见《新奥地利人传记》（维也纳，1923年），第1卷，第84~92页；维塞尔：《论文集》（杜平根，1929年）。R. 祖克坎德，《卡尔·门格尔》，见《德国传记年鉴》（1927年），第3卷，第192~200页。哈耶克为门格尔《原理》重印本所写的序言，见伦敦经济学和政治科学学院：《经济学和政治科学珍本著作重印丛书》第17卷；重印于《经济学》，新编，第1卷（1934年），第393~420页。斯蒂格勒：《卡尔·门格尔的经济学》，《政治经济学杂志》，第XIV卷（1937年），第229~250页。

按照门格尔儿子的说法，他父亲的笔记表明门格尔是在1867年秋转向研究经济学的。门格尔不满足于成本价值论的实践和理论意义，于是在1867年晚些时候和1868年春发展了主观价值论①。维塞尔说，门格尔告诉他，他（门格尔）之所以要发挥自己的观点，缘起于一位作者在《维也纳报》上发表的一篇文章，该文提出了对市场条件的分析②。据说他此时已经注意到，物品价格看来并不是依照他学经济学时【25】人们要他相信的那种方式决定的；他倾向于认为效用（而不是成本）支配物品的价格。

Ⅱ

门格尔的思想肯定是在他受聘于《维也纳报》期间形成的，不过，除了对市场的观察之外，还有其他一些因素推动他去研究新的价值理论。早些时候转向经济学的热切兴趣进一步发展了。在研究过程中，他对德国经济学界关于价值问题的旷日持久的争论作了一番考察。这场争论像其他因素一样地促使他形成了自己的观点。如他自己所说："因而，这里试图进行的最主要原理的改革，都是建立在先前成果所奠定的基础上的，这些成果几乎完全是德国学者们辛勤劳作的结果。"③ 门格尔肯定参照过下列各位的同《原理》的中心议题有关的著述。这些作者是：E. 弗尔德布兰德，A. E. F. 谢夫勒，H. 罗斯勒，O. 迈可利斯，A. 林德伍恩，K. 克尼斯和J. V. 柯莫津斯基④。一看即知，在通常

① 门格尔：《原理》，第二版，第V-VI页。

② 维塞尔："卡尔·门格尔"，《论文集》，第117页。

③ 门格尔：《原理》，英译本。第40页。

④ 门格尔在《原理》1871年版中提到（第78页注）弗尔德布兰德的"价值理论，Dorpater Univ. Progr. 1852."在该书第二次提到时（第110页）稍有不同："价值理论；Dorpater Univ. Schr. 1852."丁沃尔和霍塞利兹的英译本把这条材料读为"'价值理论'，Dorpater Universitats Program，1852，"并加脚注："我们找不到这个词。不过我们猜想门格尔是指下列著作：Dorpat，Kaiserlishe Uiversitat，Facultatsschriften der Kaiserlichen Universitat Dorpat，dergebracht zur Feier ihres funtsgjahrigen Bestehents，etc. Dorpat，1852"（参阅《大英博物馆藏书目录》伦敦，1881—1900年，第1卷，第202页）。堪萨斯大学图书馆仅存有一本，书名为《价值理论》（多巴特，1852年）。谢夫勒：《国民经济学理论的伦理方面》，见《为庆祝威廉国王陛下诞辰学术论文集》（杜平根，1885—1886年），第1卷，第184~195页。【230】罗斯勒：《价值理论》，见《国民经济与统计年鉴》，第XI卷（1868年），第279~313，406~419页。门格尔还引用了罗斯勒的另一篇文章：《价值理论》，出处同上，第XII卷（1869年），第81~138页。迈克利斯：《资本来自价值》，《国民经济和文化史季刊》，第I卷（1863年），第1~28页。林德伍恩：《价值理论》，《国民经济和统计年鉴》，第IV卷（1865年），第165~218页。克尼斯：《国民经济学的价值理论》，见《一般政治经济学杂志》。第XI卷（1855年），第421~475页。柯莫津斯基论价格问题的文章，见《一般政治经济学杂志》，第XXV卷（1869年），第189~238页。

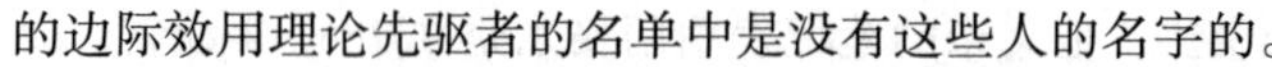

的边际效用理论先驱者的名单中是没有这些人的名字的。

门格尔从这些德国学者关于价值问题的七篇文章中借用了哪些东西呢？首先我们可以说，门格尔没有从他们中的任何人借用任何接近于边际效用的思想。他也不可能这样做，因为这些文章中没有一篇包含边际效用思想的暗示。门格尔的基本贡献也就在这里，这些作者在这方面没有对门格尔产生影响，也没有以其他的方式影响他。但门格尔也不会在这七篇文章发表之前就写他的《原理》，德国人关于价值问题的广泛讨论的确推动了门格尔思想的形成。这些德国经济学家乐于摆脱对劳动价值论的依附，允许门格尔去探索一条需求分析之路，建立边际效用价值论的奥地利形式；而门格尔也确实没有任何犯禁的感觉，【26】他反而是以一种继承民族思想的姿态来写作的。杰文斯就截然不同了，他的《政治经济学理论》以同英国价值论的主流相决裂而标榜；瓦尔拉斯的立场则介于杰文斯和门格尔之间；法国经济学家具有较多的伸缩性和较少的实证性。

门格尔对 1870 年前那一辈德国价值理论家们表示感谢，但这不过意味着他把自己的著作看作是那七篇文章（他显然已经认真阅读过）的顶点，他的用意在于说出最后的话。他在书中详细引证了这些著作，从而表明他得惠之处极少①。他指出这些文章的某些部分以引起注意，而他对他们的批评常常多于赞扬。一般来说门格尔不像杰文斯和瓦尔拉斯，他对其前辈并不那么颂扬备至。

门格尔在《原理》中还提到了许多因以效用估计价值而知名的作者，包括巴斯夏、孔狄亚克、加利阿尼、劳德戴尔、西尼尔和杜尔阁②。此外，他还谈到吉诺维西、萨伊、A. 瓦尔拉斯，这些人都同边际效用学派的先驱者有关，虽然门格尔自己的见解同他们并不完全一致。这些人在边际效用历史上没有起主要作用，他们没有把边际效用递减思想同价值问题联系起来。

---

① 门格尔《原理》英译者在索引中分别指出了这七位作者的著作页码。

② 门格尔和杰文斯都系统地收集过书籍，因为如此他们才知道那么多有关文献；知识渊博才使他们能够列出一份长长的作者名单，这些作者后来被认为是边际效用学派的早期成员。门格尔（他比杰文斯长寿）于 1911 年设立了一个图书馆，藏书大约 2.5 万卷。他自己认为，就私人藏书而论这是经济学文献的最完整的收集了（参阅门格尔的一封信，此信曾作为费包根“奥地利政治经济学派”一文的脚注的一部分公之于世。该文载于《政治经济学家》杂志第 6 类（第 XXXI 卷）1911 年第 56~57 页。门格尔去世后，日本一所大学购买了门格尔的收藏并将其搬到东京，出版了一份门格尔收藏书目：《卡尔·门格尔收藏著作目录——东京大学》（东京，1926 年版）。门格尔的哲学收藏由其儿子带到美国，现存于芝加哥“中西部国际图书中心”。

Ⅲ

《原理》问世40年后，门格尔在说明他在维也纳的立场的一封信中[①]，才使1871年前有哪些人影响过他的思想这一点进一步清晰地显现出来。他在信中回忆起父亲的大图书馆，以及借此使他得以熟悉的许多著作，而当时他的伙伴还沉迷于收集邮票和阅读冒险故事呢。门格尔记得他读过萨伊、劳德戴尔和孔狄亚克等人的书，这些人后来被看作边际效用学派的先驱者。不过，对这些作者，除了《原理》已经包含的材料外，此信并没有增添什么内容。

但是，古尔诺的名字出现在门格尔的信中却使人大吃一惊。【27】当然，古尔诺不曾使用效用概念，但他的确用了导数；而方程式的这种一级导数提供了边际效用思想的实质。哈耶克同奥地利学派有长期和多方面的联系，他应当很好地理解维也纳人的看法，他的说法有理由使人感到惊奇："（门格尔）在写《原理》时显然忽视了古尔诺的著作是有特殊意义的，而其他同时代经济学的奠基者瓦尔拉斯、马歇尔，很可能还有杰文斯，看来都直接或间接地受惠于古尔诺。"[②] 显然没有人怀疑门格尔说他知道古尔诺，但门格尔没有明确说他从古尔诺的那些著作得到助益，不过我们从他对经济学的坚定不移的兴趣和他后来的这封信的内容可以推论，门格尔一定参考过古尔诺的《财富理论的数学原理之研究》[③]。这封信至少表明，同哈耶克的说法不同，门格尔在1911年并不认为他忽视了"古尔诺的著作"[④]。

① 费包根：《奥地利政治经济学派》，见《经济学家》杂志，第6类，第XXXI卷（1911年），第56~57页。

② 哈耶克：《卡尔·门格尔》，见《经济学》新编，第1卷（1939年），第396页。

③ 古尔诺后来还写了两本经济学方面的书，把他的《财富理论中数学原理的研究》通俗化了。

④ 当然，门格尔的《原理》没有古尔诺著作的痕迹，这同瓦尔拉斯的《纯粹政治经济学纲要》有所不同。不管门格尔当初阅读古尔诺著作时是否受到影响（即使门格尔给费包根的信的内容属实），反正对他的写作没有产生什么影响，只有门格尔也列举过矿泉水的例子这一点似乎是个例外（《原理》，英译本，第110页）。

第四章　瓦尔拉斯受惠于其父

I

【28】里昂·瓦尔拉斯承认，他的效用和价值概念主要是从父亲那里来的。他说："我已故父亲和导师的理论指出，稀少性是交换价值的源泉。"①

里昂的父亲奥古斯特·瓦尔拉斯，据医生说是死于悲痛②。这位父亲也许把使他不幸的某些性情传给了儿子，因为里昂·瓦尔拉斯的性情也有不少令人不满之处，就其范围和特点而言，同其父很类似。奥古斯特·瓦尔拉斯在"普通高等学校"时与 A. A. 古尔诺同班，但他不像古尔诺，没有受过数学训练，因为他接着学的是哲学和人文科学。他 1882 年离开普通高等学校后，一生从事于学校教育，或做较低的第二级学校的教师或行政负责人，或做学校总监。

奥古斯特·瓦尔拉斯对他自己的工作十分不满。他因同上司不断发生摩擦而相继改换工作地点，从一地转到另一地：瓦朗斯、圣艾蒂安、埃夫勤、里尔、卡昂、杜埃，最后是波城。他感到不满也许是因为从未获得学位，而这是教授经济学所必需的。当时的法国只有法兰西学院和公立国民工艺学校设有经

① 【230】《交换的数学理论原理》，载于《经济学家》杂志，第 3 类，第 XXXIV 卷（1874 年），第 20 页。

② 瓦尔拉斯：《政治经济学的一位创始人：奥古斯特·瓦尔拉斯》，载于《每月评论》，第 VI 卷（1908 年），第 182 页。又可参阅：劳伊：《奥·瓦尔拉斯的生平及著作》（巴黎，1923 年）。安东尼里：《1830 年的经济学家：奥古斯特·瓦尔拉斯》，载于《社会经济史评论》，第 XI 卷（1923 年），第 516~538 页，本文评论了劳伊的上述著作。《瓦尔拉斯未发表的书信》，载于《1848 年革命》，第 IX 卷（1912—1913 年），第 179~198，286~309，367~382，427~446 页；第 X 卷（1913—1914 年），第 138~156，231~253，327~343，405~431，508~525 页。拉迪克为奥古斯特·瓦尔拉斯《财富本质和价值起源》所写的序言，载于 1938 年巴黎版。

济学讲席。当拥有这两个讲席的萨伊于1832年去世时，奥古斯特·瓦尔拉斯曾自荐为候选人，但一个也未得到。阿道夫·布朗基成了公立工艺学校的教授，P. L. E. 罗西则到了法兰西学院①。这位父亲和他的儿子一样没有在法国为展露经济学才华找到用场。父子俩代表非流行观点。他们造诣高深，但法国却不为他们提供用武之地。至于奥古斯特·瓦尔拉斯应得的经济学家头衔，在他本人看来要归功于他在学院外的活动，归功于他个人的研究，归功于他的写作、对公众的演说以及对儿子的影响。

Ⅱ

【29】奥古斯特·瓦尔拉斯对经济学的强烈兴趣和诱惑力早已有之，而且持久不衰。据他②自己说：对“财产”概念的兴趣最早促使他考察经济学，希望经济学家能比法学家对此问题作出更好的解释。由于对现有的说法感到不满，他便开始自己研究“财产”，并带着继续研究法律的想法回到巴黎。由于发现不能从经济学家那里得到比法学家更多的帮助，他便在19世纪20年代（大约1826年前后）开始提出自己的经济学观点。他研究的重点是价值论。可是在他把自己的思想整理成书后，却因自己是个名不见经传的年轻作者而难以找到出版者，他先在期刊上发表了部分手稿③；后来得到必要帮助而出了书，书名是《财富的本质和价值的起源》④；除了价值问题外，该书几乎没有其他内容，它也许是价值问题上问世的第一部大作。

在价值源泉问题上，奥古斯特·瓦尔拉斯对英国古典学派的劳动价值论不满意，对萨伊等人的效用价值论也不太满意。他明确地试图拒绝把效用和劳动作为价值源泉。同杰文斯、门格尔和自己的儿子一样，奥古斯特·瓦尔拉斯发现流行的理论有瑕疵，并想以新理论加以纠正。从实证的角度来说，他把物品价值源泉追溯到一种他称为稀少性的现象。他后来多次论及这一观点，发表了

① 【231】拉迪克为奥古斯特·瓦尔拉斯《财富本质和价值起源》所写的序言，载于1938年巴黎版，第9页。

② 奥古斯特·瓦尔拉斯：《财富本质和价值起源》，1938年重印本，第53页。

③ 《信使报》，1830年，第XXVIII-XXX期。

④ （埃夫勒，1831年）。这个重印本中还包括：拉迪克所写的作者传记研究；萨伊的几本未发表的笔记；重印了作者的《论交换价值的源泉》（1849年9月15日在《道德和政治科学学会》的演讲），拉迪克加入了许多注释，皮若作了序言。

三篇有关论文[①]；他沿着同一路线写了另一本书《社会财富理论与政治经济学基本原理概要》[②]；他还在埃夫勒、巴黎和波城等地讲授经济学，内容无疑是价值问题[③]。

Ⅲ

众所周知，里昂·瓦尔拉斯从他父亲那里接过"稀少性"一词，并在边际效用的意义上使用它。不过，同样明显的是，父亲并不抱有儿子那样的解释。他授课中提出的若干论证似乎会使他得出边际效用观念，【30】但没有出现这种情况。例如，在讨论自由物品（空气和阳光）时，他写道："一立方米空气的价格是多少？……我用一束阳光将换回什么？"[④] 他在此直接考察了一立方米空气和一束阳光。为什么他没有在此刻发现边际效用思想呢？他已用考察一立方米空气代替考察空气总量，用一束阳光代替所有的阳光。他一定认识到，价值的关键在于忽略全体而专注于局部，他离边际效用价值论看来已近在咫尺。他只需说其余的每一立方米空气没有价值，因为它们不提供效用，而先前的那一立方米则提供效用。对阳光亦是如此。但他没有这样说，反而得出了这样一种真实而无效的结论：因为上帝为我们提供了我们能够利用的一切，所以谁也不必再去购买。众多的前人一直未解决的问题，他也没有解决。

奥古斯特·瓦尔拉斯分析的目的和特点的差别，使他轻易地避开了边际效用学派后来的结论，这些结论在今天看来是显而易见的。首先，奥古斯特·瓦尔拉斯基本上只探究价值的原因。他所希望的多半是发现一种标准，用以决定某种物品是否构成一国财富的一部分。请注意他的第一本书的书名：《财富的本质和价值的起源》，他的最后一本书的书名：《社会财富的理论》。他对价格（作为一种分配方案）是没有兴趣的。边际效用学派的先驱者们有一个优点，他们中的每个人都试图寻找一种原理，使经济资源与不同物品的生产成比例，然后在各种消费者中间分配这些物品。奥古斯特·瓦尔拉斯只需知道一种原

① 《财富理论概要》，《冈市评论》，1844年4月，第337~349页；1844年5月，第381~394页。《论交换价值的源泉》，《道德和政治科学学会》，1849年9月15日，第201~233页。《财富理论概要：1863年12月19日演讲》（波城，1863年）。

② 巴黎，1849年。

③ 奥古斯特·瓦尔拉斯：《财富本质和价值起源》，1938年重印本，第9、11、18页。

④ 奥古斯特·瓦尔拉斯：《财富本质和价值起源》，1938年重印本，第91~92页。

理，使他能以选择包括在他的财产定义中的物品。对这个有限目的来说，稀少性足矣；他也不需要再去精雕细刻边际效用这样的概念。

其次，奥古斯特·瓦尔拉斯没有得出边际效用思想是由于他根本没有考察一个【31】人消费某一商品不同数量的问题①。在他的分析中，某个消费者所消费的是不同的物品，这些不同物品会给他不同水平的满足，但他并不改变对某一特定物品的消费量。简言之，在奥古斯特·瓦尔拉斯的分析中，某一特定物品对某人具有一种效用强度。效用在数量上的变动只表现在它的增加上；对瓦尔拉斯来说，这意味着享受该物品的人数增加了。很显然，在奥古斯特·瓦尔拉斯的整个分析中，消费者只有要么消费、要么不消费的选择，绝无对一物品消费或多或少的机会。例如，瓦尔拉斯指出，有许多物品对某些特定的消费者来说就是不需要的。健康者不需要药品。需要枪者只有战士和猎人。剃须刀对妇女无用，男人也无须手镯和耳环。瓦尔拉斯根本没有想到药品、枪、剃须刀或手镯的边际效用递减的问题，多半是因为，他所想的是每个人所利用的量是固定的和需要的，即一剂药、一支枪、一把刀或一副手镯。

在奥古斯特·瓦尔拉斯的著作中，某物品的稀少性，是指可得到的该物品量，与预期消费者人数之比例（其中每人使用一单位物品）。稀少性，作为一个数字，表示该物品所能满足其需求的人口的分数，并不表示我们现在所理解的"边际效用"。瓦尔拉斯是这样为"稀少性"下定义的："什么决定稀少性和由此导致的价值呢？首先是有限的物品的数目或数量，其次是需要这些物品的人数，即要求享用这些物品的需求总数。稀少性不过是这两个数量之比。"②他有一处接近于边际效用的实质了，即当他把稀少性同速度联系起来时③。但是，他没有想到提出在某一点上的速度这一问题，他所想的是对全程而言的平均速度。同样，他所说的稀少性也是指每单位物品的平均消费者数。

Ⅳ

虽然奥古斯特·瓦尔拉斯没有提出后来在经济学中如此出名的边际效用概念，但他给他的儿子留下了一系列令人印象深刻的经济学观点；【32】他的儿

① 奥古斯特·瓦尔拉斯：《财富本质和价值起源》，1938年重印本，第175页。
② 奥古斯特·瓦尔拉斯：《财富本质和价值起源》，1938年重印本，第176页。
③ 奥古斯特·瓦尔拉斯：《财富本质和价值起源》，1938年重印本，第270页。

子采纳了这些观点，因而有助于使他的儿子转向边际效用分析。我们已指出，奥古斯特·瓦尔拉斯向儿子传授了一种激进的经济学观点，认为效用价值论和劳动价值论都没有使研究达于完成，因而应有一种新理论取而代之；他称这种新理论是稀少性。父亲还赞成将数学应用于经济学，即使他未能将他的观点付诸实践，但他这方面的观点同认为劳动论或效用论不足以解释价值现象的观点同样激进，甚至于更激进。里昂·瓦尔拉斯采纳了其父建议的这一理论的新名称，但幸运地改变了运用这一名称的理论。他还采纳了关于数学和经济学之间关系的观点，这也是他父亲提出来的，但与其父不同，他将这一观点付诸实践了。

第五章　瓦尔拉斯（1858—1873）

Ⅰ

【33】里昂·瓦尔拉斯在父亲去世（1866 年）后的七年间，并没有改变父亲的思想体系而引进完整的边际效用观点，不过他在 1860 年就开始撰写经济学著作了。他写于 1860—1873 年的著作有助于人们理解他对其父经济学观点的遵从，也显示出他早期的效用观点的性质。

据里昂·瓦尔拉斯自述，他最初接触经济学和价值理论，是在他 14 岁时有一次听父亲向邻居读一份手稿。他写道："我溜到他们身边，在一个角落坐下，贪婪地听他读。就这样我在 14 岁时知道了土地及其产品有一种内在的价值，这种价值来自与其数量相关的效用……"① 这些话是在半个多世纪以后回忆的，也许不完全准确，但在一定程度上仍不失为对作者最初顺从父亲价值观点的一种解释。

Ⅱ

里昂·瓦尔拉斯 1858 年结束学业之后，先到波城看望了父母，然后回到了巴黎，父母显然宽恕了他几年来不潜心研究矿业工程技术而醉心于文学的做法。父亲建议他从文学转向社会科学。当他正在考虑写作的议题时，接到父亲一封来信，来信对蒲鲁东的观点提出了有力的批评，对这一问题他们父子过去

① 【231】瓦尔拉斯：《政治经济学的一位创始人：奥古斯特·瓦尔拉斯》，载于《每月评论》，第Ⅵ卷（1908 年），第 181 页。

显然讨论过[1]。于是里昂·瓦尔拉斯便把反驳蒲鲁东作为他头一本著作的主题。他父亲不仅在一定意义上建议他进行这一批判研究，而且在此后的许多信件中不断发挥了这一思想。奥古斯特·瓦尔拉斯理应同儿子分享作者的资格。

【34】该书问世前，里昂·瓦尔拉斯写了一篇很长的书评，他在其中使用了他父亲的方法，包括他父亲对价值的解释[2]。他在该评论接近开头处写道："可以说，交换价值和所有权同时产生于效用数量的稀少或有限。"[3] 这是里昂·瓦尔拉斯对价值理论的第一次声明，表明他从一开始就完整地接受了父亲的观点，不过，同他父亲一样，他在此所要说明的只是物品是否有价值，以便指出它可否列为财产。

在他的第一本著作《政治经济学和正义》中，里昂·瓦尔拉斯仍然追随父亲的价值理论[4]。他在该书最初论及价值时说："其根源在于，效用数量有限导致效用的稀少。"[5] 这表明，他对父亲的观点没有增加什么新东西，除了试图把稀少性同供求观念联系起来之外；瓦尔拉斯这样做，也许是想把他父亲的观点同约瑟夫·加尼尔有影响的观点协调起来[6]。他同意父亲的观点，认为当时流行的两种价值论都不正确；但这个看法不像在他父亲的著作中那样，引起完全的对抗。分析的结论是相同的，这些结论限制了他父亲的发展，也使他自己裹足不前。他根本没有想到要去研究决定物品相对价值量的那些条件。他写作和思考时，他甚至没有考察一下价格形成过程突发性的本质。他对价值问题的兴趣是社会和哲学的，而不是经济学的。所以对于价值同一个人从物品的不同数量的消费所得到的满足的关系，他根本就没有考虑，而除非把得自物品的满足看作物品消费量的函数，否则就没有机会遇上边际效用的关键思想。

---

① 《瓦尔拉斯未发表的书信》，载于《1848年革命》，第Ⅸ卷（1912—1913年），第190页。

② 瓦尔拉斯：《智力财产：它在经济学中的地位》，载于《经济学家》杂志，第二类，第XXIV卷（1859年），第392~407页。

③ 瓦尔拉斯：《智力财产：它在经济学中的地位》，载于《经济学家》杂志，第二类，第XXIV卷（1859年），第395页。

④ 瓦尔拉斯：《政治经济学和正义：对蒲鲁东经济理论的批判和反驳》（巴黎，1860年）。早些时候，他还将此书讨论价值问题的部分以《经济科学的哲学》为题发表在（《经济学家》杂志，第二类，第XXV卷〔1860〕，第196~206页。）

⑤ 瓦尔拉斯：《政治经济学和正义：对蒲鲁东经济理论的批判和反驳》（巴黎，1860年），第XXX页。又见第7~10、75~76、103页。

⑥ 瓦尔拉斯：《政治经济学和正义：对蒲鲁东经济理论的批判和反驳》（巴黎，1860年），第ⅣII页。又见第9、17页。

Ⅲ

瓦尔拉斯的下一部著作是《赋税批判理论，并附：忆洛桑代表大会》①。他在这本书中没有利用与税收有关的任何价值理论，却没有必要地引述了他父亲的价值论观点。他说："我父亲在1871年《论财富性质和价值的起源》一书中已经证明，交换价值产生的原因，【35】不在于亚当·斯密和李嘉图所说的劳动，也不在于让·巴蒂斯特·萨伊所说的效用，而是在于有效用的物品的数量有限。这个理论是正确的理论，也是唯一的可以得出如下推论的理论，即交换价值用稀少性或供求关系来测定亦即用储备量与需求量之间的关系来测定。"②

正在这个时候，奥古斯特·瓦尔拉斯给他儿子发了一封关于价值问题的长信，这封信在帮助儿子打破价值问题上的僵局方面可能起了作用，因为这个僵局本来就是由于他留给儿子的一整套概念而形成的③。他在信中对他自己关于消费的某些观念及其对儿子可能产生的影响表示担忧。他感到用数学方法表示他的"稀少性"概念是困难的，而这在过去从未使他烦恼过。他以往总是把**稀少性**看作市场上预期的消费者人数同物品数量的比例，并假定每个消费者只需要一单位的物品。这种观点确实妨碍利用效用函数。在这封信中，奥古斯特·瓦尔拉斯从上述立场稍微挪开了一小步，因为他考虑到了下述情况：一些人可以比另一些人消费更多的消费品，因而当用分数来表示稀少性时，该数值就不再包括消费者人数。他就此论述道："一个人一天喝一升酒，等于两个人每天各喝半升，也相当于四个人每天各喝四分之一升。一个女人每年穿坏六双鞋，等于两个女人每年各穿坏三双。一个人常年生病，每天都要看医生，等于三百六十五个人每年只看一次医生。这就使我们无法确定社会所消费的一切资料或食品的**需求单位**。如果我没有弄错的话，这是数学占领政治经济学的障碍——它已经占领了力学、声学和光学物理学——至少，它使数学在社会财富理论上的应用更缓慢、更困难。"④

---

① 巴黎，1961年。

② 巴黎，1961年，第Ⅵ页。

③ 《瓦尔拉斯未发表的书信（续）》，载于《1848年革命》，第X卷（1913—1914年），第148~150页。

④ 《瓦尔拉斯未发表的书信（续）》，载于《1848年革命》，第X卷（1913—1914年），第149~150页。

请注意，他在这里没有进一步说明，一个每日饮用2利特尔酒的人，如果再增饮半利特尔，则这半利特尔酒对他的意义必不相同，恰如六双鞋中的每一双对一年穿六双鞋的女人必定【36】会有不同的意义一样。他没有看出，后续的物品具有不同的意义，如同他的儿子以及杰文斯和门格尔于10年后所指出的那样。他之所以就此却步，是因为他未能想到个人可以自由地选择消费品（酒、鞋等）的数量。相反，他可能一直认为，个人所能够供应的消费品的数量是一定的。他也许觉得，在个人本性之内或之外存在着某种强制力，要求个人以一种特定的方式来调节他的消费。然而，除非假定消费者能自由选择，否则不可能体会到（至少，不可能运用）任何边际效用概念。

Ⅳ

从《赋税批判理论》到《社会思想研究》（1868），里昂·瓦尔拉斯很少提及价值理论。在这七年间，他的写作集中在实际问题上。他评论过（1863年）古尔诺的《财富理论的数学原理研究》，这使他有机会表述他对效用和数理经济学的观点（他还没有运用过数理经济学）①。他在《社会思想研究》（内含他1867—1868年发表的一系列公开讲演，这些讲演首次发表于《劳动》杂志）中，再次回到其父的效用观点，而没有增加任何新的东西，并且带着深深地伤感，因其父已于1866年去世②。

Ⅴ

除了父亲以外，还有哪些经济学著作家影响过瓦尔拉斯早期的效用观点呢？在《纯粹政治经济学纲要》（以下简称《纲要》）第一部分（1874年），瓦尔拉斯曾对吉诺维西、西尼尔、孔狄亚克和萨伊表示感谢，因为他们在价值分析中运用了效用概念③。在第二部分（1877年），瓦尔拉斯首次注意到杜皮特同效用发现之间的联系，而在此前尚无人公开指出杜皮特是一位先驱者④。

---

① 美国的图书馆没有这种期刊的合订本。G. 鲁法拉发表了瓦尔拉斯的评论，作为古尔诺《财富理论的数学原理研究》（巴黎，1838年）的附录之一。

② 瓦尔拉斯：《社会思想研究》（洛桑，1896年），第28~29页。

③ 瓦尔拉斯：《纲要》，第1版，第27页。

④ 瓦尔拉斯：《纲要》，第1版，第385~388页。

但这并不意味着瓦尔拉斯在1873年之前曾就教于杜皮特，他肯定不会这样做。他对杜皮特没有表现出任何恭维，他说，杜皮特的效用观点【37】并不比萨伊的好。他在这年给杰文斯的信中就是这样说的，也许说得更多①。最大的责难是杜皮特从不区分效用曲线和需求曲线，这个批判是对的，但是这对一位早在1844年研究效用问题的作者来说未免太苛刻了。令人有点费解的是，为什么瓦尔拉斯一辈子都无视杜皮特作为边际效用学派先驱者的要求？特别是在杰文斯已经坦白接受了这一要求的情况下②。瓦尔拉斯至少犯了判断的错误，很可能是出于对杜皮特不自觉的嫉妒。这可追溯到19世纪60年代初在巴黎时，瓦尔拉斯在法国经济学界刚有立足之地，杜皮特却轻而易举地赢得了很高的声誉，这种嫉妒没有随岁月流逝而减弱。瓦尔拉斯十分关注优先权问题和他对经济学所做贡献的性质问题，他乐于承认戈森在一本不为人知的著作中较早地解释了边际效用思想，但他不肯对人人知晓的杜皮特多置一词，而他在1877年（很可能在1874年）前显然读过杜皮特关于边际效用的一些著作。他在形成自己的边际效用思想时可能直接从中汲取了一些营养，同样明显的是，他后来一直无视的东西，正是他1877年前所忽视的有益思想。

Ⅵ

此后几年对瓦尔拉斯来说是艰难的，他没有时间研究价值理论，直到1870年受聘于洛桑大学。表明他的思想发生新转折的第一个明显暗示，是他到洛桑后，向道德和政治科学学院1873年8月16日和23日会议所宣读的一篇论文③。

这篇论文显然是从日后成书的稿件中择录的，例如他略去了《纲要》中依据一般函数概念所做的全部论证，而只用了几何图解。应当记得，【38】杰文斯在他的第一篇论文中，用的全是代数分析，而没有图形。瓦尔拉斯只以最基本的情形说明他的论点，即只有两个人交换两个商品。他用需求曲线进行分析，后者则是从他的交换者效用曲线引申出来的。

---

① 【232】安托尼里：《瓦尔拉斯和古尔诺及杰文斯的通信》，《计量经济学》，第Ⅲ卷（1935年），第126页。

② 《杰文斯通信和日记》，第366页。

③ 《交换的数学理论原理》，载于《会议与著作汇编》，1874年1月，第97~116页。又见《经济学家》杂志，第3类，第XXXⅣ卷（1874年），第5~21页。

该论文包含《纲要》中略去的重要一小节。1873年论文中有很长一节论述效用测定问题，但1874年《纲要》的相应部分却缩短了，这必定反映出作者对这一重大问题没有把握。这预示了他日后对效用测定问题所抱的态度，即尽可能少谈这个问题。他在《纲要》中说，困难不是不可超越的，尽管我们不得不假定效用可以测定①。在1873年的那篇论文中，他对这种相当脆弱的论证已经在一定程度上作了说明。例如，他说，他的论证方法也就是物理学中衡量“质量一类要素”② 的方法。他后来正确地意识到，既然已经“假定了”可测定性，所以对其理由还是少谈为妙。

① 瓦尔拉斯：《纲要》，第1版，第79页。

② 瓦尔拉斯：《交换的数学理论原理》，载于《经济学家》杂志，第3类，第XXXIV卷，（1874年），第16页。

第六章 杰文斯《理论》、门格尔《原理》、瓦尔拉斯《纲要》所阐述的边际效用理论（一）

I

【39】边际效用学派的三本奠基之作出现于19世纪70年代初。威廉·斯坦利·杰文斯的《政治经济学理论》和卡尔·门格尔的《国民经济学原理》出版于1871年，里昂·瓦尔拉斯的《纯粹政治经济学纲要》第一部分出版于1874年，第二部分出版于1877年。我们已经说明了促使这些作者以其各自的方式阐述效用理论的各种条件，现在我们来对这三本完全独立的著作的某些方面做一比较。

这三本书所提供的效用理论的资料，其质量之高、范围之广，远非以往许多片段的讨论材料可比拟，他们为边际效用学派的兴起奠立了适当的基础。本章将依次讨论以下问题：三位奠基人所用术语的差别；生产要素的效用；得自交换的预期效用；总效用的再分割；可分割性所引起的问题；关于效用的测定问题。下一章将讨论其他一些问题：个人之间效用的比较；效用函数的形式；收入的边际效用；最大化；劳动价值论及其同需求曲线的关系。

II

边际效用学派的三位奠基人都没有使用过“边际效用”这个术语，下文将会提到，这个术语最早以德文出现是在1884年，以英文出现是在1888年，以法文出现就更晚了①。这个术语出现时，杰文斯已经过世。门格尔在“边际

① 【232】参看本书第134、145~146页。

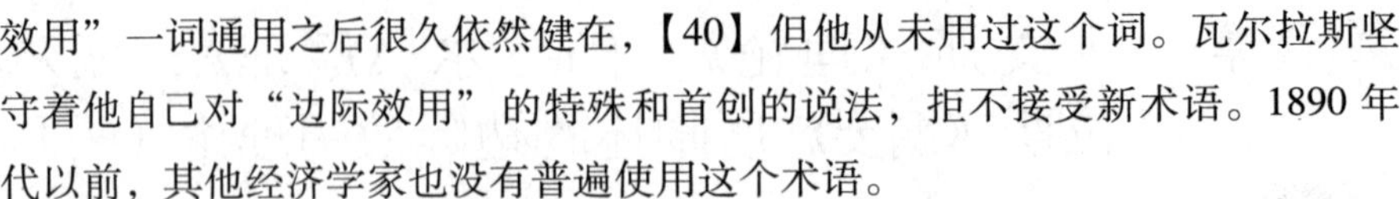

效用”一词通用之后很久依然健在，【40】但他从未用过这个词。瓦尔拉斯坚守着他自己对“边际效用”的特殊和首创的说法，拒不接受新术语。1890年代以前，其他经济学家也没有普遍使用这个术语。

至于“效用”一词（在今日经济学通用的意义上），杰文斯和瓦尔拉斯至少还使用过，而门格尔却不然，他从未用过。他坚持认为，效用（在我们现在理解的意义上）对物品价值的决定不起作用。在大多数场合，门格尔都避而不用“效用”一词，即使用，也要指出，它对考察价值是不适宜的①。门格尔何以这样看待“效用”呢？看来，这主要是由于他拒绝把效用量的变动同物品量的变动联系起来所致，尽管他没有明确这样说过。在门格尔看来，效用从性质上来说是不分等级的，就如同死亡一样，所以他坚决反对把价值和效用联系起来，也就是说，价值是分等级的，而效用是一次性的②。

门格尔用以代替“边际效用”的是“满足的意义”。满足本身同效用一样，在数量上是不会变动的，但满足意义是变动的③。他限于讨论由具体欲望的实现而带来的满足的意义，这个欲望，指的是由物品总量的一部分来实现的那种欲望。这就是他谈论边际效用的方式。程序上和语言上的这种差别，明显地反映在他首次的一般陈述中，这个陈述后来以边际效用递减法则而闻名。门格尔说：“任何一种特殊欲望的满足，达到一定程度，都会具有相对来说最高的意义，进一步的满足的意义就会逐渐减少，直到最后达到这样一种程度，那个特殊欲望的更多的满足变得毫无意义了。”④ 请注意，在这段话中，门格尔根本没有提及物品。

而杰文斯却依据门格尔未予说明的真实的物品来表述他的思想。在讨论效用时，他开始就说：“把我们的注意力尽可能地转向产生【41】快乐和痛苦的实物对象和行为是适宜的。”⑤ 于是他把满足欲望的能力附于物品之上，并称此能力为“效用”⑥。这样一来，杰文斯对边际效用递减法则的表述，在外表上就不同于门格尔的表述。杰文斯说：“表现最后效用程度的函数的变动，是所有经济问题中最关键之点。作为一个普遍法则，可以表述如下：效用程度随

① 门格尔：《原理》，英译者：丁沃尔和霍塞利兹，第118~119页。
② 另一种稍有不同的解释，见英译者的评论，门格尔：《原理》，第118页注。
③ 门格尔：《原理》，第123~125页。
④ 门格尔：《原理》，第125页。
⑤ 杰文斯：《理论》，第1版，第44页。
⑥ 杰文斯：《理论》，第46页。

商品量的变化而变化，商品数量增加，效用程度最终会减少。”①

瓦尔拉斯的说法与杰文斯相仿。他只论及个人从欲望的实现而得到满足的条件。他集中注意那些能够满足欲望从而具有效用的物品，因而他对边际效用递减法则的最初表述，看来更接近于杰文斯而不是门格尔的表述。瓦尔拉斯说：“从所消费的物品的第一个单位或该单位的第一部分，到最后单位或最后部分，内含的效用总是减少的。”②

瓦尔拉斯最初是用“内含效用”来说明“边际效用”的，这个词来自他父亲的说法，其父用它表示消费者欲望感受的“大约的紧迫程度”③。这个词在不多几页中反复使用了10次，然后突然以**稀少性**一词取而代之。稀少性这个词也是从他父亲那里借用来的，而且同他的著作的联系最为密切。他把“稀少性”定义为“消费一定量商品所满足的最后欲望的强度”④。瓦尔拉斯从此就用“稀少性”或“最后欲望满足程度”来表示边际效用。

瓦尔拉斯中途改变用语，显然部分地是为了说明消费者行为中最后消费单位的影响。他可能想用“最后欲望满足程度”来显示消费的次序，这在他的图式和方程式中均无反映。但这不是改变用语的充分理由。⑤ 杰文斯在《理论》一书中的做法同样是含糊的，他最初给边际效用下定义时，也没有涉及消费者进行消费的特殊次序，后来，他改变了说法，以表达消费者使用物品的最后单位或终点单位的意义。他起初说“效用强度”或“效用程度”，【42】但当他想强调消费的先后次序时，便代之以“最后效用程度”或“终点效用”⑥。门格尔不曾强调消费的任何时间模式。

Ⅲ

边际效用论的三位奠基人认为，各种生产要素只有在他们生产出满足消费者需求的物品时才有效用。门格尔把这种关系单挑出来，做了详尽的研究。他把所有物品分为不同的等级，较高等级物品的价值取决于第一等级物品（直

① 杰文斯：《理论》，第62页。
② 瓦尔拉斯：《纲要》，贾菲译，第118页。
③ 瓦尔拉斯：《纲要》，贾菲译，第505页。
④ 瓦尔拉斯：《纲要》，贾菲译，第119页。
⑤ 与此相反的一种说法，参看布朗：《价格体系的结构》（伦敦，1936年），第53~55页。
⑥ 杰文斯：《理论》，第1版，第157页。参看本书第2章中关于他早期著作用语的讨论。

接适用于消费）的价值。门格尔把得自第一等级物品的满足称为“直接的”欲望满足，而把得自较高等级物品的满足称为“间接的”欲望满足。[①] 门格尔在这方面提出了一种一般均衡模式，但这种模式不完善，因为它强调因果关系，而市场的情形却是同时决定的关系。可见，对经济过程的观察，瓦尔拉斯优于门格尔。瓦尔拉斯在其最完善的体系中，把所有产品和所有要素的价值完全地联系在一起了[②]。

杰文斯把来自消费品的效用称作“直接效用”，而把来自生产要素的效用叫作“中间效用”[③]。但是，一般来说，他对生产要素价格同其所生产的消费品的边际效用的关系的陈述是不能令人满意的。他起初像门格尔和瓦尔拉斯一样，分析消费品的价值决定，然而，接着他又把生产和消费的考察联系在一起。在杰文斯心目中可能有某种类似的含糊不清的想法，但没有完全予以实现。看来，杰文斯更多地囿于传统，在完成了交换一节之后，他用了三章的篇幅讨论劳动、地租和资本这类传统的论题，最后以“结论”结束了全书。

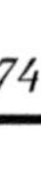

Ⅳ

杰文斯、门格尔和瓦尔拉斯注意到，许多物品的有用性，不是来自它对所有者的直接满足。而是由于它们通过交换【43】可以支配其他的物品。瓦尔拉斯很少利用这个区分，虽然他有一次对此有过明确地表述。他说：“一旦所有能被占有的物品……已被占有，他们便处于一定的关系中，这种关系来自下述事实：任何稀缺物品，除了它自身特有的效用以外，还有一种特殊性质，即它依据一定的比例可以同任何其他物品相交换。”[④] 然而在其余的分析中，瓦尔拉斯只用他所谓的“特有效用”即直接来自物品本身的效用，尽管他没有再提及这个名词。

杰文斯指出，人们评价物品，不仅因其能满足消费需求，而且因其能交换其他所需之物品[⑤]。杰文斯称来自后者的效用为“获得的效用”[⑥]。他想进一

① 门格尔：《原理》，丁沃尔和霍塞利兹译，第 57 页。

② 瓦尔拉斯：《纲要》，贾菲译，第 239 页。

③ 杰文斯：《理论》，第 1 版，第 74 页。

④ 瓦尔拉斯：《纲要》，贾菲译，第 67 页。

⑤ 杰文斯：《理论》，第 1 版，第 73~74 页。

⑥ 杰文斯：《理论》，第 1 版，第 74 页。

步运用这个概念，但没有成功。他说："我们以（一种商品）增量的需求强度"衡量它的价值，"但是，一种商品交换另一种商品的能力极大地扩展了这种效用的范围。我们不再限于从商品的直接所有者需求的角度来考察商品的效用程度；这是因为它也许对其他人有更高的效用，并且可以转移到直接所有者手中，以交换对买者有较高效用的商品。交换的一般结果是，一切商品，就其最后被消费的部分来说，将处于相同的效用水平。"①

门格尔用"直接地"和"间接地"两个副词来形容个人获得满足的活动方式，即是通过消费商品本身，还是通过交换。门格尔把价值区分为"使用价值"和"交换价值"，"前者是指通过直接使用得到的，后者则是间接得到的"②。他指出，有些物品可能只有使用价值或者只有交换价值，但通常是两者皆有，在此情况下，其中较大的一个决定满足的意义，从而决定物品的经济价值。

三位作者这种暗含的说法，即**交换价值**是决定【44】交换价值的一个要素，显然是根本错误的。他们都没有准备把这一观点以任何严格的形式揉进自己的论证中，可以推想，这显然是不可能的。在杰文斯和瓦尔拉斯的图解中，它确实也没有起作用。如果利用间接效用，则应在每条效用曲线上打一个价值的结，在这个结上，从某物品获得的货币的效用，要大于该物品本身增加的数量。在收入的边际效用不变的条件下，某特定物品对个人的边际效用曲线将会下降，只有自由物品的边际效用曲线会到达表示数量的轴线（假定该效用曲线包括了通过交换该物品所得到的满足）。此外，该物品交换价值的每一变动都将改变曲线上这个结的位置。显然，这个结的曲线无助于决定交换价值，因为它本身取决于交换价值。

有一个事实同这种间接效用观点有关，即交换者在交换中可以象征性地提供或者不提供物品。也就是说，生产者出售他们的全部产品，但用户却象征性地不出售任何物品。三位作者注意到了这种情况，指出这不同于他们用以说明交换的一般模式或例证，并试图解释这种差别。门格尔只注意到下述情况：某些人提供他们所拥有的全部物品进行交换，而别人一点也不提供③。他之所以会提出这种不准确的说法，部分是因为他没有像杰文斯和瓦尔拉斯那样，用数

① 杰文斯：《理论》，第1版，第130页。

② 门格尔：《原理》，丁沃尔和霍塞利兹译，第228页。

③ 门格尔：《原理》，丁沃尔和霍塞利兹译，第228~229页。

学模式说明经济过程，所以他就不能像他们那样明确地领会到，依据他的逻辑，提供一切或什么也不提供的结果。然而，即使在门格尔的算术模式中，也应对交换者提供一切物品或什么也不提供的情况予以解释。瓦尔拉斯和杰文斯对此则有更明确地解释，有必要稍加评论。杰文斯是把它作为交换方程式的“缺陷”来谈的①。瓦尔拉斯也认识到，一种物品对于不使用它的人来说没有稀少性，所以，他的方程式体系在杰文斯的意义上就失效了。为此，他提出“假设的稀少性”的说法，用以表明“将要满足或可能被满足的最后需求强度”②。

V

【45】杰文斯和瓦尔拉斯用数学模式解释他们的效用理论，所以，他们发现，如果假定物品在数量上可以分割，会方便于分析。但他们也认识到，经济生活的有关数量，全部或大部分都不是这样的，因此他们的模式不符合实际。为避免对此假定的批评，杰文斯和瓦尔拉斯改变了他们的基本模式，以便为消费品的不可分性留下余地。门格尔所用的算术表从性质上说是不连续的，他没有必要改变自己的分析，以便把不可分的物品也包括进去。相反，门格尔对他所谓的不连续性这一点很是欣赏并予以强调③。他甚至把这一点还传给了他的直接继承人，这些人从不利用连续函数，这使他们的研究在一定程度上必然要遇到其他人得以避免的障碍。

杰文斯先说，效用会有一定程度的增加，但他接着指出，效用递减法则“可以被认为在理论上是正确的，不管增量如何小”④。他知道，不可分割性不适用于他的最一般的模式，这是造成他的交换方程式的“缺陷”的又一个原因。他也知道，在国内贸易中，在“一座房屋、一个工厂或其他建筑物的售卖中”都存在着不连续性的例证⑤。

他为此设计了特殊的模式，以研究不相等性。他的第一个模式是两个人交换的模式，其中的交换方程式是两个不等式，这表明交换的这一方喜欢另一方

① 杰文斯：《理论》，第1版，第118~119页。

② 瓦尔拉斯：《纲要》，贾菲译，第145、175页。

③ 门格尔《原理》，丁沃尔和霍塞利兹译，第118、140、145、162页、

④ 杰文斯：《理论》，第1版，第57页。

⑤ 杰文斯：《理论》，第1版，第120页。

的物品。他进而详细论述了各种情况，包括各瓶墨水的例子①。他还以图形说明，买者必须决定，每瓶墨水增加的效用，是否多于把货币用于别处所得的效用。

与杰文斯不同，瓦尔拉斯在《纲要》第 1 版中没有受到不连续性问题的困扰，但他在一些地方明确表示，他意识到存在这个问题。在讨论个人需求曲线时，他才接触到这个问题。他画了一条“台阶曲线”，用以表示不连续的个人需求曲线。他对这个困难提出的解决办法与杰文斯的办法是一样的。【46】他说，当大量的个人需求代替单个人的需求时，不连续性就消失了，或者显然就消失了②。这个理由可以给他一点安慰，因为他的模式基本上是基于效用方程式（不可加总），而不是经验性需求方程式。瓦尔拉斯后来提出了另一个处理不连续效用函数的建议，即用连续函数代替不连续函数，作为一个近似值③。这就对不可分割性问题提出了一个最好的解答。数学模式只能对世界上的各种复杂的情形给出大概的近似值。直截了当地承认数学模式同被想象的现实的本质之间有矛盾，比引进导致模式缺乏灵活性的各种因素，给模式强加某种倾向或特征会得出更好的解答。

Ⅵ

系统地介绍杰文斯、门格尔和瓦尔拉斯的理论，应当包含享乐、需求、需要或效用的可测定性问题。他们三人都认识到在一定程度上必然要面对下述矛盾：尽管他们假定了物品可测定，但谁也没有对这个量实际做过测定。他们还正确地意识到，他们得为他们的假定作出辩解，以反驳未来的批评。如果做到了这一点，边际效用分析就没有什么最易受攻击的地方了。主观数量的测定仍是经济理论中一个未决的问题。

这个问题对门格尔的困扰最少，他在一个脚注中力图证明他的做法的正当性。他说：“他并不打算让表现后续的重要程度的数字在数量上代表所满足的重要性的**绝对量**，而不是**相对量**。”④ 他对此作了如下说明：“假定我说两个满

① 杰文斯：《理论》，第 1 版，第 125~127 页。
② 瓦尔拉斯《纲要》，贾菲译，第 95 页。
③ 瓦尔拉斯《纲要》，贾菲译，第 577 页。
④ 门格尔：《原理》，丁沃尔和霍塞利兹译，第 183 页注。

足的重要性分别为40和20，我不过是说前者是后者的两倍。”他没有意识到，他这样说，实际上已经引出了一个测定可能性问题（在基数的意义上）。他显然相信，他不承认任何特定的零点尺度或任何唯一单位尺度，【47】也就排除了运用主观数量的主要障碍。可是他在应有满足尺度的主要例证中，却选择了一个零点尺度和一个确定的单位尺度。从一物所得的满足，如果没有使总满足有所增加，就是零价值的满足；最大满足有任意的重要性，确定为10，此数字是用于“我们的生命所系”① 的那一单位商品上。在这两个极端（0和10）之间，有9个其他等级的满足。

瓦尔拉斯同样预见到，他把不可测定的东西看作可测定的，必定会遇到非难。对此，他“快刀斩乱麻”，宣称他已经“假定”可测定性。他说：“以上分析是不完整的；而且乍一看，进一步的研究也不可能，因为内含效用（intensive utility），绝对地看，对时间和空间没有直接的或可测定的关系，因而是捉摸不定的。这与外在效用（extensive utility）和所拥有的商品数量不同。但这个困难不难克服。我们只需假定这种直接的可测定的关系确实存在，我们就可以对外在效用、内含效用和占有的最初资材对价格的有关影响，作出准确的数学表述。因此，我将假定，存在着一种标准的需求强度或内含效用的尺度，它不仅适用于同种财富的相同单位，而且适用于不同种财富的不同单位。”②

瓦尔拉斯对其基数衡量没有加以论证，他的这个温和的假定不是对问题的解答，在认定了可测定性以后，他承认他的效用方程式“是未定的”，而且，只有取决于效用方程式的需求方程式“依然是经验性的”③。然而，他没有用消费者所受的金钱的损失作为效用尺度（像在需求曲线所显示的那样），他还指出了杜皮特这方面分析的所有不当之处④。

有人可能认为，既然效用不能测定，所以研究经济学是不可能的。为了消除这些人的疑虑，杰文斯表示，虽然现时还不能找到尺度，但将来一定能够解决。杰文斯作了这样一个概括“在科学上没有什么比不肯研究和绝望情绪更没有道理的了。”⑤ 他指出，除了经济学以外，尺度在其他各种研究中已经缓

① 门格尔：《原理》，丁沃尔和霍塞利兹译，第125页。

② 瓦尔拉斯：《纲要》，贾菲译，第117页。参看本书第5章，关于他对测定问题的早期评论。

③ 瓦尔拉斯：《纲要》，贾菲译，第126页。

④ 瓦尔拉斯：《纲要》，贾菲译，第445~446页。

⑤ 杰文斯：《理论》，第1版，第9页。

慢确立起来了。他问道："帕斯卡时代以前，【48】谁设想过测定**怀疑**和**信任**呢?"① 他还以热力和电力为例，说明衡量尺度都是在一段时间的研究以后才找出来的。

杰文斯坚持认为，"快乐、痛苦、劳动、效用、价值、财富、货币和资本等，都是包含着数量的概念"，因而可以推想为可以测定②。他提到边沁的下述建议：测定快乐和痛苦以便检验立法。他承认他不知道边沁的"数字资料在何处能够找到"③，但他认为经济学的数字资料是可以得到的。他说，在经济学方面，"数字资料是非常丰富和精确的，比其他任何科学所掌握的都要丰富和精确。但我们现在还不知道如何利用它们"④。作为经济学原始资料的例证，他提到了"私人账簿、商人、银行家和公共机关的大账本、分配表、价格表、银行收益、金融情报、海关和其他政府机构收入"，以及"数以千页计的统计资料、国会材料和其他出版物"⑤。

为什么杰文斯没有从这些丰富的资料中作出效用曲线呢？他提出了两点理由：第一是"方法不够"，第二是缺乏"完整性"⑥。后面这一点同他前面所说的有抵触，他曾说经济学原始资料丰富和精确，又说"我们丰富的资料显得错综复杂"⑦。实际上杰文斯似乎认为缺乏基本统计的完整性是更重要的原因，因为他说他不知道"何时才能有完整的统计制度，而缺乏这种制度恰是使政治经济学成为一门精确科学的唯一的难以克服的障碍"⑧。

杰文斯在绪论章中仅仅暗示他想用用来衡量效用的办法，如果他有"完整的统计材料的话"。这个唯一的暗示包含在下面这句话中："我们不能就重力本身来认识和测量重力，同样，也不能以感情本身来认识和测量感情。但是，我们却能以人心的不同决定来估计各种感情是否相等，就像我们能以重力在摆的运动上所引起的效果来测定重力一样。意志是我们的摆，它的摆动时刻反映在市价表上。"⑨ 正像杰文斯后来所说，上面的话意味着，他将用需求函

---

① 杰文斯：《理论》，第1版，第9页。
② 杰文斯：《理论》，第1版，第11页。
③ 【233】杰文斯：《理论》，第1版，第12页。
④ 杰文斯：《理论》，第1版，第12页。
⑤ 杰文斯：《理论》，第1版，第13页。
⑥ 杰文斯：《理论》，第1版，第13页。
⑦ 杰文斯：《理论》，第1版，第12~13页。
⑧ 杰文斯：《理论》，第1版，第14页。
⑨ 杰文斯：《理论》，第1版，第14页。

数作为效用函数的近似值，【49】以价格作为边际效用的粗略尺度。瓦尔拉斯可能在原则上拒绝这样做，因为他拒绝过杜皮特“混同”需求曲线和效用曲线的方法；不过，在他更贴近地考察杰文斯的方法的细节之后，他会撤回他的一些拒绝意见的；杰文斯的方法在一定程度上消除了瓦尔拉斯对杜皮特的拒绝意见。至少，瓦尔拉斯没有拒绝杰文斯把边际效用和需求联系起来的方法，而这个方法同杜皮特的方法大体上是类似的。

杰文斯在接下去的一节“感情与动机的测量”中再次回到测量的尺度问题①。但这一节的精神同他前面的观点已大相径庭，他一开头就是一句令人沮丧的话：“我们没有方法来确定和测量感情的量，就像测量一英里、一直角或任何其他物理量一样。”② 他显然忘记了，就在几页之前他还表示对测量（至少是间接地测量）抱有极大的希望和信心，而现在他却说：“感情量的数字表现似乎是办不到的。”③ 他倾向于序数效用观点。他说：“假如我们能够直接比较数量，我们就不需要单位，”他没有要求“人心具有准确的测量与计算感情的能力，”“我们难以断言，甚或绝不能断言，一种快乐在数量上是另一种快乐的若干倍”，他的理论“极少涉及在数量上相差甚大的感情量的比较”④，不过，他没有推进这个比较简单的衡量观点。

杰文斯在下一章研究痛苦与快乐时，又回到了他开头提出的测量个人感情的基数尺度概念，他说：“若幸福程度相等，则两日的幸福量是一日所希求的幸福量的两倍。”这句话肯定暗含着关于持续时间的基数尺度，如果不是快乐强度的话⑤。在他用来说明相等时间间隔中快乐强度递减的图例中，也肯定地显示出基数效用已经回到了他的考虑之中⑥。当杰文斯论及效用时，他有些含糊地说：“效用必须被视为是以个人幸福的增量来衡量的，而且实际上与该增量相一致。”⑦

在用效用方程式来决定交换率之后不久，杰文斯又明确表示要以需求曲线作为【50】效用曲线的近似值。他用以分析交换的效用方程式以基数效用为前提，但他没有作出基数尺度的假定，因为他使用了一种总函数概念，并辅以

① 杰文斯：《理论》，第1版，第18~23页。
② 杰文斯：《理论》，第1版，第19页。
③ 杰文斯：《理论》，第1版，第19页。
④ 杰文斯：《理论》，第1版，第19~20页。
⑤ 杰文斯：《理论》，第1版，第35页。
⑥ 杰文斯：《理论》，第1版，第36页。
⑦ 杰文斯：《理论》，第1版，第53~54页。

效用曲线来说明他的结论，这种曲线图只保留了他赋予总函数的主要特点。在进行概括时，他显然忽略了他在物理学中看到的某些具体性，在物理学中研究者可以规定他所使用的方程式的形式和变量。

结果，杰文斯第三次回到了尺度问题①。这次他是乐观的，他希望从需求统计中“至少近似地决定最后效用程度（经济学中最重要的因素）的变动”。他认识到必须假定货币收入的效用不变，以使需求曲线接近于效用曲线；他并不指望这个结果“像重力法则那样是一种简单的法则”，但最后他还是认为“它们的决定将使经济学成为一门在许多方面像纯物理学一样精确的科学”，虽然“开支的基本要素的方程式”仍然不能获得（因为经济学家们在考察必然性时不可能假定收入的边际效用不变）。同他的期望相反，杰文斯后来的经济分析并没有追随他所预测的路线（即物理学的路线）来决定效用方程式或任何经济方程式的形式，并在后来的分析中运用这些特殊的方程式。

① 杰文斯:《理论》，第 1 版，第 140~142 页。

第七章　杰文斯《理论》、门格尔《原理》、瓦尔拉斯《纲要》所阐述的边际效用理论（二）

I

【51】杰文斯、门格尔和瓦尔拉斯的基本论证，都没有假定能够在个人之间比较效用，也没有暗示这种比较的可能性。虽然他们都提出了基数效用尺度，但是为每个人选择的单位同任何其他人的单位并没有特定的关系。

不过，只有杰文斯强调指出了不可能在个人之间比较效用。门格尔和瓦尔拉斯虽然也像杰文斯一样没有做过个人之间的比较，但他们没有对此提出一般的说明；杰文斯却提出了一个经典性的表述，这一表述迄今仍为所有的经济学家或多或少地赞成。杰文斯说："读者还将发现，在一个简单例证中，绝不存在这样一种企图，去比较一个人心中的感情量和另一个人心中的感情量。我不知道有什么方法能够进行这种比较。一个人心中的感受性可能比另一个人心中的感受性大1000倍，不管我们是否知道。但是假定这种感受性以相似比率在一切方向上都不同，我们将永不可能发现这种最深奥的差别。每个人的心对别人来说都是不可思议的，感情不可能有公分母。"①

不过，杰文斯并没有全然回避（他的后继者不回避）人们一般所做的那种相当自然的偶然的个人比较。例如，他说，新增1便士对年收入50镑的家庭的效用，要比对年收入1 000镑的家庭的效用为大。如果他严格恪守禁止个人之间比较的信条的话，他何以能进行这种比较呢？门格尔和瓦尔拉斯同样也多次试图作出粗略的个人比较。门格尔假定他能完全知道人心之所想，【52】并且说："一件物品或一些物品的使用价值对两个不同的个人会是很不相同的。"②

---

① 【233】杰文斯：《理论》，第1版，第21页。

② 门格尔：《原理》，丁沃尔和霍塞利兹译，第299页。

至于瓦尔拉斯，在他试图证明自由竞争可使一国经济的效用达到最大化时，就一直抱有个人之间可比的假定①。

当杰文斯将不同个人的效用加总或平均时，他又偏离了个人之间不可比的假定。把效用加总或平均，是以个人之间某种程度的比较为前提的。他躲不开将效用平均的诱惑，尤其是当这种平均有助于他摆脱不可分性的困难时，即使这样做包含着比较的因素也罢。当杰文斯说经济学所研究的通常是个人的总体时②，他接近于运用这种平均。当然，他不可能不做总体的个别部分之间的比较而研究总体。他的第一个总体研究是无妨害的，因为这里的总体是指需求曲线。但是当他最后提出“贸易体”的概念、使他得以把效用方程式加总时，这同他一直反对的个人之间的比较相抵触了③。“贸易体”一词所表示的，或是买者，或是卖者，可以是个人，也可以是“一块大陆的居民”。他谈及消费时，联系到“贸易体”，但在他讨论“贸易体”时却没有涉及物品效用。可是在他决定交换率时却突然给他的“贸易体”一个效用方程式④。此后，“贸易体”就如同一个人那样行动，杰文斯也就这样对待它⑤。杰文斯依据“贸易体”的效用方程式对交换均衡提出了他的一般表述⑥。此后，他没有依据他的“贸易体”思想便作出了澳大利亚木材的效用曲线⑦。在这些场合，杰文斯无意中假定了个人之间效用的可比性。

门格尔避开使用平均效用或总效用等概念，可能是因为一般来说他没有严格的数量观察，还因为他不觉得需要利用不可分性（经由这一路线）。门格尔只有一次论及平均使用价值的观点，还是不赞成的⑧。瓦尔拉斯在其《纲要》第 1 版中没有把个人之间的效用加以平均，但在第 2 版中（也许是随杰文斯之后）他却引进了这种平均⑨。

---

① 瓦尔拉斯:《纲要》，贾菲译，第 511 页。
② 杰文斯:《理论》，第 1 版，第 21 页。
③ 杰文斯:《理论》，第 1 版，第 88 页。
④ 杰文斯:《理论》，第 1 版，第 96 页。
⑤ 杰文斯:《理论》，第 1 版，第 98 页。
⑥ 杰文斯:《理论》，第 1 版，第 100~101 页。
⑦ 杰文斯:《理论》，第 1 版，第 137 页。
⑧ 门格尔:《原理》，丁沃尔和霍塞利兹译，第 299 页。
⑨ 参看本书第 20 章。

Ⅱ

【53】杰文斯、门格尔和瓦尔拉斯都没有明确讨论他们所用的效用方程式的形式。不过，从他们偶尔谈及的许多情况中，我们可以把他们心目中想到的那些方程式的独到之见拼凑起来。像在其他方面那样，边际效用的三位奠基者在这些方程式的一般特征方面有一致的看法。

他们使用的方程式中，某特定物品对某人的边际效用取决于（而且仅仅取决于）该物品的数量。于是他们对相互补足和相互替代的商品内部关系做了严密考察①。但以下这些可能的变量却没有包括到他们的方程式中：消费者的收入、收入的分配、别人消费物品的数量、物品的价格以及在某种体系中这些或那些变量的变动比率。

杰文斯、门格尔和瓦尔拉斯十分正确地强调了以下事实：当物品数量增加时，边际效用减少（边际效用递减），并以之作为他们的边际效用方程式的最重要的特征。门格尔认为这个特征反映了一般的经验，但是他指出学者们对此未多加注意。杰文斯强调了边际效用递减的真实性和重要性。虽然瓦尔拉斯说到在他的效用方程式中边际效用递减具有“假定”性，但他可能也像杰文斯和门格尔一样，是基于同样的一般经验的假定。他们对这一基本关系都未提出任何例外。杰文斯还明确指出不存在例外情形②。他们都没有对边际效用下降的变化（效用曲线上凸或下凹）赋予什么意义。杰文斯的所有曲线都是向下凹的。门格尔的表例和瓦尔拉斯的《纲要》第一版的曲线都是直线③。在《纲要》1877 年的部分，瓦尔拉斯曾援引杜皮特，后者描述的效用曲线是向下凹的；但瓦尔拉斯对杜皮特的假定未加评论④。

杰文斯、门格尔和瓦尔拉斯都未用过动态方程式。杰文斯说：“只有作为一个纯粹静态的问题……我才敢于研究交换行为。”⑤ 他之所以避开动态问题，是因为“更容易的问题还没有解决时，【54】就想去解决更困难的问题，肯定

---

① 门格尔谈到补足性，但限于生产者物品（参看门格尔：《原理》，丁沃尔和霍塞利兹译，第 63、84~87、157~185 页）。他也谈到替代物品，但又通过把所有替代物品依其技术性质简化为一种简单物品的办法回避了替代问题。杰文斯谈到羊肉和牛肉的替代性，但又分别给了他们不同的效用函数（杰文斯：《理论》，第 1 版，第 127~130 页）。瓦尔拉斯根本未考虑补足性和替代性。

② 杰文斯：《理论》，第 1 版，第 62 页。

③ 瓦尔拉斯：《纲要》，贾菲译，第 568~569 页。他在第 2 版中改变了这些曲线的形状。

④ 瓦尔拉斯：《纲要》，贾菲译，第 443~445 页。

⑤ 杰文斯：《理论》，第 1 版，第 93~94 页。

是不合理的"[①]。瓦尔拉斯在《纲要》第1版根本未提及他所用的只是就静态分析这一事实，虽然在后来各版中曾有一句话涉及于此[②]。门格尔偶尔使用"时间"概念，但多半是与生产的性质有关。他在一节中曾说到人类需求的"能力"在"增长"，并说这种能力未曾引进他的分析[③]。不过，一般来说他的分析是静态的。

他们在19世纪70年代关于效用递减的例证中，没有特别注意消费的一般条件。但他们暗示他们的方程式所代表的物品，由消费者打算消费的物理性质上同质的商品组成，除了所使用的其他（未指明的）物品以外。杰文斯在边际效用递减的第一个例证中要求我们设想"把一个人在24小时平均消费的食物总量分为10等分"[④]。他一定是指食物的某种抽象数量，因为他不可能在实体上把一天的食物分成相等的和类似的若干份，使之具有消费者会认可和估价的性质。此后，杰文斯为他的交换理论作出假定：一种商品"在性质上是完全一致或同质的"，便于它具有同一的市价[⑤]。杰文斯显然还假定消费者拥有恰好同量的衣物、房舍和其他物品，不管他所消费的食物是1个单位还是10个单位。然而根本未指出，其他物品的消费水平必定是决定该消费者对食物的效用方程式形式的主要条件。读者在解释门格尔主要例证的第1栏（表示从11等分同质食物所得到的增量满足）时，必定假定此人所消费的其他物品的数量不影响他的满足。瓦尔拉斯在最初介绍他的效用方程式时的陈述，同样暗示了商品（增量消费单位的商品）是同质的；所有其他物品数量都不会影响结果。

【55】杰文斯、门格尔和瓦尔拉斯的效用方程式全都同这样的效用相关，这个效用是某个人从他所消费的物品中所获得的；这些方程式引导他，按照他自己的兴趣去买或卖一定量物品。换句话说，消费是以该方程式相关的那个人利用定的物品为前提的。某人饮水、吃食品（一般地说），吃牛羊肉（特殊地说），吸烟、烧柴，等等，正是为了这些目的他才购买这些东西。杰文斯等人这一次没有提到（只在稍后一些时候才提到）这个条件：消费者要为家庭的其他成员购买。为了解释消费，无论是1871年还是今天，效用方程式都应涉

① 杰文斯：《理论》，第1版，第93页。
② 瓦尔拉斯：《纲要》，贾菲译，第117页。
③ 门格尔：《原理》，丁沃尔和霍塞利兹译，第82~83页。
④ 杰文斯：《理论》，第1版，第54页。
⑤ 杰文斯：《理论》，第1版，第91页。

及家庭。至少，购买者应当知道他自己和其他家庭成员的效用方程式的特点①。

Ⅲ

杰文斯、门格尔和瓦尔拉斯都假定，来自不同物品的满足具有某些共同的抽象的性质，因而个人可以把各种物品对他具有的意义加起来。这个重要的假定对他们这些19世纪70年代的经济学家来说是很自然的，但是在他们以前和以后的人则否认个人能够对来自各种不同物品的满足加以比较。可比性假定所强调的关系就是现在一般所说的收入（或货币收入，或简单地说货币）的边际效用。

门格尔在字面上并没有明确地论及这一思想，但他也没有发表同收入的边际效用概念相左的观点。他无疑会赞成下述说法：当一个人支出的货币额增加时，他所得到的总满足会增加，但由他的收入的一个单位所增加的满足会逐个单位地减少。瓦尔拉斯也认为总效用取决于消费者的投入，但他在后来的分析中没有运用这个思想②。

相反地，杰文斯对收入边际效用概念不仅有很好的想法，而且有相当好的运用。杰文斯谙熟丹尼尔·伯努利在博弈论中对收入边际效用的应用，也了解拉普拉斯关于物理财产和精神财产的划分③。【56】杰文斯论及收入的边际效用时说："可见，我们现在能够以一种精确的方式得出货币的效用，或得出构成一个人的生计的商品供应量的效用，它的最后效用程度是由他所消费的其他商品的最后效用程度来测定的。"④ 这无疑是以现代形式对货币或收入的边际效用的首次陈述。杰文斯在此揭示了收入边际效用为什么一定会随收入增加而递减：因为所购买的物品的边际效用下降了。他没有考虑到当收入增加时，个人有可能改变消费的数量和性质。

---

① 门格尔：（《原理》，第130页）和杰文斯（《理论》，第68页）谈到了家庭或家属，但没有为他们提出效用函数。杰文斯发挥他的"贸易体"观点时，可能想到了家庭或家属，但他没有这样做。

② 瓦尔拉斯：《纲要》，贾菲译，第445页、第175页。瓦尔拉斯在这里比较了富人和穷人的财产，其中暗含着收入边际效用递减。

③ 杰文斯：《理论》，第1版，第154~155页。

④ 杰文斯：《理论》，第1版，第133页。

杰文斯假定，收入的边际效用在短期内可以大体不变，这样他就把读者引进到一种局部均衡的经济分析，其中货币学边际效用仍然不变。他指出他只是在下述场合才运用这种分析，即某人花费的货币“不会使他更穷”，比如购买食盐；但是当某项“购买显著地影响到购买者的财产状况时”，他就不用这种分析了，比如购买肉制品①。他作出图例（假定在一定收入期间收入的边际效用不变，且足够购买 6 瓶墨水），说明某人将如何决定购买墨水的最佳数量②，这是基于收入边际效用不变这一假定的第一条需求曲线。后来的许多作者都采用了这种做法。杰文斯对收入边际效用的最大运用，是在于他把这个过程倒转过来，把个人需求曲线解释为效用曲线时，仍然假定货币的边际效用不变。

Ⅳ

杰文斯、门格尔和瓦尔拉斯对他们的效用方程式的最集中和最主要的运用，是将它同交换（或价值）问题联系起来。在这方面他们不同于早期的效用论者，如伯努利、西尼尔、杜皮特，他们提出过大体相同的效用方程式，但从未用它们表述交换均衡。杰文斯等人对效用方程式的这种一致的运用，【57】标志着效用分析中最重要的进步和边际效用学派的开端。即以最基本的方式将效用最大化过程同经济问题联系起来。门格尔在讨论经济问题之初就提出了最大化的说法，他希望表明消费者如何“把他所支配的一定量物品（消费品和生产资料）用到最有效地满足需要的地方”③。杰文斯也说，经济学关注的是效用最大化过程。他说：“以最小的努力，使我们的需求达到最高度的满足……换句话说，达到最大的舒适和快乐，乃是经济学的课题。”④ 瓦尔拉斯的“最大效用原理”所表述的观点是：“交易的目的在于获取最大可能的需求量。”⑤ 这是边际效用学派引进经济学的新调子。这个调子今天已经习以为常了，但在当时却不是这样。没有那位早期经济学家会否认人类一般来说是依照它们的自我利益的方向行事的。追求利益的思想，承认它是一个值得追求的目标，这是经济学家们早在 1871 年以前很久就接受的看法，但是效用最大化

① 【234】杰文斯：《理论》，第 1 版，第 112～113 页。
② 杰文斯：《理论》，第 1 版，第 126 页。
③ 门格尔：《原理》，丁沃尔和霍塞利兹译，第 80 页。又见第 95～96、114、131、183、192 页。
④ 杰文斯：《理论》，第 1 版，第 44 页。
⑤ 瓦尔拉斯：《纲要》，贾菲译，第 121 页。

在决定经济量（价值、产出、投入等）中起着重大作用的思想也还没有出现。早期的经济学者们认为，人们追求它们的个人利益是在这样一个领域：产品的重要变量，如价值以及所生产的产品量，是由更严格和不同的外部原因（比如痛苦的代价）决定的。如果杰文斯、门格尔和瓦尔拉斯像早期经济学家那样继续限制它们的分析，它们几乎不可能发现效用方程式的用途。在可能出现一个边际效用学派以前，效用在经济学中已经有了某种重要用途了。

但是，就它们的最大化研究来说，无论是杰文斯，还是门格尔和瓦尔拉斯，都没有以正式的数学程序方式直接得出最大化的条件。门格尔当然没有利用过任何数学分析，他通常也不利用与数学相通的最大化方法。杰文斯和瓦尔拉斯是利用数学概念和方法的。我们也许指望它们会指出最大化数量，从而直接解决最大化问题；【58】然后说明最大化的条件（预筹条件），接着至少再发挥一下最大化的必要条件（若不是充分条件的话）。这些必要条件将会采取常见的一系列比率的形式（消费者的边际效用和物品的价格之间的比率）。但是情况并非如此。他们的分析不是从消费者的总效用方程式开始的，他们肯定懂得它的意义；而是从边际效用方程式开始的，这些方程式是他们直接用来表现最大化条件的。他们更关注的是边际效用作为一个经验事实的存在，而不是边际效用的相对量和某人的总效用。为此他们对边际效用思想做了长篇的描述，这不应被视为一种损失。如果用不了几页篇幅就能对最大化的必要条件作出简明的解释，说明边际效用思想起源的话，我们可能会对这种边际效用思想表示怀疑。因此他们奠立的学派应当冠之以边际效用学派而不是最大效用学派。

V

三位先驱者都公开地拒绝劳动价值论，这成为他们的共同纽带之一。劳动价值论在当时比任何其他对立的价值论都更有威望，追随者也更多，因此他们同当时经济学家的思想武器中令人尊敬的部分作对时是冒着一定风险的。他们都拒绝劳动价值论。瓦尔拉斯说："把价值溯源于劳动，这种理论与其说无意义，不如说太狭窄了一些；与其说没有理由，不如说不可接受。"[①] 这类说法

① 瓦尔拉斯：《纲要》，贾菲译，第202页。

显然会惹怒劳动价值论者。门格尔对劳动价值论的斥责比瓦尔拉斯更严厉。他说："在我们的科学以往的发展中，已经出现的那些带来了最严重后果的极为愚蠢的若干基本谬误中，就有这个观点：认为物品得以有价值，是因为物品被用于生产，而生产对我们是有价值的。"① 比较起来，杰文斯冒的风险最大，因为英国是劳动价值论的祖国，它在英国有最发达的形式，【59】因而杰文斯比其他人更密切地注意劳动价值论。他甚至努力把他的效用价值论同当时英国流行的观点协调起来。他的论述交换的一章的结尾处指出："劳动影响供给，供给影响效用程度，效用程度支配价值或交换率。"② 他的这个解释是调和的；而在下面的一段话中他明确地拒绝了劳动价值论："事实是，劳动一旦投下，便对任何物品的未来价值不再发生影响：它已经过去了，永远丧失了。在商业上，过去的永远是过去的；我们总是明确地在每一瞬间开始，以未来效用的眼光来判断各种物品的价值。产业实际上是预期的，而不是回顾的；任一事业的结果，也难与其创始者的初衷恰好吻合。"③

Ⅵ

门格尔的需求函数思想要比杰文斯和瓦尔拉斯的更模糊。当他承认市场销售量取决于喊价时④，对需求函数未多置词。他本来是可以用他在讨论价格理论时用过的那种表格来说明它们的，但他根本没有这样做。门格尔也没有把它们同某个人从购买物品得到的满足直接联系起来。另外，瓦尔拉斯则从既定的需求曲线开始他的分析，而且在他还未就效用说一个字之前，就得出了他的均衡市场条件。此后他才引进了效用，为需求函数打下了基础⑤。杰文斯从另一个角度看待需求曲线，他研究需求曲线主要是希望找到某种方法，以获得制定个人效用曲线的资料。

应当注意，杰文斯的需求曲线初看上去同瓦尔拉斯的恰好一致（坐标轴倒换了）；但它们是基于完全不同的假定条件做出来的。瓦尔拉斯的需求曲线也不同于现在经济学中所用的均衡需求曲线，例如瓦尔拉斯的第一个需求方程

---

① 门格尔：《原理》，丁沃尔和霍塞利兹译，第 149 页。

② 杰文斯：《理论》，第 1 版，第 160 页。

③ 杰文斯：《理论》，第 1 版，第 159 页。

④ 门格尔：《原理》，丁沃尔和霍塞利兹译，第 219 页。

⑤ 瓦尔拉斯：《纲要》，贾菲译，第 115 页。

式中有两个变量，不是因为现今需求曲线的“其他条件均保持不变”这个假定，【60】而是因为他所考察的市场只有一定量的两种商品，因为交易者是以另一种物品的单位来表示这种物品的价格。即使瓦尔拉斯的集合的需求曲线也还保留着这种差别。杰文斯的需求曲线具有较多的后来普及的那种需求曲线的特点。他假定个人拿到市场上转让的是次要的部分，因而交换不会改变他自己物品的边际效用。换句话说，此人的货币的边际效用不变。瓦尔拉斯根本没有用这个假定，而且责备杜皮特进行了这种分析。杰文斯当然认识到，他不可能对任何商品（占个人收入的大部分）都做出这种需求曲线。

第八章　对杰文斯《理论》的评论

I

【61】英国人虽然不曾注意门格尔和瓦尔拉斯的早期著作（如果他们有专业的经济杂志就会注意到了），但他们对杰文斯的《理论》的问世还是知道的。先后出现了四篇重要的评论，此外还有六篇未署名的短评发表在报刊上。让我们先来考察杂志上的短评，然后是报纸评论，最后是期刊上的长篇重要评论。

II

在 Athenaeum① 上刊登了一篇草率的评论，根本没有提及“效用”；最后遗憾地表示它对“这本可钦佩著作的短评是不充分的”②。发表在《不列颠季评》（British Quarterly Review）上的一篇较长的评论为在经济学中运用数学和效用概念而喝彩③。《威斯特敏斯特评论》（Westminster Review）④ 上的一篇短评显示出作者认真阅读了杰文斯的《理论》。它很内行地概述了杰文斯的观点，而且显然赞成杰文斯利用数学和效用的观点。

---

① 原意为古代雅典学者的集会之地，亦作文学或科学协会或俱乐部——译者注。

② 1871 年 11 月 4 日，第 590 页。【234】

③ 第 LV 卷（1872 年 1 月），第 244 页。

④ 美国版，第 XCVII 卷（1872 年 1 月），第 102~103 页。

Ⅲ

英国报纸的评论者对杰文斯的《理论》的评论篇幅较长而且总的来说比较有利。发表在《曼彻斯特每日考察时报》（Manchester Daily Examiner and Times）的一篇文章“杰文斯论政治经济学理论”占了半版①。评论者说，杰文斯著作“对这门科学未来研究的影响远比作者想象的深远”。评论者从杰文斯的《理论》征引了大量段落，多数涉及效用；并且指出“效用的真正性质和条件可能还从未这样成功地说明过，对杰文斯先生的手法（它显示了杰文斯的才干）怎样赞扬也不过分。”【62】

题为《杰文斯教授论政治经济学》的评论文章在《曼彻斯特卫报》（Manchester Guardian）上也占了多半版。作者显然熟悉当时的经济思想状况，并欢迎杰文斯“对权威的勇敢而有力的攻击”。他注意到边际效用，并且同意杰文斯的看法，认为边际效用是“政治经济学科学中突出的和决定性的要素”。他又说：“一旦接受了它（大量明白易懂的演绎之一），既可用来解答特殊问题，也会有助于整个研究领域。”评论者认识到杰文斯同他的先驱者们（亚当·斯密、李嘉图和穆勒）是直接对立的，但他并不完全接受杰文斯的立场，他试图把新的和旧的观点融合起来。

与上述两篇不同，《格拉斯哥每日先驱报》（Glasgow Daily Herald）的评论就不那么都是有利的了（也许是因为杰文斯在曼彻斯特有许多熟人的缘故）。它们对杰文斯的效用学说作了更切实和更具批评性的解释②。杰文斯追随边沁，假定一个人可以把效用相加或相减，评论者拒绝这一点。评论者认为要作此假定就必须事先再假定：第一，各种享乐“只在强度上有所不同”；第二，“必须有若干共同约定俗成的享乐单位，以便测定和计算享乐”。评论者对此假定都不接受。他拒绝承认“一顿美餐的享乐”同“作出一项科学发现的享乐”之间的差别仅仅是享乐量的大小。他指出即使是杰文斯也不可能给它们一个共同的单位。评论者还拒绝了杰文斯的许多新的术语，认为其中包含着许多含糊不清的地方。他提出了一个后来常被提起的异议：“我们只能从交换比率知道最后效用程度的比率，因而不可能从后者去解释前者，换言之，不可能离开交换方程式去了解效用方程式。”

---

① 1871年11月15日，第7页。
② 1871年12月16日，第3页。

Ⅳ【63】

对杰文斯《理论》初版的四篇重要评论中，有一篇未署名①，其余均出自知名作者。约翰·埃里特·加尼斯为有影响的《双周评论》（Fortnight Review）撰文评论杰文斯的《理论》②。马歇尔是以发表在《学会》（Academy）上的评论杰文斯《理论》的文章开始其学术生涯的③。在美国，西蒙·纽柯布在《北美评论》（North American Review）上发表了长篇评论④。评论者的调子一般来说互不相同。纽柯布和加尼斯给予一般的赞扬；马歇尔限于称赞个别几点；《周六评论》（Saturday Review）未予赞许。他们都不同意杰文斯对效用的运用，但理由不尽一致。

马歇尔看到杰文斯的“主要目的在于以‘价值完全取决于效用’的理论来代替穆勒的价值理论”，但他竭力证明劳动价值论和杰文斯价值论的一致。马歇尔文章的第一句话即显示出他对那些偶尔拒绝伟大经济学家（特别是英国伟大经济学家）教义的那些人的态度，这种态度他保持了一生。马歇尔的这句话是：“这本书要求‘对经济学家们所喜爱的不少理论提出异议’。”这句话（以及评论的其他部分）暗含着杰文斯不曾实现他的要求。马歇尔对这个要求的否认是从征引杰文斯的一段话开始的：“虽然‘劳动通常决定价值’，但它‘只是通过间接的方式，改变商品的效用程度，而效用程度的改变又是通过增加供给’。”马歇尔接着说：“几乎令人吃惊的是，作者认为李嘉图的理论是支持把劳动作为价值源泉的，但同上述最后的说法不一致。”两种理论之间的差异使杰文斯感到惊异，而杰文斯关于差异的论断又使马歇尔感到恼怒。

① 《杰文斯论政治经济学理论》《星期六评论》，第 xxxii 卷（1871 年），第 624~625 页。杰文斯写信给布鲁尔说：“至于英国期刊杂志上的评论，可以说 1871 年 11 月 11 日《星期六评论》上的那一篇是最重要最值得注意的。”杰文斯认为这篇的水平超过马歇尔后来在《学会》上发表的那篇评论。他说：“《学会》上确有一篇评论，它虽比《星期六评论》上的那篇更公允，但在批评方面没有什么值得你注意的东西。”（《杰文斯通信和日记》，第 309 页）。埃杰沃思的看法相反，他在 1889 年英国科协 F 组主席演讲中，曾说“《学会》上的那篇对杰文斯的评论值得研究”（《政治经济学论文集》，伦敦，1925 年，第 2 卷，第 276 页注）。

② 《政治经济学中的新理论》，《双周评论》，新编，第 xi 卷（1872 年 1 月），第 71~76 页。

③ 《学会》第 3 卷（1872 年四月 1 日），第 130~132 页。重印于《马歇尔纪念文集》，皮古编（伦敦，1925 年版），第 93~99 页。该文集中还有一篇《在马歇尔先生文稿中发现的未注明日期的手稿，是对上述评论的解释》。

④ 《北美评论》，第 cxiv 卷（1872 年 7 月 26 日），第 59~60 页。

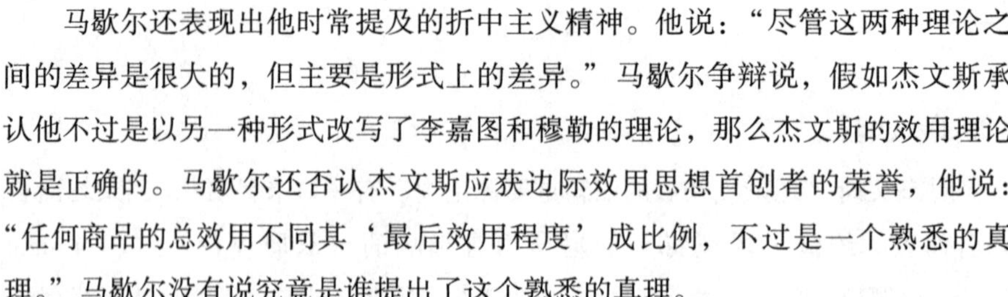

马歇尔还表现出他时常提及的折中主义精神。他说："尽管这两种理论之间的差异是很大的，但主要是形式上的差异。"马歇尔争辩说，假如杰文斯承认他不过是以另一种形式改写了李嘉图和穆勒的理论，那么杰文斯的效用理论就是正确的。马歇尔还否认杰文斯应获边际效用思想首创者的荣誉，他说："任何商品的总效用不同其'最后效用程度'成比例，不过是一个熟悉的真理。"马歇尔没有说究竟是谁提出了这个熟悉的真理。

在对上述评论的注释（保留于马歇尔的手稿）中，他反复申明杰文斯没有必要使他的观念显得是首创的。"杰文斯看来顽固地夸大了他的理论与穆勒和李嘉图的理论的不相容的程度……当我读杰文斯的《理论》时，对（李嘉图）……的纯洁的忠诚在我心中油然而生……我还清晰地记得，我不得不把一些愤怒的词句写进草稿，刚被删去，不大一会又以另一种形式出现，然后又删去。"① 实际上马歇尔并没有完全删掉"愤怒的词句"。【64】

V

在压低杰文斯要求优先权方面，加尼斯的评论在一定程度与马歇尔是一样的。加尼尔说："杰文斯的理论并不完全是新的，至少，在我看来，我从中得到的价值规律概念实际上同巴斯夏在《经济和谐》中所提出的观点是一致的。"与马歇尔不同的是，加尼斯还有另一类不利的批评。其中之一是，加尼斯抱怨杰文斯没有提出一种真正的衡量最后效用程度的尺度，除非用物品的交换价值。然而，他说："这样一来，我们就会处于这样的境地：交换价值取决于效用，而效用又以交换价值测定，而且只能依据交换价值来确定……我承认，对我来说，它们似乎如此地接近于是一回事，以致我无法将它同那许多种情况区别开来。我看不出它对澄清经济学的任何问题有什么帮助……假定'最终效用'只能由交换价值来确定，我们又何以能从前者来了解后者?"这个批评同上述《格拉斯哥每日先驱报》的批评相类似。

加尼斯十分牵强地试图表明杰文斯不可能直接测定享乐或满足。在某种程度上他想把他的责难置于这种特别的信念之上：享乐或满足同杰文斯的效用概念无关。他说："我认为，一般人都会同意，假定人类组织和气候条件为已

① 《马歇尔纪念文集》，第99~100页。

知，则从穿一件上衣或外套所得的享乐，在感觉上，现在同 100 年前没有什么两样。”但是，因为 100 年间衣料价格下跌，所以加尼斯说，杰文斯不可能用它们引起的享乐或满足来决定其价值。加尼斯显然对边际效用缺乏理解。服装生产量的增加固然会压低边际效用，但它足以允许以较低的价格出售，即使人们的效用函数没有变动。【65】

加尼斯对边际效用递减的观点是理解的。因而上述论证可以视为一时的过失。事实上他用以反对效用的第二个论据中，有一部分就是边际效用的变动。他说：“一磅茶叶对一位洗衣女工的‘终点效用’就比对一位淑女要大，”因为已经假定后者的茶叶量比前者要多。加尼斯从这种个人之间的比较得出结论，一些读者“可能推论说，根据杰文斯先生的理论，洗衣女工应当为她的茶叶支付得更多。”加尼斯最后这个不顾一切地论证是没有意义的，它表明加尼斯既没有理解杰文斯的诚意，也不知道该如何应用边际效用理论。

Ⅵ

《周六评论》的那篇匿名评论对杰文斯未做任何赞扬，但杰文斯认为它比任何其他评论都值得注意，因为它显示出作者对经济学有一定的了解，而且认真地读了自己的书，还因为该文接触到了核心问题。作者一开始就以马歇尔和加尼斯同样的方法排除了杰文斯的任何首创性，他说：“令人印象深刻的是，他同他所拒绝其权威性的那些著作有着广泛的一致。”

关于效用测定和效用在经济分析中的用途的关系，这位评论者有如下的阐述：“但是，效用的尺度是什么呢？杰文斯先生没有回答这个问题……毫无疑问，我们可以说一种快乐比另一种是大还是小；但这无济于事。为了应用数学方法，快乐应以某种方式予以数学表述，例如，我们可以说吃一块牛排的快乐同喝一杯啤酒的快乐之比是 5∶4。但这并没有传达给我们什么特定的含义，而且杰文斯先生看来不得已回避了这个问题。我们必须提醒他注意，为使某种事物适于数学研究，光用若干字母表示某些相关量是不够的。如果我们说 G 表示对自由党格拉斯顿先生的信任，D 表示对保守党人迪斯雷利先生的信任，X 和 Y 表示参加的人数，那么格拉斯顿先生的任期就取决于包含 dG/dX 和 dD/dY 在内的若干方程式。【66】这不过是把一个平淡无奇的说法隐藏在一堆神秘的字母之中罢了。”这个论据是不容易回答的，它可能使杰文斯感到难堪。

《周六评论》文章提出的最后一个批评涉及杰文斯的交换问题和穆勒的国际贸易例证的比较。他说两者是一回事，所不同者，在杰文斯方面，物品总量不能增减，每个交换者都有严格的垄断。这位匿名评论者说："杰文斯的问题等于是说，假定大英博物馆拥有现存的全部希腊雕刻，罗浮宫拥有现存的全部罗马雕刻；以怎样的比率他们才会交换这些收藏品，而又没有其他购买者呢？这个问题如此地远离实际，以致几乎不值得加以考虑。"评论者试图表明方程式是没有用的，即使它们不是虚构的。假定交换率定在5单位谷物对1单位牛肉，A将交换到足够的牛肉，但这样的交换未必会使B感到满意。B可提供2单位牛肉以交换谷物，但是A却拿不出更多的谷物。评论者继续说："在无论哪种情况下我们都看不出为什么会要求使双方皆满意的比率。简言之，我们所能说的只是牛肉和谷物会交换到一方或双方停止为止；但是什么时候停止将部分地取决于A和B对牛肉和谷物的欲望，部分取决于他们讨价还价时的机敏。"这段话也许仅仅暗示，在最后比率的实际决定中，达于均衡的轨迹与最后的交换比率不同。如果真是如此，这个解释就是对最后交换比率决定过程做了过于肤浅的解释。方程式不过是最终结果的反映。

最后，评论者以下述总结性的话集中表达了他的"指控"："如果把我们对杰文斯理论的评论总结一下，那么可以说，他希望以对当事人的效用来决定交换比率，而不引进供给和需求的作用。因而他所想象的是一个供给和需求不起作用的场合。他发现可以指望的唯一的答案是，交换的结果在一定程度上取决于个人的脾性（无法加以考察）；他把这种神秘的结论隐藏在各种符号之中，而这些符号不过是一些累赘，它们包含的函数没有解也不可能有解。"

Ⅶ【67】

西蒙·纽柯布在《北美评论》上的评论对杰文斯经济学的赞扬比其他三篇长篇评论的赞扬的总和还多。在四位作者中，只有纽柯布赞成杰文斯把数学用于经济学。他总结说："鉴于这种表达方式是政治经济学现在最需要的，所以我们欢迎每一种将数学引进经济学的尝试，并对这部著作予以肯定，它揭示了经济学这门容许精确数学表达和论证的科学中确实存在的一些真理。"和其他评论者一样，纽柯布也认识到这本书的中心部分是以效用为基础的，他认为这有重要意义。他说："本书的基础是效用理论，而这种理论可很好地代替旧的使用价值和交换价值的区分。"

纽柯布和其他评论者一样，对杰文斯也提出了一些批评，他的主要批评也许是这一点："尽管就其结果及其能够应用于实际的贸易条件来说，（杰文斯的效用理论）是完全正确的，（但其应用是）很有限的。"纽科布认为，当事人拥有大量物品这一情况就限制了杰文斯理论的有用性，因为这些物品对当事人没有直接的效用。杰文斯本人已经注意到了这种情况，但是杰文斯不认为这有什么重要性，而纽科布却十分重视这一点。他问道："如果发现一种科学基于一系列方程式，而这些方程式正确与否，则要看每个商品生产者用来为自己使用的商品量是否无限之少，"这一点是否"反而不能令人满意"？纽科布还认为，考察物品对制造者（而不是对商人）的效用是困难的，因为生产者将它们用于生产未来物品。于是他问道："我们将怎样知道……马掌对马蹄匠的效用？又如何知道铁路对工程师的效用？"他偶尔谈及他对这个困难的解答，他说，当我们把方程式用于具体的场合时，"我们就会发现，该商品对卖者或生产者的效用会从方程式中统统消失了，而显现出来的是生产条件和该商品对买者的效用这两者之间的关系"。【68】

纽柯布同物理学的联系无疑促使他想从价格和数量的资料中编制出实际的效用函数（就像杰文斯认为他自己能这样做一样），并力图用这些方程式解答有关交换方程式的实际问题。他不赞成将数学方法限制在各种函数上，这些函数的形式他只能部分地加以说明，他对于获得实际的有价值的成果抱有真诚的热情。他说："因为效用取决于供给，所以用一种代数方程式来表现它们之间的关系是有可能的，如果有列出这种方程式所需要的条件的话。已知每次卖出的数量，又有在各种条件下影响售卖的价格，利用归纳的方法就可从中得出方程式。法则的一个有趣的应用是，确定一个人（已知其欲望和收入）究竟会购买多少物品。已知必要的资料，又假定其花费总是明智的，则其每单位收入花费的方式就是一个数学演绎的问题了。"

纽柯布对杰文斯分析的结果似乎不满，他说："我们的作者已经为我们奠定了基础，但还没有建起大厦，也没有向我们指明通向大厦的道路。他的效用理论是很有意义的，它有助于人们理解商业世界的种种现象，但他没有提出完善的研究方法。"纽柯布同物理科学的联系也说明了他拒绝杰文斯关于计算苦乐的观点的原因，他不认为这种观点具有"任何健全的哲学基础"。纽柯布实

际上只拒绝测定快乐和痛苦，而并不拒绝注意出于苦乐考虑的行为。他说："我们可以把人趋利避害的行为作为计算的对象，但很难把这看作是可以测定快乐和痛苦本身。"

Ⅷ【69】

对杰文斯《理论》再版的唯一的署名评论出自莱斯利之手①。两篇未署名的短评解释了杰文斯著作的内容，并且未加批评地予以赞扬②。当人们对莱斯利的众所周知的各种兴趣抱有期望时，他却把注意力主要限于评论杰文斯的研究范围和方法。他不同意杰文斯研究的内容，但他显然努力想说明杰文斯是公正的。然而当他暗示他从不拒绝将数学用于解释李嘉图经济学时，他的怒火便油然而生，因为这使他看到李嘉图经济学的"每篇论文都是含糊不清的，而这些论文又都是做了许多的计算才提出来的"。而当他论证说不应当利用数学时，他也怒不可遏，他问道，是否应当认为"《泰晤士报》减少印数从而节省大量墨水和纸张……将会有助于启发公众去从事于这样的节约呢?"莱斯利赞成边际效用递减的说法，但又认为它在一定程度上会被下述情况排除，即物品的价格"还受到如此众多条件影响，以致它不能同供给量保持不变的比率"。莱斯利后来重申了这一思想，他说，价值也取决于"其他一些蔑视一切数学计算能力的条件"。莱斯利最后评论了效用，并表示希望历史学派对效用进行透彻地研究，他说："人类需求演进所遵循的秩序，是新兴的历史学派或主张归纳的经济学派有待研究的课题之一。"

---

① 《学会》，第 xvi 卷（1879 年 7 月 26 日），第 59~60 页。

② 《威斯特敏斯特评论》（美国版，第 cxiii 卷〔1880 年 1 月〕，第 106 页）上的这篇评论，主要涉及效用问题。它最后指出，杰文斯"肯定应当感谢英国的经济学门徒，因为他们为扩大眼界做了如此热诚的努力"。较长的一篇刊登在《普通科学月刊》上（第 xv 卷〔1880 年 3 月〕，第 699~701 页），该评论较充分地解释了效用和价值的关系，并得出结论说，效用理论的意义要由经济学家们来判定，但是所有想了解当前经济研究动向的人，也能对它进行有趣和有益的探讨。(同上，第 701 页)。

第九章　杰文斯论效用（1871—1882）

I

【70】杰文斯的《理论》问世于 1871 年 10 月，此后大半年杰文斯的健康状况不佳，妨碍了他的研究。他重新考虑效用问题是在 1872 年 10 月 17 日致沙德威尔的一封信中①。后者极力主张并提醒杰文斯保持亚当·斯密的劳动价值尺度，因为没有测定幸福的方法。杰文斯反驳说，许多东西只宜于用其效果间接地测定。他认为可以用“一个普通工人在已经劳动了 10 小时后（例如说）的一刻钟所受的平均痛苦……来测定他的最后一份增量工资对他的效用……”② 他争辩说，他也可以用“已经吃了 3/4 磅面包之后的一盎司面包对一个人所带来的通常的或平均的好处……作为快乐的单位，当然要记住从任何商品中所得的快乐并不同那个商品成比例”③。杰文斯在信中重申了他早先的希望：如有完整的商业统计资料，他就能为他的公式得出相应的数值，因为价格“代表了对商品的估价，使我们可以对各种商品的最后增量所产生的快乐加以比较”④。“如果我们把完整的价格表和消费量加以比较，就能规定效用变动的数字法则”⑤。杰文斯承认他“指出我们能够（以完整的统计资料）把所有的公式都转变为数字的表述过程，并不是十分谨慎的”⑥。他的结语说，只是想走出“正确得到公式的第一步……”；接着他又补充了一个虽然重要然而无关

① 《杰文斯通信和日记》，第 268-270 页。【235】
② 《杰文斯通信和日记》，第 269 页。
③ 《杰文斯通信和日记》，第 269 页。
④ 《杰文斯通信和日记》，第 269 页。
⑤ 《杰文斯通信和日记》，第 269 页。
⑥ 《杰文斯通信和日记》，第 269 页。

的说法："同亚当·斯密分歧的主要之点在于区分效用程度和效用总量。"这样的结语是很不和谐的。【71】

杰文斯在1873年的大部分时间忙于写作《科学原理》，该书问世于1874年2月2日。其中一长节论及测定问题，末尾还附有关于在社会科学中测定问题的资料。杰文斯说："经济统计学，包括了生产的、现存的、交换的和消费的各种商品的数量，它构成另一个最广泛的科学实体。"① 但他没有更进一步和更好地解释他怎样得出效用函数中的常数。

Ⅱ

杰文斯得知瓦尔拉斯论效用的著作是在1874年4月底5月初的某个时候。瓦尔拉斯的论文《交换的数学理论原理》刊登在《经济学家》杂志4月号上。瓦尔拉斯于5月1日送一本给杰文斯时，还不知道杰文斯已经出版了类似的著作，只知道杰文斯是"因为价格变动和货币贬值问题的著作而受到重视的一位作者"②。瓦尔拉斯首次致信杰文斯之后不几天，布鲁尔（一位德国经济学者）给瓦尔拉斯写信说，杰文斯论效用的著作具有相同的特点③。

1874年5月12日，杰文斯致信瓦尔拉斯说，在他接到瓦尔拉斯寄来的杂志之前，他已注意到刊登在《经济学家》杂志上的瓦尔拉斯的文章所提出的"非常值得注意的理论"④。他说他自己的"交换理论在英国备受冷落和批评，却被你的研究所证实"⑤。他详细陈述了他在该理论上的优先权，并指出瓦尔拉斯的"理论同我的理论在实质上是吻合的，并证实了我的理论，尽管所用的符号不同，还有一些非本质的差别"⑥。最后，他十分委婉地询问瓦尔拉斯在多大程度上了解他自己的著作。

瓦尔拉斯于1874年5月23日回了一封长信⑦。他解释说他刚刚从布鲁尔

① 杰文斯：《科学原理：逻辑和研究方法研究》（纽约，1874年），第1卷，第386页。

② "交换的数学理论——优先权问题"见《经济学家》杂志，第3类，第XXXIV卷（1874年），第419页。

③ 《经济学家》杂志，第3类，第XXXIV卷（1874年），第419页。

④ 《杰文斯通信和日记》，第302页。

⑤ 《杰文斯通信和日记》，第302页。

⑥ 《杰文斯通信和日记》，第302~303页。

⑦ "交换的数学理论——优先权问题"，见《经济学家》杂志，第3类，第XXXIV卷（1874年），第419~422页。

的来信中得知杰文斯论效用的著作。他同意说他和杰文斯的论文在后者已经“极为明确地”指出的各点上是吻合的，但他也指出了若干区别，他认为这些区别是重要的。瓦尔拉斯说，他不可能知道杰文斯已经从最大化满足的观点引出了他的函数，或是杰文斯已经用它们得出了需求函数（用以建立后来的均衡条件）。瓦尔拉斯感觉到了上述两种特殊情形下的细微差别，但是这种差别并没有引起这两种观点的矛盾和对立。【72】

瓦尔拉斯没有进一步考察这种差别，而是详细陈述了他自己思想的来源，没有为他未引用杰文斯这一点留下任何怀疑的余地。他提醒说，虽然这一理论在法国或英国尚未被认真接受，但一些意大利经济学家却表示了支持。他最后提议将两人的信件在《经济学家》杂志上发表。杰文斯在1874年5月30日复信中感谢瓦尔拉斯寄来他的《纲要》一书的校样，并希望过些时候再来确定他们的基本观点是否有所不同①。他承认瓦尔拉斯的研究是完全独立的，他感谢瓦尔拉斯的提议，即通过发表他们的信件来承认他在一些方面的优先权，最后他表示愿为瓦尔拉斯理论介绍到英国出力。杰文斯的信和瓦尔拉斯的回复发表在1874年6月的《经济学家》杂志上②。

1874年夏杰文斯还与布鲁尔通过信，后者对新经济学感兴趣。杰文斯告诉布鲁尔，他对他的《理论》在英国未受欢迎而失望，但他提到“一些年轻数学家和经济学家……已经在钻研这个问题……”尤其是乔治·达尔文③。布鲁尔完成了一本遵循杰文斯和瓦尔拉斯思路的书，杰文斯对此表示高兴，还希望在德文原版之后能出法文版和英文版。布鲁尔在早先的信中曾表示希望研究效用曲线的变动问题；杰文斯对此感兴趣。杰文斯说，关于商品不可分问题，除了《理论》中所说的以外，他没有什么好补充的了，不过他对他自己关于不确定的回答是不满意的。初秋时节，杰文斯再次致信布鲁尔，说他“在你所提到的那一点即不可分物品的交换问题上做过深入思考”，但没有任何进展④。杰文斯在信中表示眼下最需要的还不是加工“完整和正确的理论，而是使大家都懂得其最简单的原理……”⑤，他还认为瓦尔拉斯的书“一点也不宜

① 《杰文斯通信和日记》，第305~306页。

② 《经济学家》杂志，第3类，第XXXIV卷，第417~422页。

③ 《杰文斯通信和日记》，第309~311页。

④ 《杰文斯通信和日记》，第320页。

⑤ 《杰文斯通信和日记》，第320页。

于使人们更加理解这个理论的各项原理……”①。【73】

Ⅲ

1874 年 11 月杰文斯在曼彻斯特统计协会宣读了一篇题为《政治经济学数学理论的发展》的论文，这是自他的《理论》问世以来他对效用问题第一次发表意见②。他在这篇论文中对边际效用价值论作了最基本的非数学的说明；他在英文文献中首次注意到瓦尔拉斯；他肯定遵循着他在给布鲁尔最后一封信中提出的看法，力图以最简单的术语说明问题，而不是致力于对理论的精雕细刻和发展。

出席曼彻斯特统计协会之后，杰文斯有数年没有在效用问题上发表意见了。他只是在同布鲁尔的通信中谈及他新近发表的效用理论方面的论文③；在同 G. H. 达尔文通信中谈及后者维护杰文斯和反对加尼斯④；在同福克斯维尔通信中谈及马歇尔同杰文斯理论的关系⑤。杰文斯在给瓦尔拉斯的信中表示，边际效用理论已经开始取得了一些进展，他说：“我认为英国人的看法正在发生显著的变化，各种人物都表示了默许，一些教授开始把这个理论提到学生面前。我两个月前在剑桥时发现，人们对这个理论的理解比我设想的要好，我不怀疑它在逐渐地获得地盘……”⑥。杰文斯于 1876 年来到伦敦，在大学学院宣读了一篇绪论性的论文《政治经济学的未来》，几乎没有提到效用⑦。杰文斯在 1877 年发现了杜皮特的论文，遂写信给瓦尔拉斯说：“杜皮特对此问题有相当深刻的理解，而且在我们之前即预见到了效用论的基本思想”⑧。杰文斯于 1877 年 3 月出版了初级读物《政治经济学》，其中涉及效用之处甚少。【74】

这本书脱手后，杰文斯开始考虑再版《理论》，并收集整理附在政治经济学数学研究之上的书目。这时他发现了戈森的著作，1878 年 8 月 21 日他在给其兄的信中首次谈及这一情况：“几天来我为一件事所烦恼，欧文斯学院的亚

---

① 《杰文斯通信和日记》，第 321 页。
② 《统计学会杂志》，第 XXXVII 卷（1874 年），第 478~488 页。
③ 《杰文斯通信和日记》，第 326 页。
④ 《杰文斯通信和日记》，第 327 页。
⑤ 《杰文斯通信和日记》，第 331 页。
⑥ 《杰文斯通信和日记》，第 332 页。
⑦ 此文收入杰文斯《经济学原理》（伦敦，1905 年），第 187~206 页。
⑧ 《杰文斯通信和日记》，第 366 页。

当森发现了一本不知名的书，作者是戈森。该书所包含的政治经济学理论与我的理论极为相似。事实上有一批著作（它们甚至在大陆也不为人知）在我之前已经提出了我的理论的基本思想，这样一来我就处于一种不幸的境地了，相当多的人不理解它，认为它是荒谬的；另一些人则认为这理论没有什么新东西。我正在整理新版但进展缓慢，时做时辍。”①

过了一些时候杰文斯才从戈森著作的冲击波中解脱出来，因为戈森的效用论同他的瓦尔拉斯的理论非常相似。杰文斯在 1878 年 9 月初给福克斯威尔的信中谈到戈森，他从以下的想法中多少得到一些安慰：“这个理论实际上已经被独立地发现了三四次以上了；这说明它必定是正确的。”② 此后不久他把这个想法告诉了瓦尔拉斯③。

杰文斯于 1879 年春完成了《政治经济学理论》第二版，他增加了长篇新序言，为其数学表述方式的不足向数学家表示歉意，但他明言不会改变④。他还对一些书目的发现过程（1871 年以来）作了说明，特别是关于瓦尔拉斯、杜皮特和戈森，这篇序言提供了一幅边际效用理论发展史的最早蓝图。这一版还增加了其他一些东西。增加了四节，论及“经济量的乘量”⑤，增加了一节关于价值的新解释⑥；打算为其效用论增加两节，其中一节将把他的理论扩展到物品具有负边际效用或零边际效用的场合，详细指出这些情况对其交换方程式的影响⑦。另一节则分析联合生产，其结论是，生产成本绝不支配联合生产的产品，所以边际效用理论适用于所有的场合⑧。【75】

杰文斯在他生前最后一年，尤其在他退出教书生涯而转向写作之后，他一直打算进行经济学的宏大研究，只要有时间他就想搞一部分。他留下的是未完成的手稿，后来出版了，书名是《经济学原理：社会产业机制研究之片段和其他论文》⑨。这部作者身后问世的书，同他 1871 年的《理论》一书相比，只是对一般经济学的扩展研究，对边际效用问题未置一词。他虽不断（有好几

---

① 《杰文斯通信和日记》，第 387~388 页。
② 《杰文斯通信和日记》，第 389 页。
③ 《杰文斯通信和日记》，第 390 页。参看本书第 20 章关于瓦尔拉斯获悉这个消息的情况。
④ 杰文斯：《理论》第二版，第 XII-XIII 页。
⑤ 杰文斯：《理论》第二版，第 X 页。
⑥ 杰文斯：《理论》第二版，第 85~90、110~115、205~209 页。
⑦ 杰文斯：《理论》第二版，第 137~145 页。
⑧ 杰文斯：《理论》第二版，第 215 页。
⑨ 伦敦，1905 年。

章）谈及效用，但令人奇怪的是，其谈论的调子根本不像是来自边际效用学派成员的手笔。从杰文斯所列拟写（但未写）各章的目录也看不出更多的希望，即如果时间允许他将会对效用问题做进一步研究；他显然认为他已经完成了这方面的研究。

第十章　马歇尔

I

【76】马歇尔在1872年评论杰文斯的《理论》以后，在1876年的《论穆勒先生的价值理论》一文中有可能表述他自己的价值观点[①]，但他在这篇文章中通篇未提“效用”一词，尽管两次提到杰文斯[②]，我们可以推想他对效用论不置一词是出于这样的考虑：他这篇文章的主旨在于维护穆勒的价值论并反驳加尼斯的批评。既然如此，也就没有必要提及效用了。但下述事实毕竟是值得注意的：杰文斯的《理论》问世已经五年，马歇尔评论过它，肯定了解其要旨，现在却在价值问题上全心全意地支持穆勒，而且对他根本不提效用也没有表现出任何的不安。

II

马歇尔的经济分析最早用到边际效用是在1879年，他在该年出版的两本书反映了杰文斯的某些影响，一本是与其妻合著的《工业经济学》[③]，另一本

① 【235】马歇尔：《论穆勒的价值理论》，《双周评论》，新编，第XIX卷（1876年），第591~602页。

② 马歇尔：《论穆勒的价值理论》，《双周评论》，新编，第XIX卷（1876年），第593页注，598页。

③ 伦敦，1879年。后来两版（1881年和1885年）的内容没有多大变化。

是他个人写的《国内价值纯理论》①。

在《国内价值纯理论》中，马歇尔是以介绍需求曲线和供给曲线开始研究价值问题的，后来才回到效用思想上。需求表在他那里担负着解释消费者租金的大部分任务。马歇尔最初讨论消费者租金时用的是“满足”而不是“效用”；而且是以煤价为例来衡量新增1吨煤所得的满足。马歇尔说：“一个人为获得任何满足刚好愿意支付而不愿放弃它的那个东西就是……衡量他的满足的‘经济尺度’。”② 在19世纪70年代那些激动人心的日子里，尺度问题对马歇尔来说还不可怕。为了得出个人消费者租金的完整的“经济尺度”，【77】马歇尔（以煤为例）又加进了下述差别：某人为每新增1吨将会支付而不是放弃它的价格，同他实际支付的价格之间的差额；结论是“他所获得的全部消费者租金③……是……22.5镑”④。

在分析接近尾声时马歇尔才把杰文斯和效用引进他的研究，用的是一句插入语：“我们可以经由另一途径说明同一事情。”⑤ 马歇尔的确是这样做的，他简单地重申了早已提出的论据，只是用“效用”一词代替了“满足”，与此同时两次提到杰文斯。简而言之，马歇尔把个人需求曲线解释为个人效用曲线，从个人需求曲线轴线读来的同一些数目字，被用来解释个人效用曲线的数量。

马歇尔显然得出结论，妨碍我们制定个人效用表的唯一因素是“我们不可能估价个人在一定价格下将会购买的数量……”⑥ 这个困难并不大，但它显然是促使马歇尔从考察个人需求曲线跳到考察集体需求曲线的原因。马歇尔说“交易统计材料一般来说能使我们得出某种商品对整个市场的需求曲线……”而且“我们用这种方式可以发现使用中的商品对某共同体的若干成员的价值

① 伦敦经济学院重印了这篇论文，作为《经济学和政治科学珍贵著述重印丛书第1册》的一部分。凯恩斯在其《马歇尔，1842—1924》一文中说，马歇尔的这篇论文一定是在1873年前后完成的……”（《马歇尔纪念文集》，皮古编，伦敦，1925年，第23页），但他没有提出什么根据。【236】事实上马歇尔完全不可能在这么早的时候写成这篇文章，因为文中有一个脚注（第3页）提到马歇尔1876年论穆勒的文章；马歇尔当然是在写了后面这篇文章之后才有可能加这个注的。

② 马歇尔:《国内价值纯理论》，第20页。

③ 马歇尔在《国内价值纯理论》中用“Consumers' rent”表示“消费者租金”；这里的撇号“'”放在s之后，即使谈到单独个人时也是这样。马歇尔后来在《原理》中既用“consumers' rent”，也用“consumer's rent”。他还在《原理》第1版中开始用“剩余”（surplus）代替“租金”（rent）。凯南注意到这种差别，他指出“查阅《原理》前5版，没有发现马歇尔更喜欢用“consumers'”，还是“consumer's”（凯南：“马歇尔，1842—1924”，见《经济学》第Ⅳ卷〔1924年〕第259页）。

④ 马歇尔:《国内价值纯理论》，第21页。

⑤ 马歇尔:《国内价值纯理论》，第21页。

⑥ 马歇尔:《国内价值纯理论》，第22页。

的经济尺度"①。他承认这里有新的困难，即他的混合的使用价值曲线只能粗略地衡量人的满足，因为这种衡量包含下述假定："一先令对一个人所值的快乐……（等于）……一先令对其他任何人所值的快乐。"② 马歇尔知道这个假定不完全正确，"因为一个富人对一先令所估价的满足，同一个穷人愿为之支付一先令的满足是不宜加以比较的"③。对于用需求曲线来决定一个集体的消费者租金，马歇尔还加了另一个限制，因为需求曲线实际上只是在非常接近现行市价时才能被了解。这样，市场需求曲线只能用来估价总效用的变化，而不是估价总效用本身。不过这些限制没有阻止马歇尔继续使用消费者租金概念。事实上【78】这篇论文的最后部分主要是研究各种赋税对做了如此限定的消费者租金的影响，并且以他所熟知的情形告终，即"政府"能通过征税增加企业成本，通过补贴降低企业成本，以增进"公共财富"④。

Ⅲ

马歇尔的《工业经济学》对边际效用的陈述，比《国内价值纯理论》的陈述更简略，这是可以理解的，后者是为专业经济学家写的，而前者的对象是广大的非专业读者。但两本书对边际效用的运用基本相同。马歇尔像过去一样仍以价格测定效用，只是例证有所改变：他用法兰绒代替了煤炭。马歇尔说："用杰文斯先生的巧妙措辞来说，一码法兰绒对他（消费者）的一最后效用是用一先令来测定的。"⑤ 他毫不犹豫地说："六便士的最后效用对穷人要比对富人来得大，"这说明能够进行个人之间的比较⑥。马歇尔这次显然对"最后效用"一词表示满意，称之为"巧妙的措辞"。后来他又未加解释转而反对采用它，代之以"边际效用"。

实际上，读一遍《工业经济学》即可看出，马歇尔早在 1879 年前后还没有把边际效用思想引进他的价值论。虽然他是联系价值来运用效用思想的，但这是次要和偶然的。边际效用部分地解释需求，需求部分地决定价值。他在序

① 马歇尔：《国内价值纯理论》，第 22 页。
② 马歇尔：《国内价值纯理论》，第 22 页。
③ 马歇尔：《国内价值纯理论》，第 22 页。
④ 马歇尔：《国内价值纯理论》，第 37 页。
⑤ 马歇尔夫妇合著：《工业经济学》，第 69~70 页。
⑥ 马歇尔夫妇合著：《工业经济学》，第 70 页。

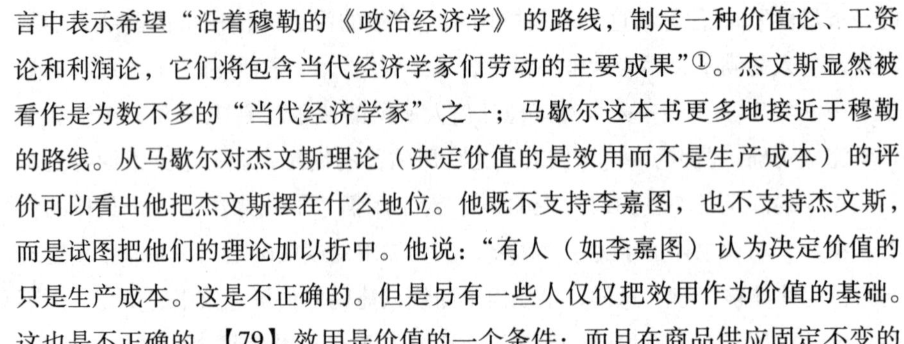
言中表示希望“沿着穆勒的《政治经济学》的路线，制定一种价值论、工资论和利润论，它们将包含当代经济学家们劳动的主要成果”①。杰文斯显然被看作是为数不多的“当代经济学家”之一；马歇尔这本书更多地接近于穆勒的路线。从马歇尔对杰文斯理论（决定价值的是效用而不是生产成本）的评价可以看出他把杰文斯摆在什么地位。他既不支持李嘉图，也不支持杰文斯，而是试图把他们的理论加以折中。他说：“有人（如李嘉图）认为决定价值的只是生产成本。这是不正确的。但是另有一些人仅仅把效用作为价值的基础。这也是不正确的。【79】效用是价值的一个条件；而且在商品供应固定不变的条件下，效用还决定着价格。不错，每种商品的价格必定是它的最后效用的尺度；最后效用是该商品对那些刚刚愿意买它的人的使用价值。但是，认为这个最后效用决定价值则是不对的，因为根据需求法则，最后效用是随着供出售的商品量的每一变动而变化的。因此，销售量，从而其最后效用，决定于供给和需求状况之间的关系。”②

马歇尔本人对《工业经济学》论价值的这一部分是不满意的，也许因为如此，在《经济学原理》问世后，马歇尔就把《工业经济学》压下来了③。他时常说到《工业经济学》的肤浅。他在1907年的一封信中说：“（我）发现我写了一本价值不高的通俗的书，它不能不是肤浅的，我对它感到讨厌。”④然而在马歇尔把这本书压下来之后，谁也没有同意他的看法。埃杰沃思认为这本书很好，还说杰文斯在他面前一直高度称赞这本书⑤；陶西格说：“它（指上述《工业经济学》）是敏锐的。独立的和积极向上的思维的一个标志……作为一种看法，它的水平超出了后来的著述，它仍是值得研读的。”⑥

Ⅳ

马歇尔下次提及边际效用是在1881年年中为《学会》撰写的评论埃杰沃思《数学心理学》的文章⑦。埃杰沃思的这本书使马歇尔感到高兴，差不多就

① 马歇尔夫妇合著：《工业经济学》，第Ⅴ页。
② 马歇尔夫妇合著：《工业经济学》，第148页。
③ 凯恩斯：《马歇尔，1842—1924》，《马歇尔纪念文集》，第38页。
④ 《以数学家自命的马歇尔》，《计量经济学》第1卷（1933年），第222页。
⑤ 《马歇尔纪念文集》，第66页。
⑥ 陶西格：《马歇尔》，《经济学季刊》，第XXXIX卷（1924年），第1页。
⑦ 《学会》，第XIX卷（1881年），第457页。

像杰文斯的《理论》使他当年感到烦恼一样。他开头就说："这本书是天才的明显标志，而且预示伟大事业即将来临。"马歇尔没有把这句开场白具体化，反而对作者的方法和少数几点观点提出了善意的批评。他看到埃杰沃思和杰文斯的主要成果是相同的，并做了直率的表述。他认为埃杰沃思对"交易条件不固定或不能决定的一系列场合"提出了"一种新解释"、新应用和新演绎。不过这并不能说明马歇尔在十分明确地反对杰文斯《理论》的同时，接受埃杰沃思的《数学心理学》。过去 10 年间他对经济分析中效用思想的不断加深的了解，【80】在马歇尔观点的转变上不自觉地发挥了更大的作用。

从评论埃杰沃思的《数学心理学》到他的《经济学原理》初版问世，马歇尔发表了许多著述，其中有两篇可能包含关于杰文斯运用边际效用的踪迹。不过只有《经济学的现状》这一篇（1885 年 2 月 24 日在剑桥大学发表的就职演说，当时他刚获得该校经济学的讲席）涉及杰文斯，甚至还暗示了边际效用对经济学的影响。另一篇《关于价值理论》（摘自马歇尔给《经济学季刊》的一封短信），既未涉及杰文斯，也未提及效用，而是主要论证他自己的"生产成本"（与价值论相关）概念的正确性①。在评论经济学现状的就职演说中，马歇尔有三次注意到杰文斯，但他并没有特地把杰文斯和效用学说联系起来②。事实上他评论 1885 年经济学现状时连效用这个词也没有提一下。他对效用思想充其量说到这样的程度，例如，他说经济学家的工具一定要"用来分析对各种不同物品欲望的实证动机……"③，"同一货币额对穷人比对富人有更大的快乐"④。

很显然，马歇尔在 1885 年还不曾抱有 19 世纪 70 年代初"三位一体"使经济学发生革命的想法。他开始对效用思想做深入研究并将它更严密地同他的经济分析工具联结起来，是 1885—1890 年的事。这期间他首次获得剑桥大学的讲席；当时杰文斯去世不久，马歇尔在写他的《原理》。他在 1871—1885 年居住于剑桥，边际效用思想在他的著作或对经济学问题的思考中不起重要作

① 《马歇尔教授的注释》，《经济学季刊》第 1 卷（1887 年），第 359~361 页。

② 马歇尔：《经济学的现状》（1885 年 2 月 24 日在剑桥评议会是的开幕演说）伦敦，1885 年。

③ 马歇尔：《经济学的现状》（1885 年 2 月 24 日在剑桥评议会是的开幕演说）伦敦，1885 年，第 29 页。

④ 马歇尔：《经济学的现状》（1885 年 2 月 24 日在剑桥评议会是的开幕演说）伦敦，1885 年，第 31 页。

用，只是在1890年问世的《原理》中，边际效用才成为他的经济分析的一个重要组成部分。

V

所有的证据表明，马歇尔在1889年前很少注意到边际效用，那么为什么一些经济学史家有时还把马歇尔列为边际效用思想的独立发现者之一呢?【81】第一次提出这种论断的是潘达里奥尼，他认为马歇尔在读到杰文斯的《理论》之前已经在剑桥讲授边际效用理论了①。他没有指明这一说法的来源。他可能是从福克斯威尔与杰文斯通信（1886年公之于世）中得出上述看法的。

在1869—1871年马歇尔的学生中，唯有福克斯威尔对马歇尔这期间的讲演进行过评论。对杰文斯的评论导致了以为马歇尔独立首创了边际效用的印象，虽然他没有公开要求把马歇尔作为边际效用思想的一位先驱者。不过，1874年年底或1875年年初福克斯威尔可能根据这个思路给杰文斯写过什么（他认识杰文斯）。杰文斯在1875年2月7日的复信中曾对福克斯威尔告诉他"剑桥近来哲学问题上的观点"表示感谢，并说："我不了解马歇尔对政治经济学的数学理论已有了如此长期的考虑，而令人遗憾的是，延迟了这么久才发表出来。"② 这句话虽未说到"效用"，但下面一句却暗示他说的可能就是效用："我力主我的效用概念是正确的，而且是为数学理论奠定基础的唯一健全的途径。"③

大约5年后福克斯威尔再次提起这个问题，而杰文斯在1879年11月14日的复信中做了更详细的回答，甚至带有几分恼怒。杰文斯说："至于马歇尔的优先权，我一点也不想提出疑问，既无此愿望，也无什么根据。一方面，你看来忘记了我的理论的各个基本点早在1862年就已充分表达出来了，那是在不列颠协会的剑桥会议上。我没有理由设想马歇尔看过我这篇简论的任何发表的报告。不过，当然，另一方面，在我1871年的著作中，我也不可能从马歇尔借用任何东西。这些问题在今天看来确已没有什么意义了，我们已经发现了

① 潘达里奥尼:《纯经济学原理》（佛罗伦萨，1889年）第96页注。

② 《杰文斯通信和日记》，第331页。

③ 《杰文斯通信和日记》，第331页。

诸如戈森、古尔诺、杜皮特等人早期的著作。”①

福克斯威尔提到，杰文斯的《理论》和“马歇尔的讲授（先前已恢复和扩大了古尔诺的思想）”对英国经济理论发生了不寻常的影响②。【82】但是，恢复和扩大古尔诺的思想完全不需要运用边际效用思想。

Ⅵ

认为马歇尔在读到杰文斯《理论》之前已经在其分析中运用了边际效用观点的另一个来源，无疑是凯恩斯写的杰文斯传记，而凯恩斯又是（在某些方面）依据他的同事福克斯威尔的说法，此人当时仍健在并有活动。凯恩斯在这篇传记中实际上并没有断定马歇尔1871年前用过边际效用思想，但他也没有冲淡这种印象。例如，帕森斯说：“凯恩斯告诉我们，马歇尔是边际效用原理的独立发现者，”他还引用了《马歇尔纪念文集》第23页的话作为证明③。这一页显示出凯恩斯仅仅暗示马歇尔发现了边际效用原理，实际上最强烈暗示马歇尔优先权的段落是在前面两页。凯恩斯在这里说：“到1871年他（马歇尔）沿着这条路线已经取得了相当的进展。他向学生详细讲解了这一新思想，以及他的图解经济学的基础。在那一年出现了杰文斯的作为独立工作成果的《政治经济学理论》。对马歇尔来说，杰文斯这本书的问世必定是一件有点令人失望的事。因为它从马歇尔正在缓慢制定的新思想中夺走了最精彩的部分，而且在马歇尔看来，杰文斯还没有给予适当和正确的陈述。但它却给了杰文斯有关‘边际的’（或如杰文斯所说‘最后的’）效用思想的首创权。马歇尔对优先权的说法是极有保留的。他对杰文斯的无可争议的要求听之任之，同时却间接地但又是相当明确和肯定地指出，他自己的著作很少或完全没有借重杰文斯。”④

从字面上看这段话并没有说到马歇尔在读到杰文斯《理论》之前研究过边际效用。第一句话中的“这条路线”和第二句话中的“新思想”所涉及的可能是马歇尔对图解法的应用。而所谓杰文斯《理论》“从马歇尔正在缓慢制

---

① 《杰文斯通信和日记》，第408~409页。

② 福克斯威尔：《英国的经济发展》，《经济学季刊》，第2卷（1887年）第88页。

③ 帕森斯：《马歇尔体系中的欲望和行为》，《经济学季刊》，第XLVI卷（1931年），第103页。

④ 《马歇尔纪念文集》，第21~22页。

定的新思想中夺走了最精彩的部分”则可能是指效用以外的其他东西。这段话的最后提到了效用，【83】并提到了马歇尔的要求，但他对此未于置评。

凯恩斯1936年向皇家统计学会宣读的《W. S. 杰文斯》的论文再次谈到马歇尔和杰文斯的关系①。凯恩斯说杰文斯的《理论》“在1871年并非是唯一首创的，尽管它在1862年已经形成了……”这是因为可以设想的理由：“有一些经济学家（著名的有瓦尔拉斯和马歇尔）在1871年正在草拟带有x和y，Δ和D的方程式”②。不过，凯恩斯还是赞誉杰文斯的“第一篇论文以一种最终的形式表述了基于主观估价的价值理论”③。凯恩斯认为马歇尔对杰文斯的《理论》的评论是“不冷不热和嫉妒的”，还认为马歇尔在《原理》中是带着“几分嫉妒谈及杰文斯的”④。在考察了马歇尔和杰文斯的关系之后，凯恩斯对马歇尔关于独立发现的要求既未表赞成也未表示反对。他说：“的确，认为杰文斯可能从马歇尔那里借重了什么，这是荒谬的。不过，在往后10多年（1879年后）期间……‘马歇尔在1869年的演讲中提出的东西’在别人的著述中还是一种禁忌。在后来的岁月中，马歇尔对他对杰文斯缺乏起码的同情、评价有欠公允感到有些不安。”⑤

在凯恩斯关于杰文斯的论文发表之后进行的讨论中，皇家统计协会的一些成员注意到杰文斯和马歇尔的关系问题。杰文斯之子说：“凯恩斯先生非常公平地论及马歇尔和我父亲的关系。”⑥ 但是他又指出他对凯恩斯的一个观点不

---

① 《杰文斯，1835—1882年，作为经济学家和统计学家的生平和著作的百年启示》，《皇家统计学会杂志》，第XCIX卷（1936年），第516~548页。

② 《杰文斯，1835—1882年，作为经济学家和统计学家的生平和著作的百年启示》，《皇家统计学会杂志》，第XCIX卷（1936年），第533页。

③ 《杰文斯，1835—1882年，作为经济学家和统计学家的生平和著作的百年启示》，《皇家统计学会杂志》，第XCIX卷（1936年），第533页。

④ 《杰文斯，1835—1882年，作为经济学家和统计学家的生平和著作的百年启示》，《皇家统计学会杂志》，第XCIX卷（1936年），第535页。

⑤ 《杰文斯，1835—1882年，作为经济学家和统计学家的生平和著作的百年启示》，《皇家统计学会杂志》，第XCIX卷（1936年），第536页。马歇尔享有在其演讲中优先于杰文斯（提出边际效用思想）的声誉，他还享有发表如此不系统的讲演的声誉，以至于我们搞不清楚他究竟想说什么。凯恩斯承认马歇尔讲演的“非正式性”与日俱增，但他认为“在1906年……作出连贯的笔记是不可能的”（《马歇尔纪念文集》，第51页）。别人也有同样的印象。麦克利戈写道：“在某个总标题下他谈的可能是在上课的路上忽然想到的什么经济利益问题，也可能是晨报上提出的什么问题；各次讲演之间互不连贯。”（《马歇尔及其著作》，见《经济学》，新编，第IX卷〔1942年〕，第313页）。因为这种“非正式性”和“不连贯性”，所以同他的著作相比，不应过分强调他的讲演在传播其理论观点方面的作用。

⑥ 《杰文斯，1835—1882年，作为经济学家和统计学家的生平和著作的百年启示》，《皇家统计学会杂志》，第XCIX卷（1936年），第549页。

敢“苟同”①。他拒绝了凯恩斯关于他父亲和马歇尔走在一条路上的说法，他说他父亲属于起自边沁、中经西尼尔的“心理经济学派”，而马歇尔则继承了穆勒的观点，后者属于“完全不同的思想流派”。

Ⅶ

马歇尔本人认为他自己首创了边际效用思想，并公开暗示了这一点；不过他也仅此而已。【84】即使在他对杰文斯《理论》的评价中，马歇尔也是想让读者相信，当他介绍边际效用问题（他称之为“熟悉的真理”）时，他已经懂得边际效用了②。马歇尔在《原理》第1版中说，他借用了杜能的“最终的”一词，不过他“逐渐相信‘边际’这个词更好”③。这种说法让人难以置信。第一，杜能根本没有用过与“边际的”同义的德文字。一定有人提请马歇尔注意这个错误，马歇尔在《原理》第二版才予以纠正，而且做了一个不能令人满意的解释：“‘边际的’增量一词同杜能的思想方法是一致的，我就受到他的启发，虽然他没有使用过这个词，”他接着又抱歉地指出“第一版的这个脚注有一个错误的说法，即‘边际增量’这个词和这种思想可以追溯到杜能”④。第二，《原理》第一版的上述说法同下述事实也不符合，即马歇尔在1879年的《工业经济学》中曾称“最后的效用”是一个“巧妙的措辞”，这至少意味着他在一段时间里并不吝啬地坚持采用了杰文斯的表述。在这个争论点上，马歇尔的记忆力不像在其他许多问题上一样给他帮什么忙。

《原理》再版还有一个说法可能被解释为马歇尔要求承认他以前已经使用过边际效用的概念。在谈到消费者租金（这同他首次运用边际效用思想有关）时，马歇尔说：“消费者租金概念是本作者在古尔诺、杜能和边沁的影响下，经由研究供给和需求的数学方面而提出来的。”⑤《原理》第3版（1895年）保留着这句话，但第四版（1898年）删去了。假如这是一种要求的话，则马歇尔所依据的仅仅是对20多年前所发生的事情（缺乏事实的证明）的回忆。

---

① 《杰文斯，1835—1882年，作为经济学家和统计学家的生平和著作的百年启示》，《皇家统计学会杂志》，第XCIX卷（1936年），第550页。

② 《学会》，第3卷（1872年），第131页。

③ 马歇尔：《经济学原理》（伦敦，1890年），第1篇，第X页注。

④ 马歇尔：《经济学原理》（伦敦，1890年），第2版，第1篇，第XIV页注。

⑤ 马歇尔：《经济学原理》（伦敦，1890年），第184页注。

他显然不应基于对久远时期的回忆来推定思想起源上的优先权。

所有上述要求都可不予考虑，尽管它不是无意的；马歇尔在通信中以不同的措辞再次重申他在1869年讲授过边际效用理论，他1883年给瓦尔拉斯的信中说：【85】“不能说我接受了杰文斯的‘最后效用’学说，我在他的书问世之前已在剑桥公开讲授过它，不过我用的是另一个名词：‘终点使用价值’。在古尔诺的指引下我已预见到了杰文斯著作的所有基本点，并在很多方面超过了他。因为我想对我的学说的实践方面进一步加工，所以我没有急于发表它。”① 马歇尔在这里直率地表露了他在公开场合从未提出的要求，但我们对马歇尔的记忆力，特别是对他记得曾用“终点的”或“终点使用价值”代替“最后效用程度”，我们该相信到什么程度呢？这特别是因为杰文斯在《理论》中使用“最终的”这个词是用来解释“最后程度”的。杰文斯说：“我可以说，这种不同的价值感情也许同最后效用程度是一致的。亚当·斯密常说的使用价值是一种商品对我们的总效用，他所说的交换价值则可解释为‘终点效用’，即我们或其他人想占有更多剩余的欲望”②。马歇尔本人根本没有用过“终点使用价值”或“终点效用”这些词，任何时候任何一篇文章都没有用过。在1872年评杰文斯《理论》的文章中，马歇尔用的是打引号的“最终效用程度”③。在《国内价值纯理论》和《工业经济学》中他的说法简化为“最后效用”；在《原理》初版中也是如此；他还把它同“边际效用”一起使用④。

在同其他人的通信中，马歇尔常常提起他同杰文斯的关系问题，但都不如他同瓦尔拉斯的上述信件说得那样直截了当。例如，马歇尔在给克拉克的信中说，他是“从杜能的Grenze（界限、限度）得到‘边际的’一词”，而且他“可能在1869年或1870年”即已读过杜能的书⑤。马歇尔可能正确地回忆起30多年前的某一时间读过某一本书，但他不可能正确地把他使用“边际的”一词归功于杜能的Grenze，理由已如上述⑥。他似乎忘记了早些时候他对这一

① 贾菲：《瓦尔拉斯未发表的论文和书信》，见《政治经济学杂志》，第XLIII卷（1935）第202页。

② 杰文斯：《理论》，第1版，第157页。

③ 《学会》，第III卷（1872年），第131页。

④ 《国内价值纯理论》，第21页；《工业经济学》，第69页；《经济学原理》，第1版，第155页。

⑤ 《马歇尔纪念文集》，第412~413页。

⑥ 参看《马歇尔纪念文集》，第412~413页。

错误说法的更正。马歇尔在 1908 年给克拉克的另一封信中说："我的价值论和分配论的基本观点实际上在 1867—1870 年已经完成，杰文斯的著作一出版，我就看出了他同我的观点的异同"①。马歇尔对这里所说的"效用"未加解释，【86】但无疑是想暗示他在发现边际效用思想方面也是有份的。

差不多在致信克拉克的同时，马歇尔对科尔松说了同样有趣的话："杰文斯非常重要的《政治经济学理论》于 1871 年问世前，我已经以数学（虽然不是以英文）制定了我现在体系的基本框架。我的数学注释 XXI 涉及我的概念；但是前面的大部分注释（特别是注释 XIV-XX）实际上是几乎同时引申出来的。"② 注释 XIV-XXI 在《原理》各卷中差别不大，但是都没有论及效用；它们所提供的是供求分析的框架（就像他的《国内价值纯理论》一样），而没有分析效用。马歇尔论及效用问题的注释是在他特别提请科尔松注意的那些注释之前。

马歇尔于 1896—1900 年给塞利格曼的信件大体也是这个意思，而且效用问题也只是经由与有关论题相关的暗示才提出来的。在否认他的著作和弗列明·詹金的著作之间的联系方面，马歇尔 1896 年 4 月 6 日对塞利格曼说："下述一点无关紧要，但确是事实：我仅仅借重于古尔诺，而不是詹金或杜皮特。他在爱丁堡宣读他的论文的前一两年，我已在我的讲授中提出了我的理论的主体；而在他宣读论文之后不久，我即在剑桥宣读了一篇论文，我在该文提出了我在论垄断的那一章出现的曲线。"③ 马歇尔在这里对他早先提及的早期讲义做了同样的说明，但也没有特别提到效用。刚才提到的"在剑桥宣读的论文"并没有提到效用，只提出了一个简单的用数学方法（特别是图解法）来表述的供求价格分析④。马歇尔可能从詹金的上述两篇早期论文中汲取了不少东西，但后者均未运用效用⑤。马歇尔对詹金的经济著述早就熟悉了，在他 1872 年评论杰文斯的《理论》时已经提到了他⑥。

马歇尔在给塞利格曼的另一封信中重申了他关于其早期讲义的说法（1900 年 4 月 23 日）。在谈到他的《国外贸易纯理论》和《国内价值纯理论》

---

① 《马歇尔纪念文集》，第 416 页。

② 《以数学家自命的马歇尔》，《计量经济学》，第 I 卷（1933 年），第 221 页。

③ 多夫曼：《塞利格曼通信集（III）》，《政治经济学季刊》，第 LVI 卷（1941 年），第 407 页。

④ 马歇尔：《用一系列双曲线图解有关垄断的问题》，《剑桥哲学会刊》（1873 年 10 月 20 日），第 318~319 页。

⑤ 参看本书第二章。

⑥ 《学会》，第 III 卷（1872 年），第 132 页。

时，马歇尔说："它们的主体，早在杰文斯的《理论》问世之前【87】就已经在我早期的讲义中提出来了。"① 马歇尔于同年在给塞利格曼的另一封信中又一次提出，他在1871年前已经运用了边际效用思想，虽然像过去一样他在这里小心翼翼地回避直接涉及优先权或效用。很可能塞利格曼要马歇尔评论一本书，所以马歇尔说："我一直不习惯写评论，我生平只写过一篇评论即对杰文斯《理论》的评论，那是在该书初版问世之际；而我之所以要写，是因为英国没有人对该书的课题做过系统研究。"② 也许这有助于说明马歇尔在1871年前的整个时期没有写什么东西；而他1890年前的全部著述讲到效用的只有三次：一次是评论杰文斯的《理论》，一次是他的《工业经济学》，还有一次是《国内价值纯理论》。其中没有一次可使读者相信他对效用思想非常赞赏，更不用说他对这种思想能抱有一种父亲般的关怀了。下面这一点也是很清楚的：没有一个人说过1871年前听过马歇尔关于边际效用或类似内容的讲课。还有一点也是明确的：马歇尔根本没有发表过他坚信自己首创权的任何说法，尽管他在出版物中有所暗示，在通信中有露骨的表示。

Ⅷ

马歇尔与发现边际效用的关系是1942年纪念他100周年诞辰的文章讨论的话题之一。熊彼得对无论什么人表示的马歇尔的优先权都表示怀疑。他认为他的怀疑是如此完全，不可能加以拒绝。他说马歇尔《原理》的"首创性并不突出，就像（就其功过而论）它该有的那样。因为对我们来说它不过是当时已经成长或正在成长的家庭的一个成员。该家庭的其他成员无疑独立于马歇尔，而他的工作习惯和他发表的方法（对经济学史家来说），又使有关他的意见不可能是同样明确的"③。熊彼特接受这个说法：马歇尔最初阅读穆勒和李嘉图的著作时，就感到【88】"两位作者（特别是穆勒）在显示证据的说服力和结果的决定方面是模糊不清和粗枝大叶的"，马歇尔利用他的数学知识和素养将他们的著作置入数学的概念。这种说法不过是老调重弹，它是缺乏证据

---

① 《政治经济学季刊》，第LVI卷（1941年），第409页。

② 《政治经济学季刊》，第LVI卷（1941年），第410页。编者在一个脚注中指出马歇尔弄错了，因为他还评论过埃杰沃思的《数学心理学》。

③ 熊彼得：《马歇尔的〈原理〉：半世纪评价》，《美国经济评论》，第XXXI卷（1941年），第238页。

的。可以肯定的是，马歇尔的方程式（见其“数学附录”）即使是他提出的最好的方程式，都确实与穆勒和李嘉图无关。这个说法暗示着这样的意思：一个像马歇尔这样受过数学训练的人，有能力把李嘉图或穆勒《原理》的一页简化为不同的方程式，并能在边际效用问题上获得重要发现。这种说法可能过高估计了人们当时把数学和经济学结合起来的能力，也过高估计了马歇尔的数学能力和他在1866—1871年的经济洞察力。只有威廉·休厄尔在此前后声言试图要做据说马歇尔已经完成的事情，但休厄尔的方程式没有表明他认识到需要引进效用①。

G. F. 肖夫在纪念马歇尔100周年诞辰的文章中指出，许多早期著作家（特别是杜能、古尔诺、约翰·穆勒和李嘉图）对马歇尔1867—1870年的思想有过明显的影响；但1870年后他就没有受到任何人的影响了。他认为这就解释了马歇尔的《原理》和后来许多作者的著作之间的任何相似性；其原因在于马歇尔的数学修养使他能把旧的学说加以改变，使之成为完整连贯和综合的学说，这些变化预示了后来的作者们的著作。肖夫认为马歇尔在经济学说史上是李嘉图（经由穆勒）的直接继承者；肖夫完全无视杰文斯，或者将他置于次要地位。下面的引语表明肖夫完全以马歇尔代替杰文斯在经济学说史上的地位。

“马歇尔的《原理》在其故乡同亚当·斯密《国富论》和李嘉图《原理》是并驾齐驱的，他是经济思想发展史上三大分水岭之一。依照通常的评价，我们可以把英国政治经济学史划分为三个时代，即古典主义、李嘉图主义和马歇尔主义（或重新改造的李嘉图主义）”②。

“这样，兴起于70年代的经济理论的三个流派便注入到了不同的渠道：奥地利学派、洛桑学派和英国学派或马歇尔主义，【89】而没有汇成一股潮流，尽管它们之间难免有些渗透”③。

---

① 休厄尔对马歇尔可能有过很好的影响。他们两人同时在剑桥，马歇尔几乎不可能无视休厄尔的名声和许多令人瞩目的成就，包括他在数学和经济学方面的著作。马歇尔对两方面课题早有兴趣或是已有兴趣。马歇尔根本不提休厄尔不会有助于给学生留下一个（马歇尔拥有）特权的印象。哈奇逊在谈及马歇尔和休厄尔的关系时指出：“令人十分惊讶的是，马歇尔似乎从未提及三一学院院长威廉·休厄尔在数量经济学方面的开拓性论文。”（哈奇逊:《经济理论评论，1870—1929》，牛津，1953年，第64页注）。

② 肖夫:《马歇尔的〈原理〉在经济思想史中的地位》，《经济学家》杂志，第LII卷（1942年），第313页。

③ 肖夫:《马歇尔的〈原理〉在经济思想史中的地位》，《经济学家》杂志，第LII卷（1942年），第315页。

“在英国和奥地利（本地的学说体系在这里几乎居于无可争辩的支配地位）以外的地区，马歇尔的《原理》和瓦尔拉斯的著作肩并肩地发挥了激励和孕育欧洲理论经济学复兴的作用”①。

在这里，马歇尔不是同杰文斯并列，而是远在杰文斯之上。因为肖夫对马歇尔持这种态度，所以他特别起劲地反驳下述观点，即认为马歇尔是一位具有调和精神的人，他把早期经济学家的成本分析和杰文斯、门格尔和瓦尔拉斯的效用分析结合起来。他认为马歇尔的“分析的框架”“并不像许多人想象的那样是把李嘉图主义概念同边际效用学派的概念协调起来”②。肖夫坚持说，马歇尔经济学“是李嘉图主义的真正继承者，既非杂种也非游戏”③。这看法并非始自肖夫本人，他是从马歇尔那里拿来的，而马歇尔所以作如是观，则是出自他的这种信念：他的效用观点先于杰文斯、门格尔和瓦尔拉斯。马歇尔首次表露这种想法是在 1908 年给克拉克的一封信中（该信最早发表在 1925 年的《马歇尔纪念文集》中）。马歇尔在信中说：“在美国人的批评中，有一件事使我感到恼怒，尽管它不是出于恶意。据说我试图在不同的思想派别之间搞调和与折中。在我看来这样的说法是中看不中用的。”④ 马歇尔认为说他有“调和精神”的观点来自美国，这是不正确的。它实际上起源于英国，而且广泛传播，延续至今。提出这个看法的当首推 L. L. 普雷斯，马歇尔在《原理》中提到过他，感谢他阅读了“全部校样”⑤。普雷斯为马歇尔的《原理》写了一篇很长的评论，其中一段（如下述）为这样的看法奠定了基础：马歇尔的名声主要是基于他对李嘉图和杰文斯不同观点的解析。

普雷斯说：“至于（马歇尔以前的）情况可以这样说，要学生相信李嘉图描绘的图景是困难的，要他们相信杰文斯描绘的图景也是困难的。他（马歇尔）持有前人的许多未完成的草图，并把它们综合成一副整体……为什么在思想的连续性上会有这种突然的中断和对先前传统的完全抛弃呢?”

---

① 肖夫:《马歇尔的〈原理〉在经济思想史中的地位》，《经济学家》杂志，第 LII 卷（1942 年），第 315~316 页。

② 肖夫:《马歇尔的〈原理〉在经济思想史中的地位》，《经济学家》杂志，第 LII 卷（1942 年），第 295 页。

③ 【238】肖夫:《马歇尔的〈原理〉在经济思想史中的地位》，《经济学家》杂志，第 LII 卷（1942 年），第 295 页。

④ 《马歇尔纪念文集》，第 418 页。为什么在涉及自己时就说折中调和是“废话”，而在谈到亚当·斯密时又对折中主义加以赞扬呢？马歇尔说过，亚当·斯密的主要著作“综合与发展了他的法国和英国同时代人和先驱者关于价值的思想”（《原理》，第 1 版，第 7 页）。

⑤ 马歇尔《原理》，第 1 版，第 XII 页。

普雷斯接着说："马歇尔教授的著作对这些纠缠不清的问题做出了回答。没有中断，也没有抛弃。新近的成果能够同旧有的成果结合起来，得出一种更好的概念，而不破坏艺术绘画的基本原理；因为画面的统一未受损害，【90】它甚至经此加工而变得更加光彩夺目了。"①

普雷斯把他关于马歇尔和杰文斯及李嘉图的关系的观点扼要地写进了他的《英国政治经济学简史》（1891 年出版）。马歇尔的《原理》出现在经济思想史著作中，这是第一次②，后来的大多数（但不是全部）经济思想史家谈及马歇尔同李嘉图、穆勒学派和同杰文斯的关系时，都是步普雷斯的后尘。L. 科萨在 1893 年说，马歇尔从杰文斯那里采纳了最后效用程度的观点……然后他直截了当地指出，这种边际效用概念解释和完善了流行的生产成本学说③。L. 汉尼提到 H. J. 达文波特的"题为《试图折中：马歇尔》的一章"，并说尽管"这是一个公允合适的说明……但说'马歇尔的综合'可能更好些"④。A. 格雷在 1931 年写到，马歇尔"作为第一次尝试，最好被看成是反映了这样的一种努力，即给奥地利人的观点一定的地位……并把奥地利人的思想同较早的政治经济学加以综合"⑤。E. 威特克在 1940 年说："正像他吸取了杰文斯的思想一样，马歇尔也把穆勒关于生产方面的思想加进了他的理论中。"⑥

1942 年肖夫关于马歇尔的文章显然实现了公布马歇尔信件未曾达到的目的，因为从这些信件披露以后，一些历史学家否认马歇尔把杰文斯和李嘉图的思想捏合到一起；事实上也出现了一些不一致的看法，有人认为马歇尔是古典学派的真正继承人，又有人认为他是边际效用理论的早期创始人。E. 罗尔的《经济思想史》（1938 年初版，1942 年增订再版）持有同样模棱两可的立场。他把马歇尔和杰文斯以及门格尔并列为边际效用论的先驱者。他说："据说，1871 年杰文斯的《理论》和门格尔的《原理》问世时，马歇尔已经发表了类似的研究成果。"⑦ 罗尔认为，同奥地利人和纯数理经济学相比，马歇尔同英

① 普雷斯："对新近经济论文的短评"，见《经济杂志》，第 II 卷（1892 年），第 30 页。

② 普雷斯：《英国政治经济学简史：从亚当·斯密到托因比》（伦敦，1891 年）。在该书第 15 版（1937 年）中还保留着上述这段引语。

③ 科萨：《政治经济学研究导论》，经作者改定，由路易·戴尔从意大利文译成英文（伦敦，1893 年），第 360 页。

④ 汉尼：《经济思想史》，第 3 版（纽约 1936 年），第 694 页。

⑤ 格雷：《经济理论的发展》（伦敦，1931 年），第 364 页。

⑥ 威特克：《经济思想史》（纽约，1940 年），第 453 页。

⑦ 罗尔：《经济思想史》（增订本，纽约，1942 年），第 436 页。

国传统的决裂不那么明显。他还把马歇尔折中主义的出现解释为“他的体系具有非常精细特点”的缘故①。

【91】J. F. 贝尔在新近出版的一部经济思想史教材中说：“可以同意这种说法：马歇尔关于需求和效用的观点是完全独立于杰文斯和奥地利人而形成的，因为他的经济学著作形成于1867—1868年，杰文斯和门格尔著作问世之前。”② P. L. 纽曼在论马歇尔的很长的一章中说：“当杰文斯发表他的《政治经济学理论》时，马歇尔已经在他的图解经济学的范围内制定出了他的思想。”③ 纽曼认为马歇尔“使下述这一点非常清楚：尽管杰文斯在发表著作方面领先，但马歇尔本人的著作是完全独立地搞出来的”④。纽曼也接受这种说法：马歇尔不曾将杰文斯或奥地利人的学说同古典派的学说综合起来。他指出：“无论是马歇尔著作的融合的总的性质，还是从（在他先驱者的任何理论中都没有的）许多新颖思想来看，情形都不像是这样。”⑤ 纽曼的结论是：“马歇尔所做的一切是要表明古典派理论的不同部分……怎样用供给和需求来表述。”⑥ 历史学家在这里又要面对起着一种特殊作用的马歇尔了。但对马歇尔的这种新看法还没有渗透进非英语的经济思想史家的头脑之中，他们继续把他看作是一位折中主义者⑦。

关于马歇尔在经济学上利用边际效用的见解的混乱状况就是这样。他对他自己在经济思想史上的作用的看法，至少可以说，也没有对此有所澄清。困难因为许多作者对马歇尔的友情而加重了，这使他们随意地对待证据；而对他们不太熟悉或不那么敬重的人就不会这样了。马歇尔的声誉太大了，不需要归功于杰文斯。在边际效用史上，只有马歇尔享有稳固的地位，即使不提发明权也罢。【92】原因之一是，马歇尔的《原理》就像任何其他著作所能做的那样，有助于把边际效用思想镶进经济思想的总体。

---

① 罗尔：《经济思想史》，第437页。

② 贝尔：《经济思想史》（纽约，1953年）第575页。

③ 纽曼：《经济思想的发展》（纽约，1952年），第279页。

④ 纽曼：《经济思想的发展》（纽约，1952年），第279页。

⑤ 纽曼：《经济思想的发展》（纽约，1952年），第279页。

⑥ 纽曼：《经济思想的发展》（纽约，1952年），第184页。

⑦ 参看詹姆斯：《经济思想史》（巴黎，1950年），第173页。克鲁斯：《国民经济学史》（慕尼黑，1948年），第161页。克里茨曼：《经济理论史》（都灵，1949年），第370~371页。考德：《边际效用理论的缓慢接受》，见《经济学季刊》，第LXVII卷（1953年），第570页。

第十一章　埃杰沃思

I

【93】在到 1890 年为止的时期中，除了马歇尔以外，F. Y. 埃杰沃思像英国的其他人一样，也很好地运用了边际效用思想，但他将这一思想用于同哲学和心理学有关的课题比用于同经济学有关的课题要多。因此，经济思想史家难得把他的名字同边际效用学说的发展联系起来。对他的三卷本《政治经济学论文集》是这样①，他的讣告中也是这样②。

埃杰沃思在都柏林度过四年之后，于 1867 年来到牛津，1873 年获得学士学位。此时正值经济学的"现代时期"开端之际，但他没有对经济学表现出兴趣，此后许多年也是如此。他的主要兴趣在法律上。1873 年后他从牛津来到伦敦，全身心地投入法律研究，内殿法学协会（Inner Temple）要他 1877 年到法庭任职。不过法律还不是他的唯一的或永久的兴趣，他也从未实践过。1873—1877 年他读法学时，还忙于他的第一爱好——哲学，而且写了关于哲

① 【238】A. A. 杨，《美国经济评论》，第四类，第 XV 卷（1925 年），第 721～724 页；I. 费雪，《经济学季刊》，第 XL 卷（1926 年），第 167～171 页；A. C. 皮古，《经济杂志》，第 XXXV 卷（1925 年），第 177～185 页；E. 凯南，《经济学》，第 V 卷（1925 年），第 332～333 页；J. 熊彼特：《埃杰沃思和他的新国民经济理论》，《世界经济文献》，第 XXII 卷（1925 年），第 183～202 页。

② 这些讣告中较长和较有名的有以下这些：凯恩斯：《讣告：埃杰沃思，1845—1926》，《经济杂志》，第 XXXVI 卷（1926 年），第 140～153 页；J. 鲍纳：《回忆埃杰沃思》，《经济杂志》。第 XXXVI 卷（1926 年），第 647～653 页；L. L. 普雷斯：《讣告：埃杰沃思》，《皇家统计协会杂志》，第 LXXXIX 卷（1926 年），第 371～376 页；O. 摩根斯顿：《埃杰沃思》，《国民经济和社会政治杂志》，新编，第 V 卷（1927 年），第 646～652 页；O. 温伯格：《埃杰沃思：讣告》，《国民经济和统计年鉴》，第 CXXIV 卷（1926 年），第 205～217 页；C. 吉德：《讣告：埃杰沃思教授》，《政治经济学评论》，第 XL 卷（1926 年），第 1217～1218 页。

学问题的第一篇文章①，这是一页短评：《麦休·阿诺德先生论毕晓普·巴特勒的自爱心学说》，刊登在《精神》杂志上，这是一本可敬佩的哲学和心理学杂志，第一期于同年早些时候出版②。该杂志后来的一篇文章③（作者阿尔弗雷德·巴雷特，他对亨利·西季威克《伦理学方法》的若干部分提出了批评）直接促使埃杰沃思动手写了他一生所写三本小书中的第一本。

这本书名为《伦理学的新旧方法，或“物理心理学”和“伦理学方法”》，内容完全是讨论西季威克和巴雷特之间的争论④。正好在埃杰沃思来牛津白利尔学院之前的那些年，巴雷特在该学院的出现引起了埃杰沃思对这场讨论的注意。【94】在指出了这两位作者的主要分歧之后，埃杰沃思主要考察了讨论享乐主义的部分，讨论是围绕快乐和痛苦的测量问题进行的。在《精神》杂志著文的这位评论者在谈及埃杰沃思的《伦理学的新旧方法》的第二部分时指出，作者“从边沁的‘最大多数人的最大幸福’的公式出发（尽管对据说暗含的严格的功利主义思想感到不满），完全依据菲希纳和汪茨等人对心理学概念所做的最新解释，还运用了适用于这个问题的计算各变量的公式，得出了有关最佳（最有利）分配外部享乐资料的一系列结论。”⑤

埃杰沃思的书包含着（或触及）许多人所想象的经济问题，享乐主义总是要包括这一类经济问题的。不过，享乐主义的分析结果通常（特别在埃杰沃思的场合）并不同经济分析的结果相一致，至少埃杰沃思没有再得出杰文斯、门格尔和瓦尔拉斯在同一问题上已经得出的许多结论。原因之一是他没有分析价格与交换现象，这样，他的结果就不会包含交换或价格同‘幸福’的关系，像杰文斯、门格尔和瓦尔拉斯所得出的结论那样。尽管他的分析限于非价格现象，他还是在另一个方向上扩展了他的分析，由于他许可进行个人之间比较效用，从而扩展到杰文斯、门格尔和瓦尔拉斯一直回避的领域。

埃杰沃思的基本结论更多地来自他所许可的个人之间效用的比较，而不是更多来自其他的论据。他的结论是：“①在进化次序如此接近的种族和社会中（如雅利安人）中，平均分配是规律……②人口应受限制……③（人口的）质

① 凯恩斯：《埃杰沃思》，《国民传记辞典》（牛津，1937年，第284~285页）。

② 【239】第570~571页。该文署名为“T. Y. 埃杰沃思”，而不是“F. Y. 埃杰沃思”。

③ 第II卷（1877年），第167~186页。

④ 牛津，1877年，还可参考对《伦理学新旧方法》的评论，见《精神》，第III卷（1878年），第146~147页。

⑤ 《精神》，第III卷（1878年），第146页。

量……应当尽可能地高……（但是）……无限制地改进人口质量将不再是希求的事……（假如它）……只有通过减少人口才可能实现的话……”①

埃杰沃思的情形很明显地表明了“享乐主义”同“边际效用经济学”的关系。埃杰沃思研究的问题在开始时同杰文斯是一样的，但他在第一次攻击结束时未曾达到【95】杰文斯那样的地位。西季威克拥有埃杰沃思和杰文斯使用过的全部工具，还有经济学讲席，但他的结局不与此二人同归。甚至边沁也不曾从他已提出的各种分析要素中提炼出边际经济学的任何东西。经济学家不得不阅读和消化边沁的著作，然后再把它引进经济学。像通常所说的那样，在把享乐主义变成边际效用经济学之前，经济学家们还必须给它增加一些东西，同时又从中去掉一些东西。杰文斯和戈森可以实现这种转变；西季威克绝无可能；埃杰沃思在1877年也不可能。

Ⅱ

19世纪70年代，甚至更早一些时候，有三股不同的思潮包含关于个人对其满足的反应的解释，它们是经济学中的边际效用、哲学中的享乐主义、心理学的新分支心理物理学。这三种思潮可以都来自某些条件的共同作用，但它们在表面上是各不相同的思想运动。知其一者难得知其二三。但埃杰沃思却从一开始就钻研了其中的两者。在他的第一本著作中，他在享乐主义哲学方面援引边沁、西季威克和巴雷特；在心理物理学方面援引韦伯和费希纳。这时他对经济学中的边际主义还毫无所知。

经济思想史著作时常提到享乐主义，但却完全忽视心理物理学，只有汉尼对它做过简要评论②。斯蒂格勒的论文《效用理论的发展（1）》中对边际效用和心理物理学的关系做了最长的探讨（两页）③。在边际效用的早期著作中，只有埃杰沃思对它给予很多的注意，至少在他肯定地转向经济学之前是这样。

心理物理学发端于韦伯1831年在莱比锡出版的著作，尽管“心理物理学”这个名词很久之后才通用。韦伯的实验在数理心理学上占有永久的地

① 《精神》，第III卷（1878年），第146页。

② 《经济思想史》第3版，第581~582页。

③ 《政治经济学杂志》，第lviii卷（1950年），第375~177页。

位[①]。经济学家注意到韦伯只是因为他的实验涉及与效用相类似的感觉，虽然感觉和效用不是一回事；还因为他提出的有关感觉的一条规律同边际效用递减规律相似，特别是在早期由伯努利表述的形式上。

【96】韦伯试验了一个人感知重量差别的能力。在早期的一个实验中，他给一个人一个物体，重 32 盎司；又给他一个稍轻一点的物体，然后问他“哪个物体更重?”回答是感觉不出什么差别。于是韦伯减少第二个物体的重量，直到该人能说出哪个更重为止。韦伯通过这种方法确定了“刚可觉察的差异”。他的一个试验者用举高的方式可以在 32 盎司和 30. 5 盎司之间感到差异，于是这 1. 5 盎司便是他的“刚可觉察的差异”（当重物在 2 磅左右时）。

可以看出韦伯的问题同边际效用问题有一点类似，尽管不完全类似。这种类似基于下述情形：两者涉及的都是个人对外部条件的反应；所处理的都是总量的差别。不过重量的差别同期待于物品消费的效用感觉是不一样的。

韦伯接着试验由于重量改变而引起的“刚可觉察的差异”的变化。当重物是 32 盎司时一个人能够区分出的重量至少是 1. 5 盎司。假如该物不是 32 盎司，而是 4 盎司时，其“刚可觉察的差异”是否还是 1. 5 盎司呢? 韦伯的试验证实了通常的看法：不是这样。实验表明这时该举重者所需重量差别仅为 0. 2 盎司。韦伯依据这些为数不多的实验得出结论：“刚可觉察的差异”同重量成比例[②]。韦伯还把类似的结果扩及判断一条线的总长度的差异以及判断音量变化的差异上，后来心理学家称此为“韦伯定理”。

韦伯定理同边际效用递减规律有一定的关系，但也仅是类似而已。随着某物体盎司数量的增加，该物每盎司对个人判断相对重量的能力的影响在减少：随着重量的不断增加，判断差异的边际影响力在递减。一个人能在 10 ~ 11 盎司之间作出区分，但他不可能在 100 ~ 101 盎司之间作出区分；【97】因为第 101 盎司对个人重量感觉的影响远低于第 11 盎司的影响。在效用的场合，每 1 增量美元收入对仅有 10 美元的人还有可以感觉到的差别，但对有 100 美元的人就不会如此，因为第 101 美元对个人总满足的影响远低于第 11 美元的影响。不过这里仅是类似而已。

---

① E. B. 蒂奇纳：《实验心理学》（纽约，1905 年，II，第 2 部分，第 XX 页）。

② 韦伯：《脉搏、吸收、触摸》（莱比锡，1834 年），重印于他的《解剖心理学注释》（莱比锡，1851 年）。他还将其发表于瓦格纳的《物理学袖珍词典》（布伦斯威格，1846 年），III，第 481 ~ 588 页。请注意，8 年之后出版戈森《人类行为法则》一书的也是这个出版社。

由于显而易见的理由，韦伯的实验结果在1834年公之于世之后的若干年间并没有引起经济学家的注意；不过，当费希纳循着类似于韦伯研究的路径，发现了韦伯已经指出的同样理由并得出了新成果时，韦伯的著作在心理学中便结出了果实。费希纳最早得出测定精神活动或感觉的观点是在1850年，次年他曾扼要提到这一新观点，1858年公布了初步报告，1859年有了重要的应用，1860年出版了他在这方面的主要著作《心理物理学原理》①。而戈森和詹宁斯关于效用的著作在此之前好几年就问世了。费希纳的贡献在于用韦伯的“刚可觉察的差异”来衡量感觉。他考察了感觉的每一种状态，并用它所引起的“刚可觉察的差异”数加以测定。1.5盎司可以看作32盎司和较轻的重物之间的“刚可觉察的差异”，他有1个单位的重量感觉。1.43盎司可作为第二个重量感觉单位——从30.5盎司的重物和更轻一些物体的感觉便可得出此数。循此方法把全部重量分解到接近于零的水平，费希纳得出了某物全部重量对个人的重量感觉的全部单位数。这种把一个重量感觉单位解释为“刚可觉察的差异”的思想，对边际效用理论几乎没有产生什么影响②。

在这里可以把1860年即心理物理学开端之时，在心理学中占有一定地位的课题，同边际效用在经济学中的地位加以比较。心理物理学和边际效用经济学都强调个人同外界刺激的关系。【98】它们都运用数学。两者都得出结论说，随着刺激量的增加，个人的反应在一定程度上会减少，费希纳和杰文斯都承认伯努利在100多年前已经看到了这种关系③。

心理物理学和边际效用经济学也有许多区别。在对刺激的反应的性质的看法上，它们基本不同。边际效用经济学研究的是个人所期待的消费满足；经济学家假定从不同的物品的预期满足的增量中可以得到有意义的总结果。心理物理学则限于考察同重量、距离、音调等相关的感觉。任何这种不同感觉量是没有意义的。心理物理学研究到个人为止，没有从解释个人对刺激的反应中得出进一步的结论。相反，边际经济学只是利用个人边际效用作为一个出发点，以便勾勒出整个经济体系运行的图景。心理物理学从一开始就关注测定问题，而

---

① 蒂奇纳：《实验心理学》，II，第2部分，第XX-XXII页。

② L. L. 索斯顿在无差异函数的经验性不变量导数中，使用了同费希纳可比较的方法来测定满足或效用。他说：“在测定满足方面，我们将始终暗示着：它是依据一种主观尺度单位来实现的，即根据可辨别的误差来进行的。”（索斯顿：《无差异函数》，《社会心理学杂志》，第II卷〔1931年〕，第140~141页）。他还发现，在心理物理学中，表现满足量与消费物品量关系的方程式是“不足为怪的，那就是我的老友费希纳发现的定理”。

③ 费希纳：《心理物理学原理》（莱比锡，1889年，II，第549页）。

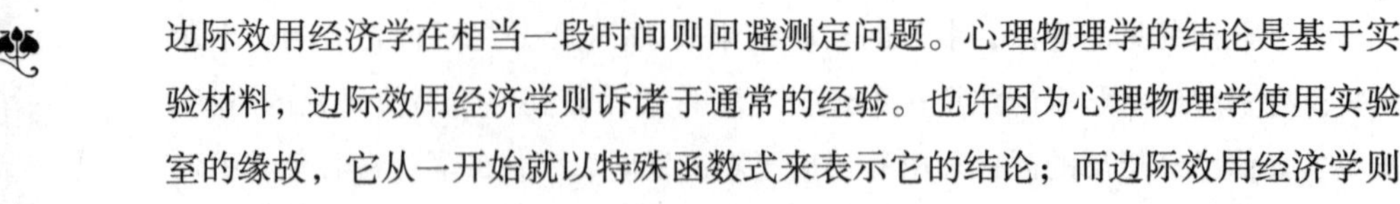

边际效用经济学在相当一段时间则回避测定问题。心理物理学的结论是基于实验材料，边际效用经济学则诉诸于通常的经验。也许因为心理物理学使用实验室的缘故，它从一开始就以特殊函数式来表示它的结论；而边际效用经济学则仍旧只包含表现满足最小值的函数。

心理物理学比边际效用经济学在时间上领先。如上所述，1860 年当费希纳的《心理物理学》问世时，人们已经注意到了它；这离边际效用学派开始之时（按照通常的说法）还有 10 多年。心理物理学在 19 世纪 60 年代和 70 年代初已经在欧洲大陆（主要是德国）得到了广泛的评论、批评和传播，而传入英国已是 70 年代中期的事了。

英国人是通过詹姆斯·苏里（埃杰沃思的朋友）的著作才注意到心理物理学的①。可以说埃杰沃思的兴趣部分地来自苏里。事实上埃杰沃思在他自己著作的开头就说："我要感谢我的朋友苏里先生（《感觉与直觉》、《悲观论》的作者），【99】他在百忙之中阅读了本书校样并提出了许多建议"②。

苏里在自传中几次提到埃杰沃思，不过没有都点名③。苏里把他同埃杰沃思的会见归因于萨维尔俱乐部。他觉得"埃杰沃思的多方面的才能甚至在两个范畴之内都容纳不下"④。埃杰沃思显然一直劝苏里搬到安静的汉斯蒂，以避开城市的喧闹，苏里对此喧闹感到特别不适⑤。苏里下面几段话谈到了他在汉斯蒂的生活情况，都是同埃杰沃思（他称埃杰沃思是"我的单身汉朋友"）和杰文斯有关的。

苏里说，吸引我来到汉斯蒂这个非常宁静的地方的是他（我的单身汉朋友）。想到有他作为邻居，加之他对北方高地宜人气候的赞美，我来到了这里。我对他的兄弟般的提议的回答，就是选择了一处离他的住宅不远的别墅做我的房舍。我们几乎天天见面，有时在早餐后散步，有时远足（杰文斯也参加进来），有时去海登或艾斯特里溜冰。自行车后来出了毛病，对我们不慌不忙的徒步漫游是个打击。我始终跟他在一起，虽然我知道我不过是他的一名随从。有一天晨练，我不能和他在一起，他一大早就泡在浴塘中了。像我这样经

① 参阅苏里：《感觉和直觉》（伦敦，1874 年）；又见苏里对 W. 汪茨《心理物理学原理》的评论，见《精神》，1876 年，I，第 20~43 页。

② 埃杰沃思：《伦理学中的新旧方法》，第 II 页。

③ 苏里：《我的生活与朋友》（纽约，1918 年）。

④ 苏里：《我的生活与朋友》（纽约，1918 年），第 164 页。

⑤ 参看苏里："文明与噪音"，《双周评论》。第 XXX 卷（1878 年），第 704~720 页。

得起瑞士或挪威夏日暴晒和冰冷刺骨海水锻炼的人，也不敢一大早就钻进冬天的池塘中。

苏里又说，我们的研究路线有些重合，加之他的兴趣广泛，因而我们的话题很多。他的头脑似乎总是不停地思考着新问题，有一次在海尔斯遇到他，他向我提出一个难题："假如你有许多钱可用于投资，条件如何如何，你是否准备冒险?"我被他的神情逗乐了，因为他以为我会为拥有大笔财产感到困惑。我的这种态度是对他的最好回答。我高兴地知道在我早晨开始眺望高地上的哈罗镇的景色时，我准会在白石塘附近碰到他。我远远地就能认出他那缓慢移动的有点驼背的身影；我喜欢使他从凝神静思中大吃一惊，喜欢看他像飞鸟一样走上来，还喜欢听他高兴地呼唤："你好，苏里!"

最后，苏里还说，虽然我比他年幼，可是他似乎得到了我的特别关照。这部分地是由于他生性谦恭（他来自礼仪之邦）。我能同他一起一再回忆起这些美好的时光，在他的祖传宅第中度过一周。夏日的一周还由于他的周到而殷勤的照顾而变得更令人欢愉。(现在) 近邻不再使我能轻易地得到他真诚而持续的友情了，【100】但我仍梦想着有那么一天，假定我能来到天堂，将会再次受到欢迎，听到发自肺腑的呼唤"你好!"①

Ⅲ

甚至到 1879 年当埃杰沃思发表《享乐计算》一文时，他还没有触及经济学②，他仍处于享乐主义和心理物理学的范围内；不过，这篇文章充分运用了类似于边际效用的若干概念，因而可以把他看成一名迟到的边际效用递减法则的独立发现者。在目的与方法问题（《伦理学的新旧方法》已经包含了这些问题）中，他将一种宽泛形式的边际效用递减法则作为他的分析的"第一前提"。他这样表述这个前提："享乐增长的比率随着享乐资料的增加而减少。这个前提认为享乐对享乐资料的第二个微分数连续是负数。它并不认为第一个微分数连续是正数。"③ 埃杰沃思援引经验事实和权威的话来支持他的这个前提。他所援引的权威不包含边际效用学派的那位作者。他说的是："布芬的

① 苏里:《我的生活与朋友》(纽约，1918 年)，第 177~179 页。

② 《精神》，第 IV 卷 (1879 年)，第 394~408 页。

③ 《精神》，第 IV 卷 (1879 年)，第 397 页。

《道德算术》，莱布尼兹的《概率论》，威廉·汤普森的《财富分配的研究》以及西季威克先生的《伦理学方法》……”① 遗憾的是他没有指明页数。他还指出“从较简单的归纳所得出的‘推论’（部分是费希纳的后继者所共有的，部分是迪包夫教授所特有的）”证实了他的前提②。

最相似的一点是埃杰沃思提出了包含三个变量的效用函数，这个函数同他后来研究经济学时所用的函数是类似的。他说：“F（xy）是一单位的消费享乐……”③ 但其中的 x 和 y 并不像他后来的著作那样代表两个物品，而是 x 表示个人享乐能力，y 表示享乐资料量。但我们必须承认埃杰沃思已经提出了边际效用学派的一个基本分析工具的形式。

Ⅳ

是什么因素使埃杰沃思转向经济学呢？也许部分的原因是 1879 年问世的三本书，其中的两本是【101】埃杰沃思在其《数学心理学》中多次提到的；埃杰沃思的《数学心理学》出版于 1881 年，他在这里首次考察经济学④。其中的另一本书是杰文斯的《政治经济学理论》第 2 版。这本书也许在 1879 年晚些时候才到埃杰沃思手上。至少他说他在这一年早些时候还不知道杰文斯这本书⑤。埃杰沃思从这本书得到线索，进而阅读了古尔诺、戈森，特别是瓦尔拉斯的著作，而且在《数学心理学》中提到了他们的名字。埃杰沃思这一时期在汉斯蒂还得到了他的邻居杰文斯的亲自帮助。马歇尔《国内价值纯理论》（1879 年出版）也给了他强烈的影响。埃杰沃思在《数学心理学》中多次提到这本私人印刷的一册书中的一些部分，但他没有指出全名。埃杰沃思还有一本马歇尔的《工业经济学》（也出版于 1879 年），不过他所注意的是《国内价值纯理论》中的曲线和主张，而不是《工业经济学》的简明性⑥。

埃杰沃思对效用的兴趣在《数学心理学》（1881 年）中达到了顶点。他在 19 世纪 80 年代去牛津当教授之前曾转向统计学；尽管他后来又曾回到更严

---

① 《精神》，第 IV 卷（1879 年），第 397 页。

② 《精神》，第 IV 卷（1879 年），第 397 页。

③ 《精神》，第 IV 卷（1879 年），第 400 页。

④ 《数学心理学》（伦敦，1881 年）。

⑤ 《数学心理学》（伦敦，1881 年），第 34 页注。

⑥ 堪萨斯大学图书馆存有一本马歇尔《工业经济学》初版。在该书标题页上有埃杰沃思的名字和地址（汉斯蒂，伏龙山 5 号），全书有埃杰沃思手写的许多注释性说明。

格意义上的经济课题，但他绝没有单一地、长时间地再回到效用问题上。《数学心理学》几乎未加改动地重印了他1879年的论文（《享乐计算》），补充了一节《经济计算》和《附录》，它们是新的扩大的经济学①。

埃杰沃思在《经济计算》中谈到的一个问题是效用测定的可能性。他这个研究方向部分地来自心理物理学的研究，部分地来自新近对涉及测定问题的边际效用文献的接触。他对这个问题提出了三种完全不同的答案，第一，将来会提出某种现在尚不为人知的测定方法，如其他学科的情形；第二，经济学家能以无数字的数学处理许多问题；第三，心理物理学测定感觉的方法使经济学家倾向于接受经济学中的测定问题。

埃杰沃思最不注意的是上述的第一种想法。杰文斯对此想法有过许多的暗示，但埃杰沃思仅表赞成而已。埃杰沃思在一个附录中说：【102】“这里无疑存在许多困难，这门新兴学科仍笼罩在阴影之下；享乐主义在变成精确科学之前，如杰文斯所说，仍处在热与电的阶段。”②

埃杰沃思对第二种想法比较重视，即认为涉及经济问题的大量数学论证只用得着“无数字”的数学，也就是说它仅仅涉及“一个量比另一个量或大或小，或增或减，或最大或最小……”③ 他还援引了“数理经济学之父”古尔诺的话作为证明④。

埃杰沃思不满意于将来会找出测定尺度的说法，也不满意于经济学家无须基数测定的看法，他在《数学心理学》中有两处赞扬了主张把心理物理学用于经济学的经济学家⑤。他在这里提出了心理物理学同经济学为数不多的相关点之一⑥。埃杰沃思接受杰文斯关于效用有两种尺度（强度大小和时间长短）的看法，并说：“每种尺度的单位就是刚可觉察的增量。”⑦ 他接着转而讨论（为了计算）不同的个别的“刚可觉察的单位”的相似点，讨论费希纳试图测定心理量的观点究竟在何时成了争论之点。他在《数学心理学》的前半部分

① 埃杰沃思对《数学心理学》第57页上的一个脚注加了一句，此句在《精神》杂志第404页的一段中被有意无意地省略了。

② 埃杰沃思：《数学心理学》，第98页。

③ 埃杰沃思：《数学心理学》，第2页。

④ 【240】埃杰沃思：《数学心理学》，第83页。

⑤ 埃杰沃思：《数学心理学》，第7~8、99页。

⑥ 只有F. A. 兰格较早论及韦伯和费希特的思想同经济学的联系。见兰格：《工人问题在现在和将来的意义》（迪斯伯格，1865年）。

⑦ 埃杰沃思：《数学心理学》，第7页。

接受这个观点：不同单位的相等是没有根据的，虽然它确实存在。他说："每一**最小可感觉量**彼此暗含的相等这个首要原理是不能证明的。他类似于不能区分的事物或场合彼此相等一样，而后者构成对**信念**进行数学计算的首要原理。这个原理无疑是在评价过程中得出的。时间强度单位的暗含的可相等性（不论时间长短和享乐种类）仍未完全推定。**经济**计算的单位就是如此。"① 他后来又对"刚可觉察的单位"的可相等性提出了含糊的推测性的证据。他说："假定可能选择这种而不选择那种刚可觉察的增量，那它一定可依据某些享乐可能性的差别作出选择（不存在非享乐行为或它对眼下的研究无关紧要）。但是，如果一种增量的【103】享乐可能性超过了另一种，则前者就不是**刚可觉察的增量**，至少这**两种**增量都包含在内。"② 但埃杰沃思对他的论证没有把握，因为他接着遗憾地说："当然，这种变换课题的方法称不上是演绎。这种思想之流是沿着'同它的源头一样的水平前进的'。"③

这样，埃杰沃思就退回到了这样的观点，即必须把"刚可觉察的增量"视为等量；并重新支持他早先在论证概率论下存在的类似公理时所提出的一种看法："反过来说，我认为，一定要假定存在着这样的方程式，它们也许能同概率论的首要原理相比拟。按照这个原理，我们同样不知有关的条件，在这些条件之间也得不出重要的差别，因而认为它们是相等的；我们可以同意按照某个原理行事，但我们难以讲出这样做的理由。"④

所有这些都是对心理物理学界20年争论的一种反响。他所加进的另一个推测是，我们也许只能在未来某种完美世界中才能获得彼此相等的增量。他说："的确，这种相等性或可相等性，事实上不会像完全开方那样存在。"⑤ 他还认为，在"刚可觉察的单位"的可比性方面，效用**时间**的长短同**强度**的大小处于一样的地位。他起先赞同（后来又放弃了）把第二个尺度引进效用；这样，效用将有"三个尺度即客观时间、主观时间和强度"⑥。

埃杰沃思接着提出建议，作为替代增加一种尺度的办法，"把比率和强度两者自觉地结合为单一的标记也许更为适切"⑦。在举了一个简短而无效的关

① 埃杰沃思：《数学心理学》，第7页。
② 埃杰沃思：《数学心理学》，第99页。
③ 埃杰沃思：《数学心理学》，第99页。
④ 埃杰沃思：《数学心理学》，第99页。
⑤ 埃杰沃思：《数学心理学》，第100页。
⑥ 埃杰沃思：《数学心理学》，第100页。
⑦ 埃杰沃思：《数学心理学》，第100页。

于测定的例子之后，埃杰沃思作出结论：“应当承认，比较享乐量是含糊不清的；更含糊不清的是用一种包含数字的例证进行的比较。”① 最后，他从现实的不完善性转到天衣无缝的想象，并要求读者“想象一种理想的完善的装备，一种心理物理学的机器，严格按照自觉判断，连续记录下个人感受的高度，【104】或者不如说根据**误差法则**，分辨出不同的感受”②。埃杰沃思就这样从一个课题漫游到另一个课题，他的想法虽有启发性，但却毫无结果。

V

埃杰沃思从效用测定转到效用在个人之间的比较问题。他在此发现了在测定效用时已经遇到的困难。他再次依靠（毋宁说扩展了）他先前提出的一条公理：“任何感觉在任何时候所经历的刚可觉察的享乐增量具有相同的价值。”③ 依据这个扩展了的假定前提，像较简单的前提一样，埃杰沃思发现了“最终公理的主要奥秘”。他把这个涉及个人之间比较的扩展了的公理称为**功利主义**原理，而把较简单的公理称为**经济的**原理。他满足于提出这样的异议，即对于“刚可觉察的增量”的唯一推理是，在功利主义原理之下，“在其他人的享乐可以被数目更大的尺度所补偿的情况下，享乐的不确定性越大，则平均数越大；恰如依据概率论，用较不完善的工具对为数众多的现象的观察可以获得相当精确的结果”④。

VI

埃杰沃思的《数学心理学》有一部分写于1879年后，也就是说，是在他读了杰文斯的《政治经济学原理》再版和马歇尔的两篇论价值的私人发表的小册子之后，又是在进而钻研了瓦尔拉斯、戈森和古尔诺的著作之后；这一部分内容同埃杰沃思先前在没有任何帮助的情况下所写的东西形成了明显的对照。杰文斯把他引上寻求经济答案的道路，其中就有边际效用，但我们可以有

① 埃杰沃思：《数学心理学》，第101页。
② 埃杰沃思：《数学心理学》，第101页。
③ 埃杰沃思：《数学心理学》，第101页。
④ 埃杰沃思：《数学心理学》，第102页。

把握地说，边际效用没有以任何形式构成埃杰沃思上述著作的中心内容，即使《数学心理学》中严格的经济部分也是如此，他虽然在分析中运用了边际效用，但他实际上从考察心理学转向了新的问题，即形成交换的不同市场的均衡决定问题，或如他自己所说的“契约”问题①。

埃杰沃思对“契约”的研究始于【105】杰文斯所列举的两个人交换两种物品的场合，但他做了一个值得注意的变动，他把两种物品对某人的总效用结合到同一个函数中，而杰文斯是对每种物品使用一个不同的函数。他对该变动的说明是：“更一般地说，让 P（代表 X 方的效用）= F（xy），让 π（代表 Y 方的效用）= φ（xy）。”② 他说这样做的唯一好处是：“第 34 页（接近底部）的这种研究不可能由杰文斯教授的公式所提出。”这又涉及第二交叉导数，或者换句话说，一种物品每单位的边际效用的变化，改变着被消费的另一种物品的量。在他后来的著述中，埃杰沃思用这些第二交叉导数的符号去说明两种物品之间的关系：独立的、补充的或替代的。不过他在《数学心理学》中没有提及这些交叉导数的特有用途。

埃杰沃思选用的这种类型的效用函数的另一个结果，是提出了无差异曲线。埃杰沃思由于首次使用这种方法而受到了经济学史家的称赞。他为说明这个思想而提出的主要图解显示了礼拜五和罗宾逊之间的交换契约曲线。礼拜五带到市场上的是劳动，罗宾逊则把货币作为工资支付出去。“契约曲线的这个有用的部分位于两点之间……这两点分别是契约曲线同每一个部分经由原点引出的**无差异曲线**的交点”③。【106】埃杰沃思以 X 轴测定罗宾逊的货币，以 Y 轴测定礼拜五的劳动。带点的无差异曲线属于罗宾逊；带点和带破折号的曲线属于礼拜五。罗宾逊的曲线表示他愿意为得到礼拜五的一定量劳动而支付的货币。礼拜五的曲线表示他为得到一定量工资而愿意提供的劳动量。尽管埃杰沃思在图解中没有表示出来，但罗宾逊的曲线群和礼拜五的曲线群会填满平面。罗宾逊的曲线越高，他得到的满足越多。礼拜五的曲线越低，他得到的享乐越多。两群曲线的切点的轨迹就是契约曲线 CC′，虽然埃杰沃思没有这样作图（见下图）。

---

① 埃杰沃思：《数学心理学》，第 20 页。埃杰沃思的“契约”一词可能来自他的法学修养（他在《数学心理学》的签字是“高级律师”），在他以前和以后均无人在此意义上用这个词。

② 埃杰沃思：《数学心理学》，第 20 页。

③ 埃杰沃思：《数学心理学》，第 29 页。

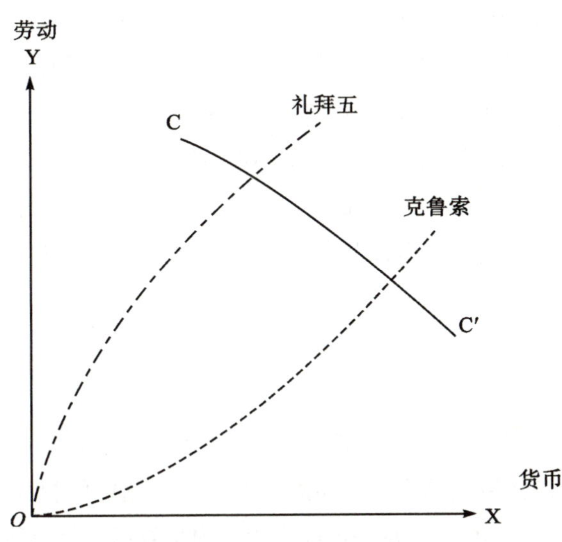

埃杰沃思的这种形式的无差异曲线没有在经济学中流行开来，也许是因为它以效用函数为基础，所以没有为直接使用效用曲线提供什么帮助。埃杰沃思对他自己思想的不恰当地解释也可能起了一定的作用。此外，还因为他的曲线同现在的相比具有一种不对称的特点。现在使用的无差异曲线涉及的是个人持有的两种物品的不同量，而不是为获得一定量第二种物品而放弃的第一种物品的量。

Ⅶ

也许是由于埃杰沃思在著作中多次提到杰文斯和马歇尔，所以这两位经济学家评论过埃杰沃思的《数学心理学》。我们考察过马歇尔早些时候对埃杰沃思所做的有名的和有利的评论①，但看来无人知晓杰文斯同一时期对埃杰沃思所做的同样有利的评论②，甚至《杰文斯通信和日记》的书目也未提到它。杰文斯评论说："不管读者对本书会有何其他看法，它们可能全都同意说，这是一部非常令人敬佩的著作。"③ 杰文斯没有注意到埃杰沃思在他的效用函数上所做的变动，所以也就没有评论这方面的内容或优点。杰文斯说的多半是

① 参看本书第 8 章。

② 《精神》，第 VI 卷（1881 年），第 581~583 页。

③ 《精神》，第 VI 卷（1881 年），第 581 页。

“效用计算”，他也难得对埃杰沃思的“经济计算”多置一词。杰文斯还抓住机会对埃杰沃思的含糊不清的文风表示遗憾，要求埃杰沃思对其方法加以改进①。埃杰沃思看来在【107】模仿杰出而早熟的巴雷特的文风的同时也发挥了他自己的特点，巴雷特的著作读来酷似埃杰沃思的手笔。杰文斯的责备可能起了一点作用，埃杰沃思的文章在此后一段时间里写得比较明白易懂了，总的说来减少了不少隐语、古典掌故和深奥的叙述；但不久他又恢复了原状。

Ⅷ

1882 年后，埃杰沃思的第一篇包含直接的经济内容的文章介绍了他的指数观点②。效用同指数当然有关。埃杰沃思对此问题的解释使人勉强可以明白，他说：“一个人 200 年前从一定收入所得的总效用，等于他 100 年后从同量货币所得总效用与适当数字的乘积。”③ 他这是第一次把效用同指数联系起来，但他的文章中所谈的主要内容不是这个。他于 1887 年重提这个问题④，在这里他说到“最后效用的边际”，这是杰文斯的“最后”和“边际”的奇怪结合，他实际上取代了杰文斯的说法。埃杰沃思在向不列颠科学促进协会的报告中用了“边际”一词，次年见诸文字。这是现代教科书所指意义上首批公开使用这个词的场合之一。

Ⅸ

埃杰沃思于 1887 年发表了一篇不知名的小册子，书名为《量度：测定概率和效用的方法》⑤。这本书肯定涉及效用，但在一定意义上它对埃杰沃思本人比对读者显得更重要。本书在今天的意义主要在于它在效用的测定上使用了概率，但也只有间接的意义。埃杰沃思这里所说的公理在他看来存在于概率和效用这两种课题之下，但对多数人来说就相当遥远了。在试图以费希纳的方法

① 《精神》，第 VI 卷（1881 年），第 583 页。
② 《确定金价变动的方法》，《统计学会杂志》，第 XLVI 卷（1883 年），第 714~718 页。
③ 《确定金价变动的方法》，《统计学会杂志》，第 XLVI 卷（1883 年），第 714 页。
④ 《不列颠科学促进协会第 57 次会议报告》（伦敦，1885 年），第 263~265 页。
⑤ 伦敦，1887 年。

测定效用以及考察个人之间的效用比较之前，埃杰沃思一直在摆弄这个公理①。他把概率和效用看作“姐妹科学”，【108】他认为“除非考虑它们之间的相互关系，否则就不能充分理解其特性”②。但他没有展开论述这种关系，因为其他人都没有发现在概率和效用之间有任何实际的或可能有的“一般类似性”和“局部的一致性”。其次，埃杰沃思到1887年又恢复了他的非常含糊不清的风格，可能因此而失去了大多数读者。埃杰沃思为《精神》杂志写了一篇上述著作的简短总结③；但没有任何人对他的小册子发表评论。他的整个讨论再次离开了经济学领域；一则他一般地研究效用，二则他关注的是对效用起作用的公理。这样，埃杰沃思就根本没有把他的研究同经济学文献的主体或边际效用联系起来，虽然这时他已熟知杰文斯、瓦尔拉斯和许多先驱者的著作。

X

1889年埃杰沃思被选为不列颠科学促进协会F组的主席，他在主席致辞一开头就要求大家回想一下25年前杰文斯在该组发表的论文，并说他打算“对我们的前人对杰文斯引进的数学方法所做的不利判断的公正性加以考虑”④。因为杰文斯的论文既讨论数学方法，又讨论边际效用，所以埃杰沃思也一起讨论这两者，但他只是对边际效用和价值问题的联系作了一个扼要地解释。他说：“我不想对马歇尔、西季威克和沃尔克各位教授在他们的广为人知的论文中以及阐明的问题详加评论，而只想对尼科尔森教授为《大不列颠百科全书》所写的论价值的文章稍加补充。”⑤ 埃杰沃思显然希望表明边际效用思想已经扩展到了整个经济学领域，所以他对这方面的先驱者均未提及。应当注意的是，在上述四人中只有马歇尔在1889年前对边际效用思想留下了一席之地。

---

① 参阅本章第IV部分。

② 埃杰沃思：《量度》，第1页。

③ 埃杰沃思：《测定概率和效用的方法》（《精神》，第XII卷〔1887年〕，第484~485页）。A. L. 鲍莱仅提到埃杰沃思关于效用和概率关系的次要说法。见鲍莱《埃杰沃思对数理统计学的贡献》（伦敦，1928年）中的一章：《统计概率和经济学的效用》。

④ 《不列颠科学促进协会第59次会议报告》（伦敦，1890年），第671页。

⑤ 《不列颠科学促进协会第59次会议报告》（伦敦，1890年），第671页。

尽管埃杰沃思不打算讨论效用问题，但他还是在演讲中断断续续地谈到了它。他提到的早期作者有【109】杜皮特、戈森、瓦尔拉斯和门格尔。他还提到了庞巴维克和威斯蒂德以及奥地利学派。埃杰沃思在这个公开的专业会议上全面地列举边际效用学派的各位成员的名字，此时这个学派已经不是作为什么新奇之物，而是经济学中已被认可的有价值的部分了。他的演讲标志着，经济学家只是在偶然场合作为一种革新而谈论边际效用思想的时期已经告终。

第十二章　克拉克

I

【110】边际效用史经常讨论到约翰·贝兹·克拉克，这不仅因为人们通常称赞他在美国传播了边际效用学说，还增加了一些观点，而且因为人们常把他视为边际效用学说本身的一位发现者，尽管晚于杰文斯、门格尔和瓦尔拉斯多年。把他看作边际效用论的一位独立发现者的说法，始于最初对他在经济思想史上的地位的完整阐述①。大多数近期的历史著作都重复了这个要求②。克拉克之子 J. M. 克拉克把关于他父亲的首创性的看法又向前推进了一步，他认为其父能够没有杰文斯的帮助而轻易地创立边际效用学说。

他说："如前所述，克拉克提出边际效用价值论虽晚于杰文斯和其他的首创者，但显然是独立的。古典经济学已经为该理论准备了若干资料；它在效用和交换价值的关系问题上留下了一种挑战，而且它在李嘉图的场合又遇到了这样一种劳动理论，该理论在李嘉图接受了劳动成本并非单独决定物品彼此交换比率的观点之后，又转变成了生产成本论。古典经济学还包含着合理量度效用的概念和边际方法，只需将两者结合在一起便可提出边际效用理论。"③

甚至维也纳经济科学协会在欢迎克拉克为名誉会员时也称赞他是"独立于其他探索者而发现这一新学说的人之一，该学说半个世纪以来已构成经济理

---

① 【240】汉尼:《经济思想史》（纽约，1911 年），第 521 页；吉德和利斯特:《经济学说史》（巴黎，1909 年），第 607 页注。

② 罗尔:《经济思想史》（再版，纽约，1942 年），第 467 页；贝尔:《经济思想史》（纽约，1953 年），第 527 页；哈奇逊:《经济理论评论，1870—1929》（牛津，1953 年），第 255 页。

③ J. M. 克拉克:《论克拉克》，见斯皮格尔:《经济思想的发展》（纽约，1952 年），第 605 页。

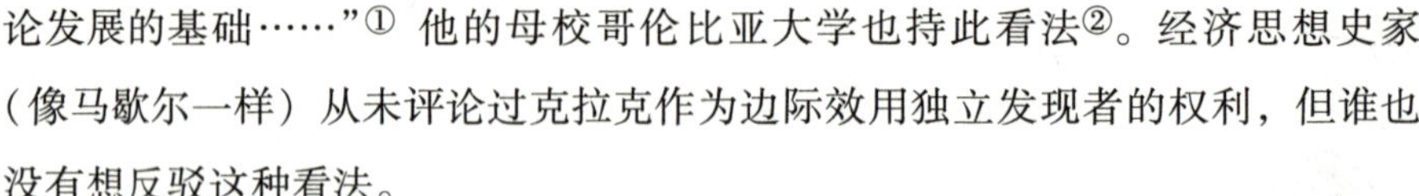
论发展的基础……”[①] 他的母校哥伦比亚大学也持此看法[②]。经济思想史家（像马歇尔一样）从未评论过克拉克作为边际效用独立发现者的权利，但谁也没有想反驳这种看法。

Ⅱ

让我们来解释一下这种无异议的权利，并从他的早期著作开始。【111】克拉克生于1847年，埃杰沃思生于1845年，马歇尔生于1842年，相隔不远。杰文斯的《理论》和门格尔的《原理》问世后一年（1872年），埃杰沃思正就读于牛津，马歇尔已任教剑桥，克拉克已从阿赫斯特毕业，赴德国进修经济学。1872年年底到1875年克拉克多半在海德堡，只有六周在苏黎世。在海德堡对克拉克影响最大的一位教授是卡尔·克尼斯[③]。尽管德国当时盛行历史学派（克尼斯就是该学派的一位主要成员），但海德堡和克尼斯都不可能一直阻止边际效用分析的发展；这不仅因为克拉克避开了克尼斯的影响，而且克拉克刚刚离开，维塞尔和庞巴维克就到了，他们向克尼斯的研究班提交了报告，从此开始了他们作为奥地利学派主要成员的生涯。克尼斯本人有几处提到他们，他在自己著作中加了一个涉及杰文斯《理论》的脚注，又在《历史观点的政治经济学》（1883年再版）中花了好几页篇幅解释瓦尔拉斯的《纲要》[④]。不过，他的兴趣是数学方法，而不是效用在经济分析中的作用。维塞尔向研究班提交的报告谈的是成本和价值的关系，庞巴维克的报告的内容是资本理论[⑤]，这些报告显然已受到门格尔《原理》的影响。传播边际效用经济学的这三位杰出人物在先后几年间都来到海德堡，这是令人瞩目的。

克拉克后来对克尼斯的影响看得也许过重了，他曾赞扬克尼斯向他提出了若干“建议”，说这些建议旨在指导他“发现一种单位，用于衡量财富的各种

① 【4】《克拉克回忆录》（私人出版，1938年），第21页。

② 《克拉克回忆录》（私人出版，1938年），第21页。

③ 托依尔：《克拉克的经济思想》，这是一篇经济学学位论文，1951年12月为部分地实现纽约大学博士学位要求而作，该文注意到（但不够）克拉克同边际效用的联系。参阅第15~16页。

④ 克尼斯：《历史观点的政治经济学》（布鲁茨威格，1883年），第500~107页。

⑤ 哈耶克：《弗里德利希·冯·维塞尔》，见维塞尔：《论文集》（廷伯根，1929年），第VIII页。

变量”①，但克拉克没有列出这些建议的内容，当然也就没有具体说明这些建议对他走上发现边际效用之路究竟起了什么作用。

Ⅲ

克拉克回到美国就教于卡尔顿学院之初就发表了他的第一篇经济学论文《财富的新哲学》②。这篇文章几乎全是谈效用概念的，但没有提及任何与边际效用类似的思想，没有显示出任何先驱者【112】著作的迹象；它讨论的是财富的性质。他的分析有意离开劳动价值论而偏向效用论，只能说是在效用理论方面作出了一个微弱的开端。没有迹象显示出他已认识到下述思想：如不了解边际效用对经济问题的意义，运用效用概念就不会得出什么成果。所以他要求作为边际效用论的独立发现者，是不能基于他最早的这篇文章所包含的对效用概念的运用的。另外，这篇文章无疑也表明克拉克没有从杰文斯、门格尔或瓦尔拉斯的研究中获益。

1887 年年底克拉克又发表了一篇涉及效用思想的论文，该文明显地显示出克尼斯的影响③。克拉克在此研究了人的本质，其前提是认为政治经济学把人看得“太机械”“太自私”“根本没有被各种高尚的精神力量团结在一起”，使人过分远离社会（而人不过是社会的一分子）④。与此相关，克拉克对“需求”做了长篇讨论，这讨论在许多方面同效用思想有关。他在解释需求的可满足性时最接近于考察到边际效用递减。他说，较低的需求可以全部被满足，较高的需求可以无限扩展⑤。这样，需求在这两种极端和含糊不清的场合都不会随着某人消费的增加而显著地下降，但在这两个极端之间的需求的强度会随

① 克拉克:《财富的单位》，见《政治学说：送给卡尔·克尼斯的生日礼物》（柏林，1896 年），第 1 页。庞巴维克在本书也发表了一篇文章，这样，除了五篇出自德国历史学派著名成员之手，还有两篇则出自对立的边际效用学派的同样著名的成员之手。

② 《新英格兰人》第 XXXVI 卷（1877 年），第 170~186 页。该杂志为联邦时代严肃的经济学文章提供了难得的发表机会，它后来变成《耶鲁评论》。在其早期阶段，神学兴趣起着很大作用（它还向神学研究班的学生们降价出售），这肯定使它偏向于克拉克的著作，因为克拉克起初是倾向于这个方向的。

③ 《政治经济学中未被认识的力量》，《新英格兰人》，第 XXXVI 卷（1877 年），第 710~724 页。

④ 《政治经济学中未被认识的力量》，第 712 页。克拉克这里发挥的思想在克尼斯著作中占有中心地位。参阅盖里:《卡尔·古斯塔夫· 阿道夫·克尼斯（1821—1898）》，《社会科学百科全书》，第 VIII 卷，第 580~581 页。

⑤ 《政治经济学中未被认识的力量》，第 714 页。

着用于满足的物品量的增加而降低。我们在这里发现了克拉克接近于边际效用递减思想的第一个表述："这种中间类型的需求可以无限扩展，但其强度会随着所供给物品的增加而降低，甚至趋向厌烦。首先满足的是比第二个物品的欲望强度更强的物品，对第二个的欲望强度比对第三个的更强，以此类推。每一次都能获得一些满足，但却是在递减的程度上。"①

克拉克还把他对需求的看法同消费者的购买即价格体系联系起来。他一开头就提出了下述公式：

"A，B，C，D，E=所需求的不同物品；

5，4，3，2，1=不同欲望的相对强度。"②

【113】这个表没有任何边际效用递减的意思，因为物品各不相同。克拉克假定它适用于所有的消费者，并调节着它们的购买次序。假定价格不允许所有物品被所有的人所消费，则价格必定下跌，下跌的程度取决于物品的特点。

克拉克这两篇文章充其量不过是答应进一步研究边际效用。第二篇与第一篇一样，一直让效用或需求占据着舞台的中心。他根本没有表现出对边际效用论的早期作者（特别是杰文斯、门格尔和瓦尔拉斯）有任何直接或间接地了解。他讨论时用的是"需求"或"欲望"而不是"效用"，这反映了德国文献的一些特点（就其在早期经济学家著作中有一定渊源的限度内）。

Ⅳ

四年后克拉克再次论及效用问题，而在此期间他一直致力于研究社会主义、共产主义和商业伦理这些更令人关心的课题③。他要求承认他是边际效用早期独立发现者的文章还是发表在《新英格兰人》上（1881 年 7 月），题为《价值的哲学》④。他说该文缘起于对价值文献的不满，他在文章开头抱怨说："可以肯定，在对这个已做了十分详尽研究的问题所写的全部东西中，对事情的真正性质的表述还未发现。"⑤ 他在接下来的段落中重申了这个观点，他说：

---

① 《政治经济学中未被认识的力量》，第 714 页。

② 《政治经济学中未被认识的力量》，第 714 页。

③ 《克拉克著作目录：发表在报纸杂志上的文章》，见《纪念克拉克经济论文集》（纽约，1927 年），第 339 页。

④ 《新英格兰人》，新编，第 IV 卷，第 457~469 页。

⑤ 《新英格兰人》，新编，第 IV 卷，第 457 页。

"如此大量文献……（读者）尽可耐心阅读，而他对价值为何物仍不得而知。"①他在文章结尾中说："想要从经济文献寻找令人满意的关于价值的普通公式，那是枉费心机。"② 克拉克不曾指出"大量文献"是指那些，本文未指出，他的其他文章也未指出。他很想看到一部相当完善的图书目录。【114】他的文章也确实表明他对价值问题的文献并不熟悉，他只是间接地提到了这些文献，但对其中新的有希望的文献完全不熟悉。

克拉克首先试图把"社会"同价值问题联系起来，这是他关于效用的著述同其他同时代人著述的一个重要区别；这个意向后来吸引了其他美国经济学家，而且有助于辨别美国学派和奥地利学派③。克拉克学说的这个特点无疑可以追溯到他在德国的学习期间；上述思想在德国有长久的历史，而且在其老师克尼斯的著作中起着重要作用④。在提出关于社会和价值的关系的新观点之后，克拉克考察了效用和价值的关系。他从亚当·斯密关于钻石和水的反论开始，接着指出答案在于边际效用思想。以下是他对这个发现的全部陈述：

"现在我们必须作出一种区分，就我所知，这种区分过去从未应用于政治经济学，但是我希望指明，对于在这个科学领域的明确论证来说，某种区分是绝对需要的……

"这种估价方式给出的东西可以称为绝对效用，就空气而言，它无限大；这种估价方式给出的另一种东西可称为有效效用，在空气的场合，它并不存在。有效效用是改变我们主观条件的能力（在实际环境之内），它在心理上是用某种假设我们占有并预计要被毁灭的某种东西，或是我们还没有得到的某种东西来衡量的。

"这不就是政治经济学应当加以研究的效用（指有效效用——译者注）吗？而人们一直在研究的却是绝对效用。对不同性质的东西不加区分，对任何哲学来说难道不是毁灭性的吗？"⑤

克拉克在这里比其他人更有力地强调了区分边际效用和总效用的意义。他的基本要求（作为边际效用的独立发现者并认识到它的意义）的依据正在这

① 《新英格兰人》，新编，第IV卷，第457页。

② 《新英格兰人》，新编，第IV卷，第358页。

③ 安德森：《社会价值》（波士顿，1911年）。

④ 盖里：《卡尔·古斯塔夫·阿道夫·克尼斯（1821—1898）》，《社会科学百科全书》，第VIII卷，第580页。

⑤ 克拉克：《价值的哲学》，《新英格兰人》，新编，第IV卷（1881年），第461~462页。

里。他特别强调的是第一句，即他不知道有哪位经济学家曾经做出这种区分。

克拉克的分析从衡量空气的边际或有效效用这一简单例证开始。这种情形之所以简单，是因为空气没有边际效用。然后他研究【115】更复杂的情形（饮水）下边际效用的衡量问题。这之所以更复杂，是因为饮水有一定的边际效用。把某人的一杯水拿走，他的满足就减少了，这可能因为“遭到无水之苦”，也可能因为“替代物不合格”①。效用在此显然不是被直接衡量的，而只是经由难易和从替代品所得到满足的可能减少来衡量的。

克拉克把上述论证应用于更重要的一类物品，即任何人在市场上购得的各种物品。他在这里也没有直接衡量边际效用。他举例说：“拿走一件上衣减少了所有者的享乐，这不是由于他有这件上衣或是没有这件上衣所带来的，而是由于他有这件上衣时所带来的享乐量，同由于替代它（替代品可能完全有用，也可能不完全有用）所必然受到的损失之间的差别造成的。”② 克拉克的做法比坚持直接衡量边际效用的做法要好，他没有图方便而引进早期经济学家提出的“损失法”。不过，与此同时，考虑到替代品的不完善性，我们只能这样来理解他的思想，即任何物品的边际效用应以个人货币收入的边际效用来衡量，因为货币的边际效用必定取决于物品的边际效用，而不是相反。

V

克拉克于1886年出版了他的第一部著作《财富的哲学：新经济学原理》③。本书的一章就是他1877年的论文（没有做实质性修改）；他还收进了1877年发表在《新英格兰人》上的两篇文章，这两篇文章反映了他早期对价值和效用的部分看法，但做了较多的改动和调整。亚当斯在评论该书时指出了克拉克和杰文斯的相似。他说：“对熟悉杰文斯教授的人来说，这一章没有什么新东西；但是赞成杰文斯教授的人还为他的观点再次变得引人瞩目而感到高兴。”④ 亚当斯的说法无疑使克拉克感到震惊，【116】他在再版前言中用了大半篇幅否认他依从于杰文斯的任何说法，坚持认为他的思想的独立性。

---

① 克拉克：《价值的哲学》，《新英格兰人》，新编，第IV卷（1881年），第463页。

② 克拉克：《价值的哲学》，《新英格兰人》，新编，第IV卷（1881年），第463页。

③ 克拉克：《财富的哲学》（波士顿，1886年），再版前言注明日期为1887年2月2日。他在再版只改写了一段（第83~84页），这一段谈的是“社会的价值”，并没有改变其含义。

④ 亚当斯，《政治科学季刊》，第I卷（1886年），第688页。

克拉克说："我同意一个善意评论所提出的看法，即本书第5章提出的价值理论同杰文斯教授的理论有一定关系。但我的理论是在很久以前独立地得出的，我的理论在以下两方面同杰文斯教授的理论相一致：即在效用和交换价值之间建立一种更紧密联系的一般要素上，以及把效用作为心理测定的对象上。在更特殊的各点上，我的理论同他的理论类似，但并不完全一致。所有这些都未加改动地予以发表。该理论（我仍坚信那是我自己的理论）的特征在于：价值在其各种形式上同效用尺度相一致；绝对效用与有效效用的区分；分析了社会作为一个有机整体在市场估价过程中所起的作用。"①

克拉克在1927年给迈亚基马教授的一封信中，对他的边际效用观点和杰文斯的观点之间的差别作了进一步解释②。在克拉克看来，杰文斯设想的是：个人增加消费，而消费的"最后的"或"最终的"增量，就是在价值判断中要估价的量。相反，克拉克想象的是，某物品的全部数量已在某人掌握之中，个人必须依据为了替代他供给的任何部分所缺乏的东西来估价其价值。不过这两种估价过程（一个是个人已经获得他的物品储量，另一个是个人预期获得某种物品储量）之间的差别对结果显然没有实质性影响。克拉克同意这一点。他在结束对自己理论的描述时说："它等于是一种**最后效用**理论，不过形式有所不同。"

克拉克后来著作的一些征兆表明，他认为他的早期经济理论与杰文斯、门格尔和瓦尔拉斯理论的区别比实际的差别还要多些。他为此所做的解释在一定程度上是基于如下的事实，即他确实没有认真阅读过杰文斯、门格尔和瓦尔拉斯的书，即使在他知道了他的著作同他们的著作相类似以后也是如此。这也就是说，他根本不知道人家写了些什么。能说明这一点的间接证据是，克拉克在他后来的著作中根本未提及三人中的任何一人，除了否认他在1881年前已读过他们的书之外。我们还可以注意到，很了解他的人指出，由于合乎情理的理由，他几乎什么也没有读。约翰逊说："他的身体很不好，他能用于研究的一些时间【117】多半用在解释具体事实和加工他自己的理论体系。吉丁斯教授有一次告诉我，翻译维塞尔和庞巴维克的伟大著作时，起初想让克拉克也参与其事，因为他们的著作同克拉克自己的体系是非常相似的。但这没有办到。克拉克若干年后才读了这些著作，而且对他的立场和奥地利学派的立场的差别并

① 克拉克：《财富的哲学》（再版，波士顿，1887年），第VII页。

② 多夫曼：《美国文明中的经济人》，第III卷，纽约，1949年版，附录III。

不很感兴趣。”① 克拉克的力量显然来自他自己的思想，他显然也没有从其他经济学作者的著作中受益或受到鼓励。他的这种个性支持了下述说法：当他刚开始写效用和价值问题时，对边际效用学派的三位奠基人在此问题上所写的一切确实毫无所知。

从《财富的哲学》再版到1892年，克拉克没有再回到边际效用和价值理论的关系问题上，在此期间边际效用学派赢得了国际声誉。克拉克本来有一个很好的机会来评论边际效用，因为他准备了一篇很好的评论马歇尔《原理》的文章，但他没有利用这个机会，一次也没有把“效用”一词引进他的讨论。② 克拉克在后来若干年对边际效用价值论增加了许多新的修正。

① 【242】约翰逊:《约翰·贝兹·克拉克》,《美国经济评论》，第XXVIII卷（1938年），第427页。

② 《马歇尔的经济学原理》,《政治科学季刊》，第VI卷（1891年），第16~151页。

第十三章　威斯蒂德

Ⅰ

【118】马歇尔、埃杰沃思和克拉克对运用边际效用的优先权均有某种要求，但菲力普·亨利·威斯蒂德则有所不同，他在边际效用学史上多半是一位门徒，而且主要是作为教师而闻名，他在19世纪80年代曾对许多人很好地运用边际效用学说作出了贡献。

我们不知道最初是什么因素引起了威斯蒂德对杰文斯《理论》的注意。威斯蒂德于1874年来到伦敦[①]，任小波特兰街唯一神教教会牧师20多年。杰文斯于1876年来到伦敦，比威斯蒂德晚来2年，一直在此住到去世（1882年）。他们都住在伦敦期间（1876—1882年）可能有些来往，但没有什么材料可以说明这些来往的性质。事实上他们在进入大学学院前的许多年间已有不少来往。罗宾逊说，威斯蒂德在1882年买了一本杰文斯的《理论》（再版），“在几乎每一页上都加了边注，说明他对杰文斯的理论做了多么深入和广泛的思考”[②]。也许这就是他对杰文斯经济学的最初一瞥；此后不久（1884年）就出现了威斯蒂德的第一篇经济学著述。

Ⅱ

威斯蒂德最初是在一个名为“经济圈”（The Economic Circle）的团体发

① 【242】关于威斯蒂德的生平详情，可参看C. H. 赫弗德：《菲力普·亨利·威斯蒂德的生平和著作》（伦敦，1931年）。该书还收入了L. 罗宾逊赞扬威斯蒂德经济学的文章（第228~247页），重印自《经济学》，第X卷（1930年），第245~258页。

② C. H. 赫弗德：《菲力普·亨利·威斯蒂德的生平和著作》（伦敦，1931年），第229页。

表他对杰文斯著作看法的，该团体在传播边际效用思想从而在19世纪80年代英国经济思想史上起过重要作用。可惜其历史详情至今不明，为数不多的资料也散失了。他的所有成员已不在人世，也没有发表任何有关的重要史料。这个团体最初几年同当时的非国教的“贝德福德教堂辩论学会”有联系，该学会的发起人是S. A. 布鲁克牧师，他在80年代初【119】退出英国国教还曾引起相当大的轰动。至少，贝德福德教堂辩论学会的一些成员也属于这个“经济圈”①，他们是悉尼·韦伯，伯纳·肖，格拉斯·瓦拉斯，亨利·比顿。

赫弗德曾提到布鲁克，他说：“布鲁克本人（在贝德福德教堂）现在也表现出同样的异端征兆，而他（威斯蒂德）为了避难已经转到布鲁克的教堂。在曼彻斯特学院就读于他名下的青年人中，一些思想敏锐的人也在探讨亨利·乔治的学说。这是重要的，因为事实上我们正是把‘经济圈’的基础归于他们的首创精神……”② 曼彻斯特学院的这批思想非正统的学生受到亨利·乔治新近在伦敦多次演讲的激励，大都具有社会好奇心。他们从一开始就得到威斯蒂德的指导，而威斯蒂德（按赫弗德的说法）“作为一种回报，也要求他们为此而掌握杰文斯提出的数学分析工具”③。赫弗德指出了几位曼彻斯特学院学生的名字，但其中无人同我们这里所谈的问题有关。

比顿于1884年3月成为这个“经济圈”的成员。该团体成员第一次遇见比顿是在“哈姆斯蒂自由俱乐部”的一次会议上。比顿和威斯蒂德在会上称赞了亨利·乔治④。这次会议标志着“比顿和威斯蒂德终生友谊的开端”⑤，它还标志着边际效用思想传播的一个里程碑，因为比顿以许多方式给予威斯蒂德大力支持。比顿在经商上取得了很大成功，他是伦敦证券交易所的成员，他在19世纪80年代草创电器工业方面起过积极和有益作用。他晚年迁出伦敦，并转向农业研究，不过他还总是有时间和办法撰写有关复本位制的小册子，他

---

① L. P. 杰克：《斯道弗德·布鲁克的生平和通信》（伦敦，1917年），第II卷，第359页。杰克还提到贝德福德教堂辩论学会的其他成员：威廉·克拉克，威廉·柯林斯爵士，弗兰克·奈特，米契尔·戴威特，哈伯特·鲍洛斯和约翰·缪赫。威廉·克拉克曾说“辩论学会通常由布鲁克先生主持，而我是一个忠实的参加者……”见其文章：《S. A. 布鲁克》，《新英格兰杂志》，第III卷（1890），第239页。杰克还引证了（第378页）布鲁克提到比顿的一封信（1886年1月29日）。

② 赫弗德：《菲力普·亨利·威斯蒂德》，第205~206页。

③ 赫弗德：《菲力普·亨利·威斯蒂德》，第206页。

④ 福克斯威尔早在1879年即已认识比顿，当时比顿已经参加了福克斯威尔在哈姆斯蒂举办的一些进修课程。参看A. G. D. 福克斯威尔：《H. S. 福克斯威尔：一副肖像》，《商业和经济学克瑞斯图书馆》（波士顿，1939年），第8页。

⑤ 赫弗德：《菲力普·亨利·威斯蒂德》，第207页。

热心操办经济学家这个协会的活动①。博纳说，他“是那些影响大于名声的人之一”②。

Ⅲ

1884年10月，“经济圈”再次得到了加强：它的会议转到比顿的宅第举行；【120】成员也增加了，其中有哈伯特·萨默顿·福克斯威尔，弗朗西斯·西德罗·埃杰沃思，悉尼·韦伯。③ 威斯蒂德继续“作为一位热心的研究者，他现在发现了一个难得的机会，可以紧紧地把握国内经济问题的核心”。④ 同年同月威斯蒂德发表了他的第一篇经济学文章，刊登在马克思主义社会民主联盟的机关刊物、宣传性杂志《今日》上⑤。

这篇文章试图反驳马克思主义经济学的基本点即剩余价值理论，反驳的依据是，物品的价值不取决于生产它所使用的劳动量，而取决于它的边际效用。威斯蒂德在反驳马克思时使用了杰文斯的方法，他说：“对这个问题所提出的完整而确切的答案使杰文斯的名字永垂不朽，我在本文所做的，就是把杰文斯交给我们的这个有效的研究工具用于解决我们讨论的各种问题。”⑥ 他花在研究杰文斯著作上的两年时间终于结出了果实。

威斯蒂德反驳马克思的理由如下：商品和劳动的价值均取决于劳动的边际效用，更准确地说，取决于劳动产品的边际效用。关键之点仍然在于依照边际

① 博纳：《讣告：亨利·瑞米·比顿》，见《皇家统计学会杂志》，新编，第XCVII卷（1934年），第693~694页。比顿的著作显然限于1894—1895年出版的三本有关复本位制的小册子：一是《对舍勒先生反对复本位制的文章的评论》（1894年，7页），有关该问题的另一篇论文的题目是《比顿先生对舍勒先生反对复本位制的论文的评论，以及舍勒先生的答复》（1894年，10页）。二是《货币改革形势》（1894年，48页）。三是《复本位制：它的利弊》（1895年，24页）。

② 博纳：《讣告：亨利·瑞米·比顿》，见《皇家统计学会杂志》，新编，第XCVII卷（1934年），第693~694页。

③ 赫弗德：《菲力普·亨利·威斯蒂德》，第207页。

④ 赫弗德：《菲力普·亨利·威斯蒂德》，第207页。

⑤ 威斯蒂德：《资本论：批评》，见于《今日：科学社会主义月刊》，新编，第II卷（1884年），第188~409页。该期刊1883年创刊，1889年转为《国际评论》，但后者只出了3期。下述重印本使读者易于看到威斯蒂德的这篇文章，乔治·伯纳·肖的答复以及威斯蒂德后来的反应：赫弗德的《菲力普·亨利·威斯蒂德》附录II；威斯蒂德：《政治经济学常识和对经济学理论的论文和评论选》，L.罗宾斯编并序（伦敦，1933年），第II卷，第705~733页；《伯纳·肖和卡尔·马克思：论丛，1884—1889》（纽约，1930年），第11~99页。引用页码均依照《今日》。

⑥ 威斯蒂德：《资本论：批评》，见于《今日：科学社会主义月刊》，新编，第II卷（1884年），第399页。

效用论，物品的价值和劳动的价值绝不会同生产它们所用的劳动量趋于一致，这是不言自明的。而按照劳动价值论它们却是一致的。它们的价值（依照边际效用论）不相符合，除非假定劳动能流入物品的生产，或能流入劳动的生产，但这是不可能的，除非“有可能蓄奴”①。对于强调边际效用（而不是劳动成本）价值论和反驳马克思来说，这些说法是远远不够的，因为只要物品和劳动的价值仍然同生产它们所需要的劳动量成比例，马克思的剩余价值理论就依然能站得住；威斯蒂德对马克思的反驳在于表明，这种比例性只在例外场合才成立。威斯蒂德以其引进的边际效用的方法，可能对马克思的全部学说（不仅是剩余价值理论）投下了阴影，因为马克思的整个价值论和“科学社会主义”都是建立在劳动价值论之上的。

Ⅳ

【121】威斯蒂德的文章激怒了马克思主义者，特别是其领导者亨利·迈耶尔·赫德曼。赫德曼尽管没有答复威斯蒂德，但他一生都致力于诋毁杰文斯和边际效用学说②。对威斯蒂德的回答最终来自一位热诚而年轻的社会主义者乔治·伯纳·肖。他的回答是在些许踌躇并意识到无论那位社会主义朋友和熟人也没有他对此问题懂得更多之后做出的。“他后来说：‘我读了杰文斯的书，绞尽脑汁去猜想他的混乱不堪的微分法究竟意味着什么，因为我就像一头猪不懂节假日一样不懂微分学。’”③ 若干年后，他又写道，他的答复“对一种谎言来说并不错……”④。他在答复接近末尾时抱歉地表示：“位于供给边际上的效用，杰文斯语言的模糊不清以及讨论课题的极不通俗，迫使我强烈地反对威斯蒂德先生，而不是去彻底分析和讨论他的有趣的贡献。”⑤

同反对威斯蒂德立场的一些小的争论相比，伯纳·肖并不想走得更远。他

① 威斯蒂德：《资本论：批评》，见于《今日：科学社会主义月刊》，新编，第Ⅱ卷（1884年），第408页。

② 特别参看H. M. 赫德曼：《最终效用的最终无用》，见国民自由俱乐部：政治经济学组：《演进》（伦敦，1895年），第Ⅱ卷，第118~133页。重印于海因德曼：《社会主义经济学》（第XI章）（波士顿，1921年）。

③ 【243】亨德森：《乔治·伯纳·肖的生平和著作》（辛辛那提，1911年），第56页。

④ 皮斯：《费边社会主义史》（伦敦，1916年），第261页。

⑤ 伯纳·肖：《杰文斯主义者对马克思的评论（对威斯蒂德评论文章的评论）》，见《今日：科学社会主义月刊》，新编，第Ⅲ卷（1885年），第26页。本章脚注12指出了这篇文章的更易看到的重印本。

公开表示“他一点也不想在这里保卫马克思而反对威斯蒂德”①。肖甚至认为马克思在未出版的《资本论》中可能对杰文斯的效用理论做了大量研究，这种情况可能使对马克思的任何维护以及对威斯蒂德的反驳都归于无效。他还认为，把马克思放在“标准的英国学派（亚当·斯密，李嘉图，穆勒和加尼斯等人）一边”这个特点，促使他“反对古尔诺、杰文斯瓦尔拉斯、马歇尔教授和埃杰沃思……”②。肖把这整个争论看作是社会主义者的内部争论，认为它“似乎……有重大意义，因为在这场争论中，社会主义者（完全没有停止作为社会主义者）迅速地分化了……”③，肖承认他的经济学知识不足以应对这种争论。他又说，他“不是数学家，不足以驳倒运用杰文斯方法的威斯蒂德先生”④。难怪肖直接反驳效用论的某些段落难以使人信服（尽管他做了种种谦逊的表示）。实际上，我们感到怀疑的是，他在准备这个回答时究竟在多大程度上明确希望反驳威斯蒂德，又在多大程度上准备保持对马克思的信仰。当然，他说过“我不在乎【122】承认我的一部分看法会被抛弃，如果这个攻击被打退，李嘉图劳动价值论的清澈溪流陷进泥潭的话。已故的杰文斯提出，从数量上来说，这种模糊不清的东西除了用微分法表述为无限小量以外，什么也不是”⑤。但是，看来肖对这样的社会主义者已经感到厌烦了：这些人“经常在马克思说过的问题上，或者他们以为马克思说过的问题上，在价值问题上，进行不能容忍的教条化……”⑥ 如果肖还没有转到威斯蒂德一边的话，他何以会说：“在我看来，在引导立即或稍后一些时候向集体主义的经济城堡发起攻击方面（我已经）……尽可能地写作和明智的行动了?”⑦ 除去那些离题之谈而外，肖的文章确实没有什么有利于马克思劳动价值论的东西，也没有多

① 伯纳·肖:《杰文斯主义者对马克思的评论（对威斯蒂德评论文章的评论）》，见《今日：科学社会主义月刊》，新编，第 III 卷（1885 年），第 23 页。

② 伯纳·肖:《杰文斯主义者对马克思的评论（对威斯蒂德评论文章的评论）》，见《今日：科学社会主义月刊》，新编，第 III 卷（1885 年），第 22 页。

③ 伯纳·肖:《杰文斯主义者对马克思的评论（对威斯蒂德评论文章的评论）》，见《今日：科学社会主义月刊》，新编，第 III 卷（1885 年），第 23 页。

④ 伯纳·肖:《杰文斯主义者对马克思的评论（对威斯蒂德评论文章的评论）》，见《今日：科学社会主义月刊》，新编，第 III 卷（1885 年），第 23 页。

⑤ 伯纳·肖:《杰文斯主义者对马克思的评论（对威斯蒂德评论文章的评论）》，见《今日：科学社会主义月刊》，新编，第 III 卷（1885 年），第 22 页。

⑥ 伯纳·肖:《杰文斯主义者对马克思的评论（对威斯蒂德评论文章的评论）》，见《今日：科学社会主义月刊》，新编，第 III 卷（1885 年），第 22 页。

⑦ 伯纳·肖:《杰文斯主义者对马克思的评论（对威斯蒂德评论文章的评论）》，见《今日：科学社会主义月刊》，新编，第 III 卷（1885 年），第 22 页。

少反对杰文斯最后效用论的话。

肖显然认为他发现了威斯蒂德和杰文斯完全以效用解释价值这种观点的弱点。他认为他们应当把成本也包括在内。这表明他显然拒绝或不理会他们对成本通过影响供给从而影响效用的解释。他为此举例说，假定有这样一个世界，每人都拥有他在某一特定时刻能够消费的全部牛肉，这样，牛肉的价值就是零。在这种条件下，肖作出结论说："牛肉的效用也是零；精选的里脊肉也没有价值，好比在天堂一样，而不管生产它们花费了多少劳动。因此效用显然是价值的一个条件。"① 到此为止，肖所发现的东西是有利于杰文斯和威斯蒂德的。现在，肖假定在某个共同体中人人都变得如此饥饿，以致牛肉的效用"从无（升）到一切"，结论是，在这些条件下价值将不会有相当大的提高，而是仅仅提高到"放养、屠宰、烹调所花成本的水平，不会更高"②。否则就无人愿意支付这种高价，宁可"自己放养、屠宰和烹调了"③。

他对杰文斯主义者关于价格会同边际效用成比例的命题作了过于严格的解释，并错误地以为下述垄断价格歧视的例证不符合于杰文斯或威斯蒂德的结论："对于半打因干渴而垂危、但拥有不同财产的旅游者来说，几口水就具有相等的效用；【123】但是控制水的年轻杰文斯主义者会为每一口水索要不同量的商品。"④ 他还发现边际分析的一个弱点，即在个人时常不想消费所有物品的情况下，价格便不能等于边际效用。这个"家用圣经和一打白兰地"的例子来自威斯蒂德："即使威斯蒂德先生突然厌烦圣经而变成了一名酒鬼，它们的价格既不会提高也不会降低一个法新（货币单位——译者注）。此外，他的一位从不沾酒的邻居也许会为一本圣经而支付比购买一桶酒更多的货币；而一个嗜酒者则愿意以一打圣经去交换一瓶白兰地，如果交换比例由商品效用决定的话。但是，就像雨落在谁头上都是一样的，圣经和白兰地的价格对威斯蒂德和他的邻居也无二致，尽管效用对它们各有不同。"⑤ 杰文斯已经打算修改

① 伯纳·肖：《杰文斯主义者对马克思的评论（对威斯蒂德评论文章的评论）》，见《今日：科学社会主义月刊》，新编，第 III 卷（1885 年），第 24 页。

② 伯纳·肖：《杰文斯主义者对马克思的评论（对威斯蒂德评论文章的评论）》，见《今日：科学社会主义月刊》，新编，第 III 卷（1885 年），第 24 页。

③ 伯纳·肖：《杰文斯主义者对马克思的评论（对威斯蒂德评论文章的评论）》，见《今日：科学社会主义月刊》，新编，第 III 卷（1885 年），第 24 页。

④ 伯纳·肖：《杰文斯主义者对马克思的评论（对威斯蒂德评论文章的评论）》，见《今日：科学社会主义月刊》，新编，第 III 卷（1885 年），第 26 页。

⑤ 伯纳·肖：《杰文斯主义者对马克思的评论（对威斯蒂德评论文章的评论）》，见《今日：科学社会主义月刊》，新编，第 III 卷（1885 年），第 25 页。

他原有的体系以便把个人一点也未消费的情况考虑在内。

肖要求威斯蒂德作答，而答复很快就来了，而且较短。威斯蒂德重申了他第一篇文章的重要性，即试图说明马克思体系的基础是“不牢靠的”①。威斯蒂德对肖是有礼貌和很尊敬的。他心平气和地看待这个论据：成本像效用一样地影响着牛肉的价格。他指出：“那也只是通过生产更多的牛肉，从而同时增加它的总效用和降低它的边际效用，通过提高牛肉制作的质量，才能对价格发生影响。”② 他回避了在“敲竹杠的年轻人”的场合可能出现的问题，但他指出消费者剩余会被一些旅游者享受；他未谈不可分割的物品的情况，也未涉及与这些物品和边际效用比例有关的困难，“家用圣经和一打白兰地”的例子就是如此。

V

同威斯蒂德的交往促使肖加入了隔周一次在比顿先生家中聚会的“经济圈”。有一位成员对伯纳·肖作了这样的描述：【124】“他的头发和胡子发红，他身着灰装（大多同伴都穿晚装）。他站着同威斯蒂德和大家谈话，言语之间不时流露出睿智和十足的趣味。他说：‘大家对选择谈论得很多了；假定要你们像我一样每晚上床之前在一盆炉火和一顿剩饭之间作一选择，你们一定知道该选择那一个’。至于曲线，则随着某个人对市场的控制而使供给和需求曲线少之又少。他本人在过去 12 个月中仅仅挣了 100 英镑，而我们的老板（他有一副刚毅的富于曲线的脸）则可以得到 10 000 英镑。他在同伴们的苦笑声中解释着自己的观点，黑板上不时映出他的身影。”③

肖说他自己进入这个圈子以后“就像凶神恶煞那样一直抓住它不放，直到这个圈子后来成为‘皇家经济学会’，创办《经济杂志》，比顿的客厅不能再容纳为止”④。

肖加入这个圈子时，其主要成员有威斯蒂德、埃杰沃思、韦伯、福克斯威

---

① 威斯蒂德：《对马克思的杰文斯主义批评：一个答复》，见《今日：科学社会主义月刊》，新编，第 III 卷（1885 年），第 177~179 页。参看本章脚注 12。

② 威斯蒂德：《对马克思的杰文斯主义批评：一个答复》，见《今日：科学社会主义月刊》，新编，第 III 卷（1885 年），第 177 页。

③ 赫弗德：《菲力普·亨利·威斯蒂德》，第 208~209 页。

④ 汉德森：《伯纳·肖：花花公子和预言家》（纽约，1932 年），第 223 页。

尔和比顿。当时已加入或不久加入的其他成员，据哈罗德说，有埃斯利和布鲁克①。埃斯利是个艺术家，为威斯蒂德画过像，还做了一副蚀刻画，表现他邀请“经济圈”成员观看这幅画像的情景。汉德森（肖的传记作者）还加上了马歇尔、坎宁安、阿米塔奇·斯密等人②。同前面提到的成员相比，“经济圈”对后面这些人的影响较小。坎宁安的著作未显示出“经济圈”的影响。马歇尔没有住在伦敦，受的影响也不大。阿米塔奇·斯密1892年曾为伦敦学会的大学函授讲课，他发现边际效用在该课程中没有多大用处③。他在两年后的另一课程中特意提到了效用④。

“经济圈”的聚会先后有五年之久，它在利用边际效用理论方面起了重要作用，但在确定日后经济研究的路线方面的作用较小。我们可以列举出一些特殊的结果，它们在一定程度上是从这个“经济圈”的讨论中得出来的，这些结果是：采纳杰文斯经济学，而没有采纳费边社所主张的马克思主义经济学；组织不列颠经济学会和【125】后来的（1890）皇家经济学会；创立青少年经济俱乐部和后来（在伦敦大学）的经济俱乐部；威斯蒂德的《经济学入门》于1888年问世。让我们对它们逐个加以考察。

Ⅵ

费边社的前身“新生活联谊会”于1883年10月24日开始活动，比“经济圈”首次聚会稍早⑤。该联谊会的一部分成员心怀不满，他们在马克思著作的影响下于1884年1月4日聚会成立了独立的组织“费边社”。

乔治·伯纳·肖初次参加费边社的会议是在1884年5月16日，1884年9月5日他被选为该社成员，1885年1月2日他又被推举为常设局成员。在他成为一名成员和进入常设局之间的期间，他同威斯蒂德就马克思著作进行了争论，而且开始参加“经济圈”在哈姆斯蒂德的会议。

肖在“经济圈”的出现标志着这个圈子同费边社的最初联系，其他的联

① 赫弗德：《菲力普·亨利·威斯蒂德》，第210页。
② 汉德森：《乔治·伯纳·肖的生平和著作》，第158页。
③ 阿米塔奇·斯密：《社会经济问题演讲摘要（对社会主义若干经济方面的讨论）》（伦敦，1892年），第9页。
④ 阿米塔奇·斯密：《财富生产和分配12讲择要》（伦敦，1894年），第5~6页。
⑤ 皮斯：《费边社史》，第28页。

系是随着费边社选举韦伯（1885 年 3 月 20 日）和瓦拉斯（1886 年 4 月）作为成员时开始的。这三个人还有另外一个聚会的场所——哈姆斯蒂德历史学会。这个学会开始于 1884 年底和 1885 年初……对这些抱负不凡的费边社分子来说，该学会是一个彼此共进的学会，他们要求阅读、注解、研究、消化和理解马克思和普鲁东的学说①。杰文斯的精神在这里也有所显现，因为肖写道，他们曾争论花瓶的价值决定于“制作边际的生产成本还是花瓶的‘最后效用’”②。他们也是隔周一次会议，与“经济圈”交叉进行。

威斯蒂德在“经济圈”的出现，促使肖把杰文斯的边际效用经济学带进费边社。肖说他自己已经倒向“威斯蒂德一边，成了一名自信的杰文斯主义者，为杰文斯理论的精巧和优雅所迷恋；由于具有这种特点，该理论才能适应【126】以往经济学家（包括马克思在内）所涉及的一切场合，为各种笨拙的区分（使用价值、交换价值、劳动价值、供给和需求价值等）找到了出路”③。伯纳·肖虽然掌握和了解了杰文斯经济学的核心，但由于他不大懂初等数学，所以一定漏掉了其中的许多细节。直到 1887 年肖还说他不理解“2a+3b”之类的说法会有什么意义④。

肖于 1886 年和 1887 年在《保罗·迈尔》报上发表了两篇论及边际效用的文章。他在 1886 年 5 月 29 日还曾撰文评论《杰文斯通信和日记》⑤。肖在发表于该报的第三篇文章中说：“赫德曼不合时宜的吹毛求疵的非难使我感到恼怒，以致我在《保罗·迈尔报》上的一封信中（1887 年 5 月）粗暴地攻击了他。”⑥ 赫德曼和比桑特夫人卷进了这场讨论⑦。

肖把他关于杰文斯和边际效用的知识积极用于实践，这在马克思《资本论》第一卷于 1887 年译成英文时反映出来。他说：“容许公众相信社会主义，

---

① 汉德森:《伯纳·肖：花花公子和预言家》，第 163 页。“汉普斯蒂德历史学会”的皮斯把它的起始日期定在“1885 年或 1886 年初”（《费边社史》，第 64 页）。

② 汉德森:《伯纳·肖：花花公子和预言家》，第 163 页。

③ 皮斯:《费边社史》，第 261 页。

④ 汉德森:《伯纳·肖：花花公子和预言家》，第 221 页注。

⑤ 《保罗·迈尔报》，1886 年 5 月 29 日，第 5 页。

⑥ 《吓唬这种价值理论》，见《伯纳·肖和卡尔·马克思：1884—1889 年论丛》，第 182 页。

⑦ 汉德森:《乔治·伯纳·肖的生平和著作》，第 164 页。他列举了发表于《保罗·迈尔报》上关于效用的文章的书单（见上述著作，第 65 页注）:《马克思和现代社会主义》（1887 年 4 月 7 日），第 3 页；赫德曼的回答（5 月 11 日）；肖的回答：“家里的社会主义”（这个标题无疑表示了编者的嘲笑）（5 月 12 日），第 11 页；赫德曼的回答（5 月 16 日），第 2 页；比桑特夫人的文章（5 月 24 日），第 2 页。

或甚至相信马克思本人的历史社会观的危险是否成立，以他论价值的各章为转移。”① 肖在《国民改革者》中进一步发挥了他的评论②。其中第一篇突出了马克思的力量，因为他把资本主义看作是一种过时的社会条件，而且相信人的平等。肖希望“在以后的文章中研究马克思的错误，这些错误几乎像摩西的错误一样可能在不久的将来的争论中结出成果”③。

肖对马克思《资本论》第二篇连载评论几乎全是批评马克思由于接受劳动价值论而造成的错误，他责备马克思把劳动价值论当作教条，因而不可能预见到杰文斯的效用理论将会取而代之。他说：“……当一种定理被如此经常地提出，以至于所有人都高喊‘同意’时，它也就变成一条公理了。我们认为是公理的，也许对我们的父辈仍是定理，而对我们的祖辈来说也许就是大不敬或者似是而非的东西了。马克思可能认为他的李嘉图主义定理……在当时可以作为某种公理提出来”④。但他立即指出：“使李嘉图和马克思满意的理由却不能使杰文斯满意；无论如何，现今的马克思主义者不能指望他的父辈的公理在现在仍像本世纪中叶一样得到认可。”⑤ 肖指出，【127】当马克思把效用看作对每一物品是“特殊的”而不是“抽象的”（两种物品可比较时），同时却把生产每一物品所用的劳动看作既是“特殊的”又是“抽象的”时候，他是犯了第一个错误，但他表示要运用劳动价值论。肖指出，同“抽象劳动”相比，“抽象效用”特别是“最后抽象效用”在价值决定上的作用更有效得多。

第三篇连载评论较少涉及马克思的价值论，而是更关注剩余价值究竟是来自资本还是来自劳动。不过他多次提到杰文斯和效用价值论，并以强烈的劝告结束：“把杰文斯等人的著作作为你的经济学来阅读，而阅读马克思的著作为的是了解经济学家们以往著述的历史以及今天运用他们的条件。”⑥

出版于1889年的《费边论丛》为该社后来的发展定了调子。肖在他的文章中说：“就价值理论来说，《费边论丛》的抽象经济学是杰文斯的经济

---

① 《伯纳·肖和卡尔·马克思：1884—1889年论丛》，第182页。

② 《国民改革者》，新编，第L卷（1887年8月7日），第84~86页；（1887年8月1日），第106~108页；（1887年8月21日），第07~108页。这三篇短评重印于《伯纳·肖和卡尔·马克思：1884—1889年论丛》。第103~171页。本文页码印自原文。

③ 【244】《国民改革者》，新编，第L卷（1887年8月7日），第86页。

④ 《国民改革者》，新编，第L卷（1887年8月14日），第106~108页。

⑤ 《国民改革者》，新编，第L卷（1887年8月14日），第106~108页。

⑥ 《国民改革者》，新编，第L卷（1887年8月21日），第118页。

学。"[①] 杰文斯肯定比马克思受到更多的关注。肖的第一篇文章对效用价值论作了充分地解释，还举了不少例证[②]。他说："'一些经济学家'通过对'边际效用'（从耕作的效用到我们的储金所暗含的效用）的精巧的解释（如果不是准确解释的话），把最后效用称为'边际效用'。" 在读者可能发现其他一些解释时，肖的这个解释还是简洁而明确的。他表示威斯蒂德和杰文斯的努力已经产生了可钦佩的结果。

肖于1888年9月7日在不列颠科学促进会宣读了他的第二篇文章。同一天在同一个会上宣读论文的还有他在"经济圈"的另外两个朋友埃杰沃思和福克斯威尔[③]。瑞斯和西季威克的论文结束了这方面的研讨。肖的论文（今天看来相当单调）显然特别对西季威克很快产生了影响。【128】关于这种影响有两种说法。肖本人于28年后说："1888年晚些时候我在不列颠科学促进会上（在巴斯召开）刚刚宣读了关于《向社会民主转变》的论文（该文后来收入《费边论丛》），西季威克（穆勒的追随者）激愤地站起来指责我主张土地国有化，而土地国有化是坏事，所以他不参加讨论，随之就离开了讲台。此事因为他生性温和、公正而显得愈发使人印象深刻，以致很难让未曾目睹的朋友相信确实发生过这种事。"[④]

西季威克的说法则全然不同，他没有显露一点激愤之情。他在9月8日的日记中说："在我参加的经济组，最有趣的是关于社会主义的讨论。委员会邀请了一位活跃的社会主义者，一位'来自街头'的激进者，他告诉我们，只要我们在华丽的住宅构想一些激进的步骤，便可使现代社会和平地进入社会民主……至于如何使对农业租金的剥夺发展到完全的产业国有化，我不记得他后来说了些什么，但看来终究要走到这一步的。还有一篇辞藻华丽和大胆的结束语……完全值得一提——此人名为伯纳·肖。迈尔说，此人写了一些值得一读的书。"[⑤]

肖的这第二篇文章，在转向更激动人心的社会变迁问题之前，对杰文斯只简略提及，对劳动价值论的反驳也是简略的。肖在一定意义上绝没有忘记最后

---

① 皮斯：《费边社史》，第261页。

② 《费边论丛》（琼比利编，伦敦，1948年），第12~17页。

③ 《不列颠科学促进会第58次会议报告》（伦敦，1889年），第760~763页。

④ 皮斯：《费边社史》，第258~259页。

⑤ A. 西季威克和E. M. 西季威克：《亨利·西季威克：回忆录》（伦敦，1906年），第497~498页。

效用，尽管他在 19 世纪 90 年代末只偶尔提到它；而他在 91 岁时还曾在《费边论丛》1948 年版的附录中间接地提到它①。另外，费边社的两位“经济圈”的先驱者华莱士和悉尼·韦伯，在他们的著作中从来也没有过直接的暗示，表明威斯蒂德通过讲授杰文斯经济学而影响了他们的思想方式。关于费边社分子后来回避直接触及边际效用论和威斯蒂德的唯一解释，无疑在于这些人后来活动和兴趣的性质。【129】他们有过旨在达到直接目标的实践纲领，绝不把精力浪费在辨明意识形态的冲突上。按韦伯夫妇的说法，肖表述了他们观点的范围和特点。肖说，韦伯夫妇“没有时间去处理马克思的黑格尔主义形而上学和马克思·伊斯特曼的笛卡尔唯物主义之间的争吵。社会主义是不是一种自私的巴甫洛夫的条件反射，或是圣·约翰关于世界之光的最新说教，这个问题不曾使他们迟疑；他们尊重事实和这些事实所揭示的方法”②。费边社分子从杰文斯理论得到了哪些实际的好处（如果有的话）？杰文斯在早期没有向他们提供一种工具，以便在必要时对抗英国那些与马克思联系在一起的人们的论证，同时却让他们自由地接受吸引他们的那部分马克思主义。赫德曼有力地领导了马克思主义的社会民主联盟，他在国民自由俱乐部的政治经济学组猛烈地攻击了最后效用学说，这极好地说明了费边社对杰文斯和最后效用所提出的看法如何激怒了马克思主义者③。

Ⅶ

“经济圈”在建立不列颠经济学会方面也起过一定作用，它的两位成员在 1890 年 11 月 21 日下午见面时，讨论到建立一个经济学会或协会的想法。亨利·希格斯和伯纳·肖，代表了“经济圈”和不列颠经济协会之间的联系④。我们还注意到在这个有组织的聚会中，还有下列各位同“经济圈”是联系在一起的，他们是：比顿、埃杰沃思教授、福克斯威尔教授，马歇尔教授和乔治·阿

---

① 《费边论丛》（琼比利编），第 228 页。

② 肖：《韦伯夫妇》，见韦伯夫妇：《苏俄真相》（纽约，1942 年），第 12~13 页。

③ 赫德曼：《最后效用的最终无用》，见国民自由俱乐部政治经济学组：《演进》（伦敦，1895 年），第Ⅱ卷，第 118~133 页。

④ H. 希格斯：《讣告：H. R. 比顿》，《皇家统计学会杂志》，第 XCVII 卷（1934 年），第 693 页；汉德森：《伯纳·肖：花花公子和预言家》。第 223 页。

米塔奇·斯密先生①。威斯蒂德和威廉·坎宁安接受提名加入这个委员会，改变了该组织的作用②。“不列颠经济协会开幕会议上的报告”只有一处提到“经济圈”，还是夹杂在谈论经济学家有必要聚会时顺便提及的——其中说到“在牛津、剑桥、伦敦和其他地方关于这个问题的私人聚会和讨论……”③

【130】另一个俱乐部即青少年经济俱乐部（后称经济俱乐部）成立于1890年，也一定来自“经济圈”，它最初的很多成员就是这个圈子的知名成员。该俱乐部的成立显然满足了在伦敦使经济学家可偶然聚会的需要，这种聚会过去一直在比顿的寓所举行，而不列颠经济协会也一直没有起到这种作用，它除了出版《经济杂志》外，没有再做多少事。青年经济俱乐部最初的成员中，在一定意义上和一定时期内又属于“经济圈”的有福克斯威尔，埃杰沃思，比顿、威斯蒂德和马歇尔④。

---

① 《不列颠经济协会》，《经济杂志》，第I卷（1891年），第3页。
② 《不列颠经济协会》，《经济杂志》，第I卷（1891年），第13页。
③ 《不列颠经济协会》，《经济杂志》，第I卷（1891年），第2页。
④ 柯利特：《福克斯威尔教授和大学学院》，《经济杂志》，第XLVI卷（1936年），第617页。

第十四章 威斯蒂德的《经济科学入门》

I

【131】在1888年“经济圈”的一次会议上，威斯蒂德宣读了“一本书的最后几页，这本书是他们聚会的第一个成果，不久即以《经济科学入门》出版了”①。威斯蒂德把此书献给亨利·瑞米和伊丽莎白·比顿，以及“抱着极大的热情参与讨论此书所提出的各项原理的朋友们”，作为“他们襄助的第一个成果”②。“经济圈”的这个成果，是继杰文斯《理论》于1871年问世后在英国以一本书的篇幅对边际效用思想的首次系统的解说。

在该书序中，威斯蒂德主要依据杰文斯的《理论》和《通信和日记》对边际效用学派的发展作了一个历史的叙述。他在杰文斯之外和加上了门格尔作为19世纪70年代初边际效用学说的合作发现者之一③。这表明门格尔的《原理》问世后18年英国才有人公开承认他的著作基本上是杰文斯和瓦尔拉斯同时所写著作的复制。威斯蒂德还注意到杰文斯对门格尔毫无所知。

《经济科学入门》开头40页是数学研究，在讨论了函授的一般概念之后，他表示能把毯子、水或食肉的使用价值表示为某人所占有的该物品数量的函数。他当然懂得对于一个消费者仅有的一个物品来说，这样说有些不便。他认为“使用价值”或“效用”这些说法最好代之以避开伦理内容的一些术语，如“利益量”“欲求”“满意”或“满足”。

---

① 【244】赫弗德:《菲力普·亨利·威斯蒂德》，第211页。
② 威斯蒂德:《经济科学入门》（伦敦，1888年），第V页。
③ 威斯蒂德:《经济科学入门》（伦敦，1888年），第XII页。

Ⅱ

当威斯蒂德最终用曲线来表示他的效用函数时，他首次遇到了效用衡量的问题。【132】他在这一点上主要是向读者保证他并不认为对衡量问题的异议是“难以对付的”；他引证他在本书前面部分对此问题所做的充分研究；他还认为“可以看出，由于满足可‘大’也可‘小’，由于内心可以估计一种满足比另一种‘更大’或‘更小’或‘相等’，所以在理论上确定一种东西作为衡量满足的准确尺度不是不可能的，甚至可以把它的实际尺度设想为持久不变的，就像温度计发明以前衡量体温的尺度一样”①。

威斯蒂德在后来又回到衡量问题时首先指出，因为我们可以从不同物品的增量中区分出满足的大小，所以能把这些满足“在理论上看作是**可以公约的尺度**，从而在长度上加以测定，并用一根曲线把表现同这些满足相应的商品量的不同长度联结起来”②。他举例说明这些比较，例如瓷器和尼龙，新鲜空气和友谊，朋友们来去方便的住宅、大英博物馆和有新鲜空气和新鲜鸡蛋的乡间住所，放书的空间和去图书馆所需要的时间。

威斯蒂德甚至建议用“一定量的劳动”作为标准单位去估量满足的多少，例如他用一个人为获得一英担煤所愿意付出的搬运劳动去表现不同数量（吨）煤的效用。他指出我们没有必要用“搬运劳动”作为尺度，完全可以用别的劳动。他解释说：“在学者圈子里用一小时批阅试卷的劳动作为苦乐的标准尺度，不是不常见的。”③ 当然这要假定该劳动的“享乐价值”保持不变。他为说明衡量过程举例说，某人为测定亚麻布（X）的总效用（Y），他选择从事500英尺劳动所获得之满足作为Y的单位。对于第一单位X，某人做工3300英尺，因而总效用Y是6.6；对于第二单位X，他做工1750英尺，【133】他的Y增至10.1；对第三单位X，Y是12.3，以此类推。

威斯蒂德显然错误地以为他提出了一个衡量边际效用的适当方法，他说：“虽然我们想象的是一种完全理想的和精确的估计能力，即估计某人在既定条件下为获得所欲之物品而愿意做些什么，但是在这个想象的过程中，从理论上

① 威斯蒂德：《经济科学入门》（伦敦，1888年），第15页。
② 威斯蒂德：《经济科学入门》（伦敦，1888年），第53页。
③ 威斯蒂德：《经济科学入门》（伦敦，1888年），第53页。

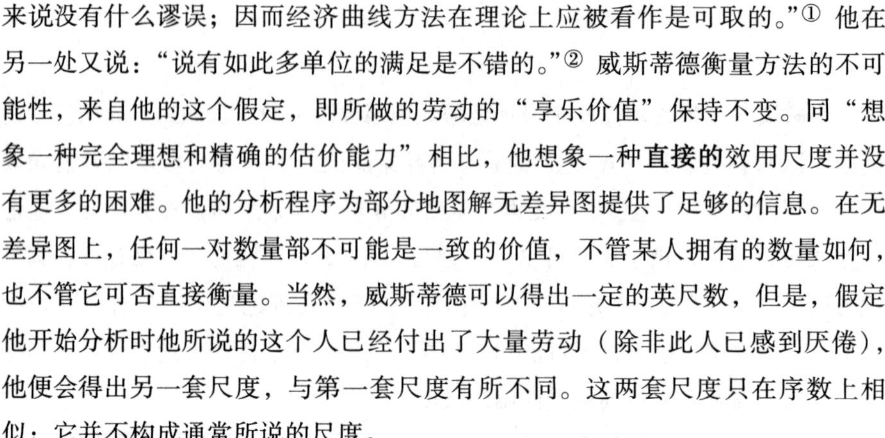

来说没有什么谬误；因而经济曲线方法在理论上应被看作是可取的。”① 他在另一处又说：“说有如此多单位的满足是不错的。”② 威斯蒂德衡量方法的不可能性，来自他的这个假定，即所做的劳动的“享乐价值”保持不变。同“想象一种完全理想和精确的估价能力”相比，他想象一种**直接的**效用尺度并没有更多的困难。他的分析程序为部分地图解无差异图提供了足够的信息。在无差异图上，任何一对数量部不可能是一致的价值，不管某人拥有的数量如何，也不管它可否直接衡量。当然，威斯蒂德可以得出一定的英尺数，但是，假定他开始分析时他所说的这个人已经付出了大量劳动（除非此人已感到厌倦），他便会得出另一套尺度，与第一套尺度有所不同。这两套尺度只在序数上相似；它并不构成通常所说的尺度。

威斯蒂德让读者自己作出“诸如咖啡和烟草之类”的曲线。他要读者自问：“每周或每天为一杯咖啡或一袋烟要干多少活，又要为第二杯付出多少劳动，把这些结果用虚线表示出来，看看它们是否遵循着什么规律，是否构成有规则的曲线。”③ 尽管一个人能为他自己作出这种曲线——假定他有足够的想象力；尽管这些曲线可能对许多问题有用处；但它们并没有对效用作出令人满意的测定。

Ⅲ

【134】通过研究效用衡量问题，威斯蒂德坚决认为，总效用曲线总会达于最大化，然后转而下降，直至变成负数④。作者接着用了整整 20 页篇幅论及微积分，但同任何经济问题都毫不相干⑤。当他回过头对曲线作出经济上的解释时，他就把曲线的斜度称为“边际效率”或“边际有用性”⑥。从“最终的”变为“边际的”，这个术语的变动就此开始流行起来。但威斯蒂德没有解释他为什么认为“边际的”说法优于“最后的”和“最终的”说法，也没有对他从何处得此名词作出任何暗示，甚至在作为维塞尔的 Grenznutzen（边际）

① 威斯蒂德：《经济科学入门》（伦敦，1888 年），第 54 页。
② 威斯蒂德：《经济科学入门》（伦敦，1888 年），第 40 页。
③ 威斯蒂德：《经济科学入门》（伦敦，1888 年），第 54~55 页。
④ 威斯蒂德：《经济科学入门》（伦敦，1888 年），第 15~19 页。
⑤ 威斯蒂德：《经济科学入门》（伦敦，1888 年），第 19~39 页。
⑥ 威斯蒂德：《经济科学入门》（伦敦，1888 年），第 40~41 页。

一词的字面翻译而用它时也是如此。“边际的”一词在威斯蒂德《经济科学入门》一书中的确是突然出现的。也许作者在“经济圈”内已经用过这个词，而且觉得比较满意；无论如何，他是经常地很有把握地用这个名词了。

威斯蒂德在为他的基本概念下定义后，详细阐述了这些概念的用途，其详细的程度是前所未有的。他从这些用途（它们是我们把边际效用和总效用作为思想和行动的指南而形成的）之间的区分开始，从杰文斯、门格尔和瓦尔拉斯的著作所做的严格区分开始①。威斯蒂德解释了人们分配他们的时间于可供选择的两种业务之间的原理②。他还研究了使边际效用曲线发生转折的条件，并对可能出现的基本转换类型作了说明③。

关于与不同的物品效用的相互依存性有关的效用函数，看来威斯蒂德并没有想到。威斯蒂德为什么继续解释总效用（即一个人享受的效用量来自每种物品的各不相同的效用函数），而不是解释来自单一的效用函数呢？在单一效用函数中，所有商品作为变量加入其中，埃杰沃思此前已经指出了通向更一般函数的道路。对埃杰沃思的《数学心理学》一书，威斯蒂德是十分了解的，并引证过它，因而他理应对他同埃杰沃思的解说的任何差别感兴趣，但他没有④。埃杰沃思当然参加过“经济圈”的会议，并可能已向同伴们提出了他一直渴望提出的这一点，但他显然没有做到使他的异议【135】给威斯蒂德留下必要印象的程度。是因为他没有看到这种差别的意义，还是他有名的无所谓态度再次胜过他对这种意义的感受，我们不得而知。埃杰沃思后来有一次机会来谈他想谈的这个问题，即在他对《经济科学入门》的评论（为数不多的评论之一）时，他的评论总的调子是肯定和赞扬，但也有批评⑤。可是他在这里根本没有提到效用函数的形式问题。多变量函数没有随威斯蒂德著作而流行起来，肯定是因为在“经济圈”里没有人看出它的意义，埃杰沃思和威斯蒂德也不例外。

① 威斯蒂德:《经济科学入门》(伦敦，1888 年)，第 46~52 页。
② 威斯蒂德:《经济科学入门》(伦敦，1888 年)，第 58~61 页。
③ 威斯蒂德:《经济科学入门》(伦敦，1888 年)，第 62~67 页。
④ 威斯蒂德:《经济科学入门》(伦敦，1888 年)，第 136 页。
⑤ 《学会》，第 XXXV 卷（1889 年)，第 71 页。

Ⅳ

《经济科学入门》第一部分研究个人，第二部分研究个人之间的关系。第二部分一开头，对不可能在个人之间比较效用作了有力的申述。威斯蒂德说，这种不可能性“绝不要因为怕完全误解了我们可以得出的全部结果而被忽视”，他说：“欲望和需求，即便是对一种相同的物品，只有存在不同的想法，就不可能彼此测定，或归结到一种共同的尺度……”他又说，假定三个人想要一件物品，就“无法确定其中谁最想得到它……”进行个人之间的任何比较，都会带来“这种可悲的异议：这种比较一定把某种东西作为测定的标准，而这种东西在作比较的不同人的心目中的含义并不相同……因此，在两个或两个人以上的个人之间比较需求和欲望是不可能的”①。他接着指出，在说明交换时使用边际效用，并不涉及个人之间的效用比较，因为所用的仅仅是边际效用的比率，而比率在个人之间是可以比较的②。

不过，威斯蒂德也同意这种看法：尽管不能比较个人的边际效用，但能比较一批人的**平均的**边际效用。他说，我们甚至不可能确定一个穷人对一先令的评价就一定比富人的评价要高。他接着指出：“但是，假定我们考虑到平均原理，【136】即考虑到任何纯粹个人变量可以设想为在一定范围内彼此抵销，那我们就可以断定若干先令对穷人比对富人确实或应当值得更多。”③ 威斯蒂德特别用这种集体之间边际效用的比较，首次依据上述论断说明“财富的更加平等”。

在说明集体之间可比性之后，威斯蒂德用了很长一节来解释需求曲线的性质。一开头就显现出他可能想利用同集体之间的比较相关的需求曲线。他以古尔诺的矿泉水例子指出，价格测定了“水对**某共同体**的边际效用”④。威斯蒂德通过价格媒介得出了一条“集体的或社会的”曲线。到此为止，由于乐于以集体代替个人，他已经远离最初避免个人之间比较效用的立场；他甚至愿意比较个人的效用曲线了，他设计了一种方法，以此方法，他能从个人的各不相同的需求曲线引出对某共同体的总效用曲线。某人 A 从一个温泉购买药水 q

① 威斯蒂德：《经济科学入门》，第 68~69 页。
② 威斯蒂德：《经济科学入门》，第 69~86 页。
③ 威斯蒂德：《经济科学入门》，第 86 页。
④ 威斯蒂德：《经济科学入门》，第 96 页。

夸脱，“A 在这年所用的 q 夸脱的总效用是：他宁愿为 1 夸脱支付而不愿没有它的数额，加上他宁愿为第 2 夸脱支付而不愿只有 1 夸脱的总数……再加上他宁愿为第 q 夸脱支付而不满足于（q-1）夸脱的总数”①。威斯蒂德乐于把 A、B、C、D 等人的总效用加总，表示“所消费的总量对该共同体的效用之总和”。他知道这样做是不容易的，也意识到在长久地坚持拒绝个人之间的比较之后，可以这样做，他说他必须忽略下述事实：“他们彼此相等不是主观而是客观的。”

威斯蒂德接着转向概述指导共同体内生产资源利用的各种因素，并指出其方向总是朝着这样的物品生产，这些物品具有最大的相对的边际效用（如其价格所示）。在这个分析中，特别是当他把分析扩展到许多物品时，越来越明显的是，他在这之前阅读过瓦尔拉斯的《纲要》，尽管他没有提到这本书②。

他还表示了对劳动价值论的拒绝，【137】而且更多的是针对马克思而不是针对英国古典派③。他称劳动价值论是一种欺骗，他还解释了严肃的思想家们接受它的原因。威斯蒂德还有一种看法，设计边际效用论为什么不能迅速地战胜劳动价值论的欺骗，他说：“对任何一位留心观察面包片的家庭主妇来说，证明一般价值论是十分容易的，尽管他们从未受过经济学教育。”④ 但遗憾的是研究经济学的人，“不属于这样一个阶级，在该阶级的日常经验中，经济学的基本原理得到了最鲜明和最切实的证明”。因为他们不属于“很穷或很小心”的人，所以经济学的学生认为，日常经验同边际效用价值论是抵触的。威斯蒂德指出，因为边际效用论认为所有物品的边际效用皆同商品的价格成比例，所以没有一个人能有足够的某种物品以维持价格，或是指望任一物品增加 1 先令之所值大于另 1 先令之所值。富人或无忧无虑者认为他们拥有所需的一切（如面包）；他们还认为他们能指出他们所需要的许多物品优于其他人所需的物品，因此他们会说，对他们来说，经验同边际效用论的结论是直接抵触的。可以设想这些论据已经在“经济圈”中提出过；威斯蒂德的煞费苦心的回答在当时是作为反驳加以发挥的。威斯蒂德没有困难地表明边际效用理论同经验事实的显而易见的抵触，主要是来自可分割性这个难题，加上“传统和

① 威斯蒂德：《经济科学入门》，第 99 页。
② 威斯蒂德：《经济科学入门》，第 113 页。
③ 威斯蒂德：《经济科学入门》，第 117~124 页。
④ 威斯蒂德：《经济科学入门》，第 127 页。

黏性”所造成的某些东西①。

传播许多新观点和在经济分析中扩大利用边际效用方面，威斯蒂德的《经济科学入门》树立了不止一个里程碑，但本书并不成功。它没有再版，未被译成外文，直到最近才有了重印本。

《经济科学入门》在当时受到的好评寥若晨星。埃杰沃思在《学会》上谈过它，总的来说给予了相当热情的肯定和赞扬；【138】但几乎无人对埃杰沃思感兴趣的东西产生共鸣。庞巴维克说威斯蒂德尽其所能地发表了一些正确的观点，但是他又承认他不赞成《经济科学入门》中的数学，而且暗示说，威斯蒂德的数学可能隐瞒了作者的某些错误②。后来的评论家一定会发现，庞巴维克的评论太过分了。

① 威斯蒂德：《经济科学入门》，第128~132页。

② 【245】庞巴维克：《英国和北美近期的国民经济学文献》，《国民经济和统计年鉴》，新编，第XVIII卷（1889年），第676页。

第十五章　德国的杂志文献及门格尔的著述（1871—1889）

I

【139】杰文斯的《理论》出版当年（1871 年）在德、法两国无人问津，同样，瓦尔拉斯的《纲要》1874 年问世时在英、德两国也无人置评①。门格尔的《原理》在 1871 年出版时处于同样的境地，只有德国人对它有评论。德国当时有四种经济学方面的杂志，其中有三份注意到门格尔的《原理》②。

《国民经济和文化史季刊》的评论最长③，它开头提到 1866 年战后奥地利经济学方面的活动日渐活跃，对年轻的奥地利经济学家著作的高质量表示称赞。不过，完全是出于好意，这位评论者没有认识到门格尔的《原理》是价值论的一种创新。这篇评论有两段较长的引语：第一段引自门格尔上述著作的前言，涉及门格尔所用的方法。评论者对门格尔的方法是同意的。第二段是门

① 【245】1877 年，即瓦尔拉斯的《纲要》第二部分出版时，《一般政治学杂志》上发表了一篇评论（XXXIII［1877］，第 547~548 页），署名“W”，它无疑是指贝拉·韦斯。他主要是谈论数学方法，而且允诺在别处还要更彻底地谈到这个问题。韦斯后来在《国民经济和统计年鉴》（XXX［1878］）上发表了一篇文章：《国民经济学中的数学方法》，从方法（而不是内容）的角度评论了杰文斯和瓦尔拉斯。

② 从理论经济研究的角度看，《国民经济和统计年鉴》在德国杂志中居首位。它是布鲁诺·希尔德布兰德在 1863 年在耶纳创办的，约翰尼斯·康拉德后来接替了他的编辑职位。《一般政治杂志》更早些，它创办于 1844 年，编辑部几经变动。第三本杂志《立法、行政和国民经济年鉴》在所有的德国杂志中享有最有争议的声誉，它是历史学派的非正式机关刊物。1871—1876 年它的编者有：弗兰兹·乔奇，威廉·菲利普·冯·霍森道夫，路约·布伦坦诺。1880 年起的一个长时期内，编者是古斯塔夫·施穆勒，他对该杂志的影响如此之大，以致人们有时干脆称之为《施穆勒年鉴》。只有《国民经济和文化史季刊》未能延续至今，它的编者是米利斯·弗奇，还有包括埃米尔·萨克斯在内的若干助手。

③ XXXV（1871），第 194~205 页。

格尔特有的物品等级表。这位评论者最后慎重表示，在他看门格尔允诺的续篇之前，不对该书的价值作出判断。

门格尔的处境在下一篇评论中没有变得更好些，该评论的作者是弗里德利希·海克，发表在《一般政治学杂志》上①。海克像上述匿名作者一样，对门格尔抱有特殊的态度。他称《原理》是近期经济学方面最好的著作之一，希望作者允诺的第二卷尽快问世。尽管有这些好意，海克还是忽视了这本书的中心思想，因而也就没有对它作出正确的描述和评价。价值论的革命失去了赢得支持的第一批机会之一，不是因为支持者反对它，而是不理解它。在最后一篇（又是匿名）评论中，【140】作者对这本由年轻人写的经济学简明教科书表示悲叹②。不消说，这种态度根本不可能对经济学中的新精神表示欢迎。评论者几乎没有触及本书的思想，也完全没有暗示它的内容有什么优点。

Ⅱ

从发表上述评论到19世纪70年代末，德国经济学杂志是世界上最好的专业杂志，也是谁都能阅读的，但它们都没有触及边际效用思想。率先打破沉默的是威廉·莱克西，他在《国民经济和统计年鉴》(1881年）上著文评论瓦尔拉斯的《经济物品价格形成的数学理论》③。阅读过莱克西的概述之后，当不会怀疑他对运用边际效用的理解和重视，但他没有把瓦尔拉斯的著作同门格尔的《原理》联系起来。其原因显然是他没有读过门格尔的书，尽管他后来享有广泛涉猎经济文献的名声④。在庞巴维克1886年的重要文章发表之前再没有出现什么东西。我们将在后面对该文予以详论⑤。

下一篇关于边际效用的文章是朱利斯·莱尔在1889年写的⑥，他有运用数学的能力和意愿；他熟悉并援引过前述所有重要的文献；这篇文章实际上在

① XXVIII（1872)，第183~184页。

②《国民经济和统计年鉴》，第XVIII卷（1872年），第342~345页。

③ 莱克西：《数理经济学文献》，《国民经济和统计年鉴》，新编，第III卷（1881年），第427~434页。莱克西的评论和包含对瓦尔拉斯“经济物品价格形成的数学理论”的评论，瓦尔拉斯这篇文献几乎没有涉及效用。

④ 圣马克：《德国与奥地利政治经济学教学研究》（巴黎，1892年），第68页。

⑤ 参看本书第17章。

⑥《价值、边际价值和价格》，《国民经济和统计年鉴》，新编，第XIX卷（1889年），第17~56页。

某种程度上是对近期某些著作的评论。亨利希·狄兹于次年发表了一篇类似的文章。题为《古典价值论和边际效用论》①，这是"边际效用"一词在标题中首次出现。该文把各种问题深化了，并在后来得到了鲁道夫·奥斯皮茨、庞巴维克、朱利斯·莱尔和罗伯特·祖坎德的答复。

1871—1889年德国杂志的文章很少谈及边际效用，这倒不是由于编者们反理论的倾向。一些理论文章甚至谈到了价值问题，但没有谈到边际效用，例如，朱利斯·沃尔夫1886年的一篇文章虽然援引了杰文斯的《理论》和门格尔的《原理》，还用了差不多50页的篇幅讨论价值问题，但根本未提边际效用②。【141】次年同一杂志发表的F. W. 加纳的文章也是如此③。1888年发表的一篇文章比其他两篇都长，该文提到了边际效用，也涉及庞巴维克、维塞尔和杰文斯；即使不是这样，它也是相当完整的④。

Ⅲ

门格尔于1872年开始执教维也纳大学，次年晋升为副教授，1879年升为教授；他于1903年退休，1921年去世。为了考察他同边际效用思想的进一步联系，我们在此只追述一下他大学生涯的前20年。19世纪70年代初之后，门格尔同杰文斯和瓦尔拉斯一样，在边际效用问题上写的东西极少。他在《原理》之后写的第一批东西是一组文章，共有25篇，大部分是发表在《维也纳晚邮报》上的书评。就其性质来说，没有一篇包含效用方面的内容。评论的对象之一是J. E. 加尼斯的《政治经济学文集》⑤，本书没有给他提供任何评论价值论的机会。直到1874年评论加尼斯的《政治经济学若干基本原理》（该书对杰文斯的效用理论持有异议），门格尔才可能被吸引来支持他的英国伙伴。1875年当他评论G. 库茨的《匈牙利国民经济学理论发展史》时，他又一次目光短浅地忽略了同他的一位先驱者的联系。他怀着极大的兴趣仔细

---

① 《国民经济和统计年鉴》，新编，第XX卷（1890年），第561~606页。

② 《莱尔论价值》，《一般政治学杂志》，第XLII卷（1886年），第415~463页。

③ 《资本的经济性质》，《一般政治学杂志》，第XLIII卷（1887年），第417~473页。

④ W. 沙林：《价值理论和价值假定》，《国民经济和统计年鉴》，新编，第XVI卷（1888年），第417~437、513~562页。

⑤ 《附录：门格尔著作索引》，见《门格尔著作集》（伦敦，1935年），第IV卷，第328页。

阅读了库茨的早期著作《国民经济学及其文献的历史发展》，他理应看到戈森的有关材料，并预见到安德森多年前对戈森的发现①。

在发表这些报刊文章和评论之后，直到1883年出版《社会科学特别是政治经济学方法论研究》之前，门格尔没有发表什么东西。1883年的这本书没有直接同他的《原理》联系起来，但它确实间接地促进了《原理》的传播，因为它在一定程度上和一定范围内引起了人们对他的注意，而他先前的《原理》并没有起到这样的作用。门格尔对德国经济学的批评自然引起了德国教授们的强烈反应，【142】特别是在他于次年以《德国历史学派的错误》作为对最初反应的答复之后。这样一来，在一些奥地利人中间便出现了某种凝聚力，后来的奥地利学派就是指这些人而言的。而沿着另一个方向惨淡经营的德国人，按哈耶克的说法，甚至“在这场争论结束之后30年，同世界其他国家相比，德国人受这种现已在别处制胜的新思想的影响仍然较少”②。

不过，对边际效用此时在奥地利人对效用的日益增长的认识中所起的作用不可估价过高。从门格尔1884年10月12日在《维也纳报》上的评论可以看出，对数量不断增加的奥地利经济学家的文献必须小心谨慎③。门格尔指出，奥地利在过去从未有过同一水准的经济文献。但他也根本没有把他自己的名字同这种运动联系起来，他对该运动的起源未置一词。尽管他在评论的开头强调了奥地利人在反对历史方法方面所起的作用，但他一点也没有暗示边际效用所起的作用。他有许多机会这样做，因为他写了一节论及维塞尔的《经济价值的起源和主要规律》，该书评述了门格尔的思想，第一次使用了“边际”一词。门格尔后来对奥地利文献的评论具有同样的特点，其中一篇发表于1886年④，另一篇发表于1889年⑤，最后这篇尤其令人失望，因为他根本没有把当年论及边际效用的优秀之作同边际效用问题或他本人联系起来。

总之，我们可以说，尽管门格尔谈论过奥地利学派，但谁也不能从他1871年直到去世时发表的各种著述中得出这样的看法：奥地利学派同边际效

① 参看本书第9章。

② 哈耶克：《卡尔·门格尔》，《经济学》，新编，第I卷（1934年），第407页。

③ 哈耶克：《卡尔·门格尔》，《经济学》，新编，第I卷（1934年），第3~5页。

④ 门格尔：《国民经济学文献》，刊于《维也纳报》，1886年1月14日，第3~4页；1886年1月15日，第2~3页。

⑤ 【246】门格尔：《奥地利国民经济学文献》，刊于《维也纳报》，1889年3月7日，第2~4页；1884年（原文如此）3月8日，第3~4页。

用学派有什么联系。门格尔既没有认可这种联系，也不想把它减至最低程度，也不认为这种联系是当然之理。事实上，门格尔从未承认过他的学说同瓦尔拉斯或杰文斯的学说相似。

第十六章　维塞尔

I

【143】弗里德利希·冯·维塞尔在门格尔的《原理》问世后 13 年发表的《经济价值的起源和主要规律》，是对门格尔著作深感兴趣的首批公开标志之一①。关于维塞尔和边际效用理论的联系，以及促使他写这本书的各种因素之类的故事，人们有许多说法②。这些说法可大体概括如下：维塞尔的父亲是一位成功的政府官员，儿子本想继承父业。他在中学和维也纳大学（他于 1866 年入学）时有一位同窗好友庞巴维克。维塞尔研习法律，尤其喜爱法律史，他认为经济学应能说明法律史。然而，一方面，当时执教经济学的劳伦·冯·斯廷的讲授不能使他满意；另一方面，经济学中的亚当、斯密、李嘉图和马克思的学说也不能使他满足。他毕业于 1872 年，同年，他和庞巴维克发现门格尔的《原理》才是他们认为最有用的经济学说。

按照通常的这种说法，事情的进程确实使人吃惊，而且具有偶然性。这太

① 【246】庞巴维克的《从国民经济财富理论的观点来看权利和关系》（因斯布鲁克。1881 年）限于研究边际效用在特殊问题上的应用。

② W. 弗里杰尔:《维塞尔（1851—1926）》,《社会科学百科全书》（纽约，1935），第 XV 卷，第 419~420 页；H. 迈尔:《回忆维塞尔》,《国民经济和社会政治杂志》，新编，第 V 卷（1927 年），第 633~645 页；此文又见《新奥地利人名辞典》（维也纳，1929 年），第 VI 卷，第 180~198 页；E. 舍穆斯:《维塞尔及其著作》,《一般政治学杂志》，第 IXXXI 卷（1926 年），第 432~448 页；O. 莫金特:《维塞尔（1851—1926）》,《美国经济评论》，第 XVII 卷（1927 年），第 669~674 页；熊彼得:《维塞尔》,《经济杂志》，第 XXXVII 卷（1927 年），第 328~330 页；此文重印于《从马克思到凯恩斯十大经济学家》（纽约，1951 年），第 298~301 页；哈耶克:《维塞尔》,《国民经济和统计年鉴》，第 IXX 卷（1926 年），第 513~530 页；此文重印于维塞尔:《论文集》（杜平根，1929 年），第 V-XXIII 卷；又节译于 H. W. 施皮格尔:《经济思想的发展》（纽约，1952 年），第 554~567 页；L. 爱斯特:《维塞尔》,《政治学袖珍词典》（耶纳，1928 年），第 VIII 卷，第 1048~1049 页。

玄虚了。其中最令人不解的是，他和庞巴维克拒绝斯廷的经济学而接受门格尔的学说，是在他们21岁出头，又正当别人还都没有洞悉门格尔著作的优越之时。莫金特对上述传说有明确的解释："他们（维塞尔和庞巴维克）对经济学总是赞成的，但此时在维也纳由斯廷讲授的**这种**经济学对他们却一钱不值。恰在此时，他们得到了门格尔的《原理》，该书向他们展示了答案。他们从中发现了'阿基米德的观点'以及独立地建立他们自己的学说结构的基础。"① 这种说法主要来自维塞尔的【144】自传性笔记②。这是维塞尔在事隔50年之后所写的富于戏剧性的故事。他不会借助于对往事的回顾来美化他的青年时代。但对今天持批判眼光，而且了解当时人们对先驱者的著作的接受是多么不热心的人来说，上述说法似乎过于完美了。

大学毕业后，维塞尔和庞巴维克一起为奥地利政府工作了3年之久。两笔出国奖学金又把他们拉出了政府圈子并重新投入学者生活和价值一类的课题。这次他们来到历史学派盛行的德国的大学。他们在海德堡、耶纳和莱比锡的两年间做了些什么，我们知之不多。我们只知道他们1876年在海德堡克尼斯的研讨班上宣读过非常重要的论文，这些论文预示了日后他们的研究方向，也显示出门格尔的影响。克尼斯的研讨班虽然主要是进修历史方法的，但对边际效用并不过分敌视。他们向该研讨班提交论文是为了申请1876年延续奖学金③。但奇怪的是，门格尔对维塞尔的论文并不热情。事实上维塞尔的论文直到1929年才发表出来④。该论文的标题是描述性的：《成本与价值的关系》；该文没有明确提及门格尔的《原理》，也未提及其他有关的文献；但它明确显示出门格尔的影响，因为其目的在于说明"高级物品"如何影响"低级物品"。它表明维塞尔并没有忘记关注效用，特别是效用和成本的关系。

两年学习后他们又回到政府任职，但时间不久。他们在德国的大学的学习激发了他们从事学者生涯的欲望，庞巴维克在维也纳大学做了很短一段时间的"编外讲师"之后，赴任因斯布鲁克大学的讲师；维塞尔则于1884年到了布拉格大学。

---

① 莫金特：《维塞尔》，《美国经济评论》，第XVII卷（1927年），第669页。
② 《新奥地利人名辞典》（维也纳，1923年），第I卷，第84~92页。
③ 哈耶克：《维塞尔》，见维塞尔：《论文集》，第XI页。
④ 维塞尔：《论文集》，第377~404页。

Ⅱ

【145】维塞尔的《经济价值的起源和主要规律》是作为任教维也纳大学的条件而提交的①。该书共有 4 章。第 1 章讨论价值的含义和性质，以考察“价值”一词的日常意义开头。第 2 章概述决定价值所需要的基本条件，实际上也就是对经济问题的一般陈述。到第 3 章才碰到价值的**起源**问题（它是该书标题的一部分）。作者指出，价值起源于效用而不是起源于劳动成本。第 4 章即最后一章占了全书的一半（100 页），阐述了基本的价值规律（如书名所示）。维塞尔把边际效用规律作为价值决定的主要规律，他竭力表明只有在不可避免地进行抉择的意义上，成本才有意义。他研究了产品在各生产要素中的分配。门格尔本人以及预见到并明确表述了这里发现的基本思想。因为维塞尔 5 年后对这里提出的所有问题有更详尽的阐述，所以我们将在后面适当的地方再加以讨论。

维塞尔的这本书在国外无人评论和注意，德国杂志的评论也只有两篇②。其中一篇注意到这是一个德国人写的不同寻常的书，全书 200 多页没有一个脚注。维塞尔是在几乎全无参考书目的情况下写的，所以他不需要脚注。他只提到杰文斯和门格尔，但与 1876 年那篇谁也未提及的论文相比毕竟进了一步。门格尔的影响随处可见，尽管没有大段的引语。只有后来引用的一处表明他对杰文斯特别致谢，此时他显然还不知道瓦尔拉斯与效用学说的联系。

维塞尔的这本书是边际效用史的一个里程碑，因为他在本书提出了“Grenznutzen”一词，威斯蒂德后来将它译为“边际效用”。【146】在提出这个词之前，维塞尔的阐述是很费力的。这个词是在他的这本书已经写过一半时才提出来的，缘起于作为杰文斯的“终点效用”或“最后效度”的译词，原文如下：“下面我要把对物品单位的价值起决定作用的物品用途称为经济的边际效用，或简称为边际效用，因为这种物品的效用处于经济所容许的应用边际之上（参照杰文斯的‘最后效用程度’或‘终点效用’）。”③ 维塞尔特地说明他使用这个词是因为该单位物品处于经济效用的“界限”上。但这个词是否完全

① 维也纳，1884 年。

② H. 迪契尔，《国民经济统计年鉴》，第 XI 卷（1885 年），第 161~162 页；A. E. F. 谢夫勒，《一般政治学杂志》，第 XLI 卷（1885 年），第 450~454 页。

③ 维塞尔：《经济价值的起源和主要规律》，第 128 页。

表达了杰文斯的“终点效用”的含义呢?[①] 可否译成另一个更确切的词呢?假如我们认可维塞尔的译法,即把杰文斯的“终点效用”译为“Grenznutzen”,那么,当我们把它译回英语时,所得的是“边际效用”而不是“终点效用”。维塞尔提出该词之后,便在该书的后面部分反复地使用它。他显然为表述他的基本概念找到了一个很有用的工具;也许正因为如此,人们对他在先前的论文以及第一本著作的前半部分何以自处定会感到疑惑。1884 年后维塞尔继续在上述意义上使用“Grenznutzen”,其他人也采纳了它。

除了提出这个词以外,维塞尔的这本书几乎没有产生什么影响;维塞尔的写作风格也削弱了它的影响,成了人们理解其内容的一个实际的障碍。他的风格有两个特点,都会给读者造成困难。第一,他几乎完全使用一般的或不确切的术语。他用“物体”而不用“食品”;用“食品”而不用“水果”;用“水果”而不用“苹果”。他的概括性固可称赞,但却使读者深感烦恼。第二,他在自己分析的许多重要部分,加进了大量有关的但不必要的陈述,而且没有标出来,这会使读者弄不清楚这种句子究竟是要表述一种有关的思想,还是简单地说明显而易见的某种信息。下面这句话可说是后一类句子的典型,其用意显然是追求完整性。【147】他说:“假定某人想得到一个物品,不管他的欲望如何强烈,他也不会同意支付被要求的任何价格。”[②] 对这句话我们也许提不出什么疑问,但问题在于,维塞尔接着又以另一种方式表述了相同的命题。

维塞尔的第一本书没有给读者留下印象的另一个原因是,它避开了对人物的评议,也缺乏有力的陈述。他的叙述有一种不切实际和漫无边际的特点,结果冲淡了论据;而他所描绘的环境和条件又缺乏地理学的确切根据。它们可能发生在任何时间、任何地点,结果什么也没有发生。维塞尔试图证明价值只存在于人的心中,但他所说的人却同任何地方的人毫不相干。他对人的研究和对待可以说是最与人无关的。此外,该书几乎没有能给读者留下鲜明记忆的章节。所有这些足以说明该书何以没有取得成功。但当时并没有人公开指责这本书,而今天的读者就能轻而易举地挑出毛病,在此意义上,该书并没有失败。但在下述意义上它的确也没有成功:除了当初的两三篇评论以外,今天人们只

---

① 至少,W. 列克希斯认为,维塞尔把杰文斯的“最后效用程度”译成了“Grenznutzen”(《立法、行政和国民经济年鉴》,第 XIV 卷[1890 年],第 290 页)。

② 维塞尔:《自然价值》,斯马特编,迈洛赫译(伦敦,1893 年),第 40 页。维塞尔阅读过该书的译文小样。本书除注明者外,均指英译本。

需用两三页评论即可说明该书的内容及其难点。

Ⅲ

在布拉格的前五年，维塞尔写了他的第二部著作《自然价值》（1889年），该书使他得以晋升为正教授①。只有一位德国人（维尔纳·桑巴特）评论过它，但没有发现什么好东西②。的确，谁也不能说1889年德国人会热忱欢迎边际效用思想。法国人的态度一样：有一篇评论，对维塞尔还是不利的③。只有英国人和美国人赞扬了这本书，但多半是在该书英译本问世之后。不过，F. H. 吉丁斯在德文版问世当年曾发表了四页评论以示祝贺④。

同1884年的那本书相比，《自然价值》酷似一部边际效用学说史⑤。维塞尔承认边际效用学说的许多先驱者未能取得圆满成功；【148】但他对他们深表称赞，尤其是奥古斯特·瓦尔拉斯、孔狄亚克、吉诺威西和西尼尔⑥。他列举了四位各自独立研究边际效用学说的作者，并分别说明了他认为门格尔优于其他三人（戈森、杰文斯、里昂·瓦尔拉斯）的理由，其中一些理由显示了维塞尔思想方法的突出特点；甚至他对戈森的简短评论（认为戈森的论述是所有早期作者中‘总的来说最不完善的’）也表露出维塞尔所抱的追求尽善尽美的态度，这使他尽可能完整地表达他的思想，即使冒犯读者也罢，以至于他最后指出："没有那种价值理论在表面形式和论述方面做得更完整、更详尽。"⑦ 在维塞尔看来，瓦尔拉斯的分析应受"数学因素过重"的批评⑧。我们在此碰到了维塞尔的著作中一个始终存在的方面，即由于他缺乏数学的基础

---

① 维塞尔：《自然价值》，斯马特编，迈洛赫译（伦敦，1893年），第40页。

② 《立法、行政和国民经济年鉴》，第XIII卷（1889年），第1488~1490页。

③ 《经济学家》杂志，第4类，第XLVI卷（1899年），第282~286页。

④ 《政治科学季刊》，第IV卷（1889年），第681~684页。下列评论出现在1894年译本问世之后：《政治科学季刊》，第IX卷（1894年），第179页；W. K. 弗明戈，《经济评论》，第V卷（1895年），第423~427页；A. C. 米勒，《政治经济学杂志》，第II卷（1894年），第308~309页；A. 哈德利：《经济文献新思潮》，【247】《耶鲁评论》，第III卷（1894年），第252~253页；D. 格琳：《维塞尔的〈自然价值〉》，《美国政治和社会科学院年鉴》，第V卷（1895年），第512~530页；埃杰沃思《经济杂志》，第IV卷（1894年），第279~285页；《威斯特敏斯特评论》，第CXLI卷（1894年），第211~213页；《国家》，第LVIII卷（1894年），第448页。

⑤ 维塞尔：《自然价值》，第XXXII页。

⑥ 维塞尔：《自然价值》，第XXXII页。

⑦ 维塞尔：《自然价值》，第XXXIII页。

⑧ 维塞尔：《自然价值》，第XXXIII页。

训练，所以他对使用数学的人始终抱有一种猜疑的态度，而且相信他不用数学也能同他们一样，甚至做得更好。维塞尔对杰文斯的唯一批判是认为他比门格尔的论述肤浅，在他看来，门格尔“是从更一般的价值概念出发的”①。

《自然价值》一书在很大程度上是把边际效用思想引进价值决定问题。对价值论中的边际效用的主要论述是在第一卷中提出来的。第二卷研究“自然价值”（并以之定书名），研究它同交换价值的关系，同社会主义国家中价值的关系等。在有关“归算”问题的很长的第三、四卷（占全书的40%）之后②，维塞尔又回到了他第一篇论文的论题：成本和价值的关系，这是第一卷论价值的继续。最后一卷篇幅不大，探讨边际效用理论同国家经济学的关系，特别是税收和政府开支问题。这一卷显然受到维塞尔在布拉格大学的同事萨克斯的鼓励，后者两年前在《国家学说原理》中已经研究过这个问题。

Ⅳ

维塞尔希望他的价值论能够调和以往反对效用论者【149】指出的种种矛盾，他说，物品所以有价值，是因为它们能满足需要；他又说，欲望会随着消费量的增加而下降这个事实（他命名为戈森定理），适用于“所有的感情，从饥饿到爱情”③，概莫能外。

维塞尔接着说，他几乎不必谈论满足的尺度问题。他假定存在测定的某种可能性，他说：“如果我们追踪某种需要的满足过程，并把每次满足行为所带来的价值标示出来，就会得到一种递减的尺度，其零点在完全满足或‘饱和’时便可达到，而其较高的一点则相当于满足的第一次行为。”④ 维塞尔在获得测定尺度方面显然感到存在两个障碍：精确性和共通性。他几乎未触及缺乏共通尺度这个问题，也没有指明当他把“共通性”一词用于不同物品和不同的人时，他想的究竟是什么。他接受近似准确值，他认为测定的尺度存在于“有可能在一百个不同的欲望强度之间作出区分”⑤。不消说，测定所要求的既

① 维塞尔：《自然价值》，第XXXIV页。

② 斯蒂格勒对“归算论”的评价，见《生产和分配理论》（伦敦，1940年）。“归算”同效用和价值问题有关，但不是直接相关。

③ 维塞尔：《自然价值》，第10页。

④ 维塞尔：《自然价值》，第10~11页。

⑤ 维塞尔：《自然价值》，第24页。

非任何设定的准确性，也非任何一种共通性；无论如何，在日常应用中两种都有用。

当维塞尔在非常有限范围内考察效用函数的形式时，他想的是不连续的效用函数（基于前述观点：消费者能够在相对极小的满足强度之间作出区分）；他还倾向于认为别人也一定会抱有同样的看法，因此他责备杰文斯等人相信“有必要使支出的每一个方面都严格地保持同样的满足程度，同样的水平，同样的边际效用”①。为适用其不连续函数，维塞尔重新表述了收入在各种支出间最佳分配的原理，即“在所有的用途中达到尽可能低的边际效用，而在其他用途中不必损失较高的效用”②。他对连续性函数的嫌弃更多的是基于他未能看到，连续性函数的假定只不过是对一部分现实世界的理想化。【150】尽管他在别的方面愿意理想化，他却继续拒绝连续性观点，这使他的分析付出了一定代价。它说明数学的稍许训练可能对他会有所帮助；杰文斯和瓦尔拉斯就保持着他们的优势。

维塞尔不仅在杰文斯、门格尔和瓦尔拉斯所说的意义上理解边际效用价值论，而且在该理论的某些方面还有他自己独特的不同看法。例如关于“需要的未来满足”问题就是如此。在这个问题上他同杰文斯公开地保持距离，但却不点名地也同庞巴维克分道扬镳。他的观点同这二人的看法形成对照。他认为人们对未来需要的估价一般来说并不低于对现在需要的估价。他承认原始人不能恰当地估价未来，但他坚持认为经济上先进的民族要学习恰当地估价未来，他特地指出人们应学会储备其整个的资本资产。他尤其否认未来欲望的减弱同资本和利息问题相关，理由是，利息“一点也不是管理不善的经济的征兆”③。

维塞尔在效用问题上的另一个贡献是他关于一整批财物的价值的看法。他用该物品每单位的价值即其边际效用，连同该物品的单位数来测定总价值。他指出：“一句话，一批同类物品的供给的价值等于其边际效用与其件数的乘积。”④ 维塞尔用了两章的篇幅来澄清他关于物品价值总量的这一特殊看法所引起的各种疑惑，其中之一即所谓“维塞尔的反论”。依照该理论，在物品数量增加到一定点之后，其价值便开始下降；当我们已经占有了所需要的全部物

① 维塞尔：《自然价值》，第 15 页。
② 维塞尔：《自然价值》，第 15 页。
③ 维塞尔：《自然价值》，第 19 页注。
④ 维塞尔：《自然价值》，第 25 页。

品时，它对我们的价值就会降低到零。维塞尔这样解决自己的反论：他指出，价值不仅有正的因素，即每一增量物品降低了归于先前物品的效用，而且有负的因素，即每一增量物品降低了归于先前物品的效用①。* 比维塞尔所提出的不能令人满意的答案更快捷的答案，必会涉及拒绝维塞尔的无成果的【151】总价值概念。维塞尔本人对此解答也一定不大满意，因为他赶紧向读者解释说，在人类经济中，我们的消费几乎全都处于总价值随着消费增加而增加的阶段，因而福利和价值在将来也是正相关的②。

维塞尔接着考察了所谓"价值的反常现象"。这个词可追溯到普鲁东；该现象同上述反论有一定的关系。显而易见的矛盾是：如果指导人们生活的原则是价值（即维塞尔所说的总价值），那么，"对每个人来说，无论从赚钱或销售的观点看，还是从他的私人经济来看……最有利的做法是把过分的富裕变成需要，把需要变成更大的需要，以便创造和增加价值"③。但他明智地指出，指导我们行动的不是**价值**而是**效用**。那么，价值还有何用？维塞尔答复说，因为一般来说总价值和总效用是朝着相同的方向运动，又因为我们可以测定总价值而不是总效用，所以，"从效用考虑认为是满意的交易，从价值来说也是满意的"④。结论是，可以用价格和数量来测定总效用。普鲁东认为上述不一致只能通过社会主义的社会组织来解决，维塞尔则拒绝这个结论。

V

维塞尔的书取名《自然价值》，也许是想反映该书中最富有独创性和最有价值的部分，但他的思想终于未能证明是有用的，所以自然价值这一概念和用语也就从未进入后来经济学家的著作。关于自然价值的含义，维塞尔本人没有明说，他很可能把它看作一种虚构。他显然认为自然价值是在这样一种条件下出现的价值，即每个人都有相同的购买力和相同的口味，以至于交换价值会与

① ＊原文如此。这难以理解。维塞尔事实上说的是："正的因素就是在使用财物中所得到的享受，"这享受的总量会随物品数量的增加而增加，但其增加的幅度会递减，以致递减到零。他又说，我们对一批物品中的所有单件物品都按其边际效用的价值来考虑，超过边际效用的剩余价值便从物品的价值中扣除下来，从而降低了先前物品的价值，可见，"价值构成中的负的因素等于被扣除的剩余价值"。参看：《自然价值》，第1卷，第10章——译者注。

② 维塞尔：《自然价值》，第31页。

③ 维塞尔：《自然价值》，第32~33页。

④ 维塞尔：《自然价值》，第33页。

每个人的效用相一致①。维塞尔没有这样说，但意思是明确的。例如，他说，他著作第一章所讨论的孤立个人的价值就是自然价值②。在此孤立个人的社会中，每人的收入相同，口味也一样。他又说，【152】共产主义社会中的价值是自然价值，因为所有人的收入和口味都是一样的③。自然价值肯定是不存在的。维塞尔也承认，“它终究是不是一种梦幻，令人怀疑”④。他建议我们“满足于想象这种价值就行了。如果我们能够设想去掉了私有财产以及由于人类的不完善性所带来的全部麻烦，它（自然价值）就会很好地帮助我们认识现有经济的面貌”⑤。当私有财产消失时，收入的不平等大概就会被抛到窗外，随着人类不完善性的消灭，口味的差别也不复存在了。自然价值对维塞尔来说显然是一种理想的不现实的东西。

维塞尔不能为其自然价值思想派上用处，所以它在中途就搁浅了。他本来的目的是要发挥来自以下两种情况的思想：一种是（如他所说）边际效用指导或应当指导我们的一切行动；另一种是，他没有效用的尺度。可是，最后他却把边际效用同他能够测定效用的想法连到一起了。他认为价值只在一定条件下符合边际效用，他称这些条件是“自然价值”。他认为他能测定客观价值，从而，在自然价值和客观价值一样流行的限度内，他也能测定效用。他想尽力证明，现实世界发现的交换价值总是理所当然地接近于自然价值，因而我们对经济行为的实际指导通常是服务于一种有益的目标。但是他未能达到目的。这种思想几乎没有什么实际成果，因而后来的作者对它也就视若不见了。维塞尔在1914年的《社会经济理论》中以不同的说法重提这一思想，但没有得到什么反响。

Ⅵ

效用与成本的关系是维塞尔颇感得意的课题之一。要注意的是，维塞尔看

---

① 哈耶克说：“维塞尔称‘自然价值’为这样的价值，它流行于共产主义社会，并假定完全没有交换，中央主脑直接支配全部经济过程”（施皮格尔：《经济思想的发展》，第561页）。但维塞尔肯定不想把所有的交换都排除在外。

② 维塞尔：《自然价值》，第60页。

③ 维塞尔：《自然价值》，第60页。

④ 维塞尔：《自然价值》，第61页。

⑤ 维塞尔：《自然价值》，第61页注。

待价值的观点不同于现今大多数经济学家的观点。他试图发现价值的原因，而现今大多数经济学家则试图揭示出同时决定全部有关经济量的各种因素，并不希求通过探讨这种复合体，而从中找出某个特殊部分作为其他部分结果的原因。一般均衡价值论把影响价值的所有因素都包括在内，而不是只把其中的一个因素作为原因。

【153】维塞尔追随门格尔，坚信效用（正确理解的效用）是价值的**原因**。他知道别人发现原因存在于不同的地方，特别是在某些东西（尤其是劳动）的成本上。维塞尔还看到这些成本是存在的，而且在经济世界发挥着某种作用。他还知道门格尔的《原理》没有研究这个问题。为弥补这个疏漏，说明效用（价值的真正原因）与成本的关系，维塞尔写了提交给克尼斯研讨班的论文，现在又在《自然价值》中回到这个论题。

维塞尔拒绝把劳动成本作为决定价值的一个因素，从逻辑上说完全是出自他当时所设想的那种经济。在他讨论的大多数地方，维塞尔都把价值看作是起源于某种最简单的情形：一个消费者的市场，卖者有一定量商品。在这种市场上，劳动成本或任何其他成本显然不会加入价值的计算，这主要是因为没有劳动或任何其他生产努力发生作用。在市场完全被消费者的利益所支配时，调节交换价值或任何其他价值的就只有各种效用条件和既定的供给条件了。如果把各种生产条件加进他的模式，维塞尔也只是认为劳动成本只起有限的作用。他的论价值的著作始终把劳动量看作是一种不变的量，在此限度内谈生产同他的模式的关系，因此维塞尔不把劳动成本作为价值的一个原因。

维塞尔设想了一种场合，一种很不可信的场合，在此场合下，他认为劳动成本决定价值。可是如果设想劳动能够而且确实生产了如此丰裕的产品，以至于其边际效用全都下降到零，这是不可思议的。应当假定，在这种场合，舒适（闲暇）的边际效用是零。维塞尔认为，在这种场合，物品将是有价值的，因为如果放弃了任何劳动，则某些需要就不能满足。但是边际效用不可能表示出这种正的价值，因为它将等于零。维塞尔的结论是，我们不能发现劳动价值论成立的条件，因此效用总是支配价值的①。

维塞尔的《自然价值》是他对价值问题的主要贡献。他在此后几年中发表了两篇文章，旨在向美国宣扬他的价值学说。【154】但再往后25年间，他

① 维塞尔：《自然价值》，第198~199页。

没有重温这个课题[①]。哈耶克说："在致力于高难度的各种问题进行了 25 年紧张工作之后，一种枯竭之情油然而生。因为在许多年间继续进行理论研究是不可能了。"[②] 15 年间两部篇幅甚小的著作的问世是否真的使他精疲力竭，我们可能有怀疑，但毋庸置疑的是，他此时的确了结了价值理论，而且再也没有抱着同样单一的目的（他曾为此钻研到 1889 年），重新回到这个课题上来，并达到同一水准。

① 《奥地利学派和价值理论》，《经济杂志》，第 I 卷（1891 年），第 108～121 页；《价值理论（答马克文教授）》，《美国政治和社会科学学院年鉴》，第 II 卷（1891 年），第 600~628 页。

② 施皮格尔：《经济思想的发展》，第 562 页。

第十七章　庞巴维克

I

【155】在讨论维塞尔时，庞巴维克实际上已经进入了对边际效用学派的兴起的说明。庞巴维克同边际效用的联系屈居维塞尔之后，只是因为他不如维塞尔那样地专注于边际效用问题的研究。但利用了边际效用思想，即使在他致力于他所偏爱的资本与利息的课题时，他也大量地利用了边际效用思想。

庞巴维克和维塞尔同步而行 30 年①。他们是中学和维也纳大学的同窗，同在 1872 年发现门格尔的《原理》，此后一同担任奥地利的公职，又一同赴德国，在海德堡、耶纳和莱比锡学习 2 年，然后一起回到奥地利担任公职。对我们来说，最值得注意的差别是，维塞尔为克尼斯的研讨会写的论文是关于价值与成本的关系问题，而庞巴维克写的却是资本与利息。他们 30 岁时（1881 年）首次分手，庞巴维克离开维也纳去因斯布鲁克，与他同行的是他一年前新婚的妻子——维塞尔的妹妹。

---

① 【247】熊彼特是庞巴维克的一个伟大赞美者。他对庞巴维克的评介比谁都多，其中多数是颂词。熊彼特为《新奥地利人传记》（维也纳，1929 年，第 II 卷，第 63~80 页）撰写了庞巴维克的生平传记。该传记转载于施皮格尔的《经济思想的发展》（纽约，1952 年，第 569~579 页）。熊彼特还写了一篇更长的更多颂扬之词的《庞巴维克毕生的科学事业》一文（《国民经济，社会政治和行政管理杂志》，第 XXIII 卷［1914 年］，第 454~528 页），后摘译发表于《从马克思到凯恩斯十大经济学家》（伦敦，1952 年，第 143~190 页）。门格尔和维塞尔比庞巴维克更长寿，他们都为庞巴维克的去世写过悼词。门格尔的悼词发表在《维也纳科学院年鉴》（1915 年），维塞尔的悼词发表于《帕尔格拉夫经济学辞典》（伦敦，1925 年，第 I 卷，第 825~826 页）。L. 鲍纳为《经济杂志》准备了一篇讣告（第 XXIV 卷［1914 年］，第 648~650 页）。

Ⅱ

庞巴维克1880年放弃政府职务，任维也纳大学的编外教师。为获此资格，他撰写并于1881年发表了《从国民经济财富理论的观点来看权利和关系》①。这是他的第一本著作，主题是确定经济物品的性质。阅读门格尔的《原理》为他写作本书做了准备。他所研究的特殊物品包括信贷、专利和信誉。他认为这些东西不宜划入经济物品的范畴。德国刊物上出现了对这部著作的篇幅适中的评论②。尽管庞巴维克的第一部著作的确是想强调物品的效用方面，但其中没有证据表明他理解边际效用的重要性。他在《权利和关系》【156】中没有提到杰文斯或瓦尔拉斯。我们可以明确地说，庞巴维克在1881年时的兴趣还不在边际效用价值论上。

Ⅲ

庞巴维克的第一本著作谈到他继续研究资本和利息的计划③。他三年后完成的《资本与利息》第一卷是其一部分成果，该书是对资本与利息理论历史的清算④。同他的第一本著作一样，这本书也很少论及价值问题。他在此浏览了大量经济学文献，并接触到杰文斯的《理论》，但他还没有把杰文斯和门格尔联系起来。瓦尔拉斯的《纲要》虽有很长一节论及资本理论，但其不在庞巴维克援引的著作之列。庞巴维克很可能只是暂时不知道瓦尔拉斯，因为他在后来的《资本与利息》的各版中包括了瓦尔拉斯。同样，许多人当时也不知道瓦尔拉斯，因为瓦尔拉斯运用数学，从而掩盖了他的著作的其他方面。就这样，庞巴维克失掉了在1884年把三位奠基人联系到一起的好机会。的确，他到此时还没有对边际效用理论表现出什么兴趣。读过庞巴维克的前两本书，谁

① 因斯布鲁克，1881年。重印于《庞巴维克论文集》，【248】维斯编（维也纳，1924年），第I卷，第1~126页。

② E. 斯特洛克发表了最完全的评论，载于《立法、行政和国民经济年鉴》，第V卷（1881年），第1290~1301页。H. 迪策尔的评论载于《一般政治学杂志》，第XXXVIII卷（1882年），第771~773页。F. 克莱沃特的评论载于《国民经济与统计年鉴》，新编，第IV卷（1882年），第119~120页。

③ 庞巴维克:《权利和关系》，重印于《论文集》，第I卷，第125~126页。

④ 《资本与利息，第一卷。资本利息理论的历史和批判》（因斯布鲁克，1884年）；英译本《资本与利息，经济理论批判史》（伦敦，1890年）。

也不会想到要把他列入那些极大地推动了边际效用理论发展的人之中。评论家也肯定没有把他的著作同任何特定的价值理论联系起来①。

Ⅳ

两年后（1886 年）庞巴维克中断了资本和利息研究，而发表了关于价值理论的最重要著作，该书的问世标志着他成为边际效用学派的一员。这部书分为两部分发表在德国主要专业杂志上②。它发挥了边际效用理论，而且加进了一些新思想。为什么庞巴维克中断其他研究而转向价值论呢？也许是他的密友维塞尔《价值起源和主要规律》（1884 年）的出版鼓励了他，也许是他自己关于资本和利息的著作使他转向了这个方向，也许二者兼而有之。无论怎样，庞巴维克的文章是德国杂志上出现的对边际效用思想的【157】第一次长篇明白的表述。它发表在对经济学感兴趣的人都便于阅读到的地方，而且不久就掀起了一场争论。

这篇文章稍加修改并入《资本与资本利息》第二卷（1889 年）③。这使德国人又一次看到经过精细加工的边际效用思想。庞巴维克把边际效用理论置于资本论和利息论之间。他解释说，为了理解利息率应当了解价值。但对大多数读者来说，并不需要为此而把研究扩展到如此地步。庞巴维克在后来讨论资本和利息时利用到一些边际效用思想，但没有充分利用它，以保证给读者思考的时间。看来庞巴维克利用他论资本和利息著作出版之时传播边际效用思想这一点可能是不自觉的。

① 参考 O. 普林什的评论，载于《立法、行政和国民经济年鉴》，第 IX 卷（1885 年），第 314~317 页。E. 韦斯的评论，载于《国民经济、政治和文化季刊年鉴》，第 LXXXVII 卷（1885 年），第 108~112 页。R. 弗莱德堡的评论，载于《国民经济和统计年鉴》，新编，第 XII 卷（1886 年）第 77 页。

② 《经济物品的价值理论纲要》，《国民经济和统计年鉴》，新编，第 XIII 卷（1886 年），第 1~82 页，477~541 页。该文重印于《经济学与政治学珍本著作重印丛书》第 11 种（经济学和政治科学的伦敦学派）。

③ 庞巴维克：《资本和资本利息，第二卷，资本实证论》（因斯布鲁克，1889 年）。威廉·斯马特（1890 年代初边际效用理论在英国的一位追随者）把这一卷译成英语（1891 年），书名为《资本实证论》。本文以下引语均出自英译本。法文译本 1929 年问世。

Ⅴ

庞巴维克对边际效用的解释在所有的方面都是紧随门格尔和维塞尔之后的，这种承继关系十分明显地表现在他拒绝把物品看作具有完全可分性这一点上。他也分割物品，但有一定限度，超过此限度他就不干了。例如他说一片面包而不说半片或 1/4 片面包，等等。他更常用“马”一类物品作为例证，在这里，“1/2 马”或“1/3 马”的说法显然是十分可笑的。

庞巴维克对可分性加的种种限制，使他必然面对一些杰文斯和瓦尔拉斯没有遇到的问题，他花了许多时间讨论这些问题，写了题为《复杂的现象》的一章，其大部分内容可以不提，如果他采纳了完全可分性观点的话。在关于价格的一节中他反复使用具有十足庞巴维克精神的术语：买者和卖者的“边际对偶”。对偶的重要性会随被交换的单位数的较小增加而降低。庞巴维克是从他分析时所用的单位数引出全部内容的，他在这方面花了很多的时间，从下面一段话即可看出这一点。

【158】他说：“假定在某个部门有 4 个机会，按其重要性可分为 10、8、6、4；而另一部门也有 4 个机会，以 9、7、5、3 表示。再假定某人只有 5 件物品，无疑这五件物品将被分配给 10、9、8、7、6 这 5 个机会；最后这个数字（它碰巧属于第一个生产部门）是真正的边际效用，并决定商品价值，而在第二个部门中以 5 表示的下一个机会，按照我们的公式一定会变成‘虚假的边际效用’。”①

不消说，别人是不会用他的“虚假的边际效用”这个词的。

Ⅵ

庞巴维克从未研究效用的测定问题，他在大多数场合都是讨论数量的序数方面。不过他的这种限制主要是想以尽可能简单的术语来表述他的分析，而不是出自认为基数方法不适宜这种场合的看法。从下面的句子可以看出他遵循效用衡量序数论的意图：“大家知道，我们的需求在重要性上是极其多样化的。

① 庞巴维克：《资本和资本利息，第二卷，资本实证论》（因斯布鲁克，1889 年），第 165 页。

我们通常习惯于按照如果得不到满足对我们的福利带来后果的严重性来对它们加以排列。”① 他区分了不同等级的物品：“‘饮食需要’远在烟草需要之上。”他还对一个特殊等级之内的不同项目物品加以区分。庞巴维克对效用和地形之间的类比，表明他通常限于做序数的比较。他说：“这很像一位地理学家在一个时期是按山脉的高度来排列阿尔卑斯山脉、比利牛斯山脉和哈尔茨山脉，而在另一个时期却是按照它们的个别山峰来排列一样。”② 他接着谈到了“分类”。他按照门格尔的方法列了一张表，标出了对各种物品的所有单位的数字。不过，这些数字对消费者的选择只起一种指导作用，并未告诉他所获得的效用量③。庞巴维克的这个表以及其他的地方表明，一个消费者对某物品的每一增量的估价低于他对前一单位的估价（边际效用递减），他也就开辟了通向基数测定的道路。【159】但也到此为止，因为他并没有要求消费者真的去计量基数量。

事实上，直到谈及补全物品问题时，他才离开了序数观点。他感到不得不从基数上去研究代表边际效用的数字。可是他并没有意识到他对这些数字的使用与以前已经有所不同。他假定：“A、B、C 三个物品组合起来的效用是 100，A 本身的边际效用是 10，B 本身的边际效用是 20，C 本身的边际效用是 30……”④ 这显然是一种新调子，它不同于庞巴维克先前列举出的等级数字。庞巴维克表明他也是有区别地看待它们的，因为他立即开始把它们加减，以便得出补全物品的价值，这些做法表明他不再限于仅仅使用序数尺度了。

Ⅶ

庞巴维克在大多数场合不需要在个人之间比较效用，因而人们通常以为庞巴维克认为这种比较是不可能的。的确，他没有说过在通常情况下某物品对某人的边际效用会超过同一物品对另一人的边际效用。但他承认收入的边际效用对富人和对穷人有所不同。请看他对如下普通常识的观察：“我们很难比较以下两种人的心态：一个贫穷职员在月初领得全月工资 5 镑，可能在回家的路上

① 庞巴维克：《资本和资本利息，第二卷，资本实证论》（因斯布鲁克，1889 年），第 140 页。
② 庞巴维克：《资本和资本利息，第二卷，资本实证论》（因斯布鲁克，1889 年），第 142 页。
③ 庞巴维克：《资本和资本利息，第二卷，资本实证论》（因斯布鲁克，1889 年），第 144 页。
④ 庞巴维克：《资本和资本利息，第二卷，资本实证论》（因斯布鲁克，1889 年），第 172 页。

把它遗失了。一个百万富翁也丢失了同样数目的钱。对前者来说，遗失5镑就意味着他一个月的极度痛苦，而对后者来说却无关紧要。"①

庞巴维克还比较了他自己的价值论和广泛流行的完全对立的一种观点，即认为成本以某种形式决定着物品的价值。他遵循门格尔已经开辟的道路，而且从维塞尔的精深研究中获益匪浅。他指出对于那些只能制造一种特殊物品的生产要素来说，其价值无疑决定着这些生产要素的价值或成本。他的结论是：【160】"托考伊葡萄酒不会因为有托考伊葡萄园而有价值；应当说，托考伊葡萄园有价值，是因为托考伊葡萄酒有极高的价值。"② 但是，在某个单一要素可用于许多不同消费物品时，"就出现了相反的现象，但略加思索就不难发现这不过是表象罢了"③。在这种场合，成本符合于该要素在任何一种产品上所产生的最低边际效用。"正像月亮反射太阳光于地球上一样，多方面的成本把它们从边际产品那里取得的价值反映到它们的其他产品上去"④。

Ⅷ

庞巴维克在价格决定问题上是遵循门格尔观点的。在他的分析中，买者和卖者各自怀着他们心目中的价格来到行情变得不定的市场。他们只是为了"改善他们的经济地位"⑤ 才来交换的。在这里依据效用来进行的交换分析，应当服从于根据边际效用和价格来估算的效用或收益的最大化这一必要条件。但是庞巴维克像门格尔一样没有作出这种分析。庞巴维克当时对杰文斯的《理论》的内容已经有所了解，他对瓦尔拉斯的《纲要》也可能已有所闻，但他在价格研究中根本没有跟着他们走。

由于有这种局限，因而庞巴维克的价格分析同他的价值或效用分析之间的联系是薄弱的。事实上，"边际效用"一语在他的价格研究中不过偶尔出现，而且没有起多大作用。首先他把这种联系限于类似性，在他的分析中，边际既

① 庞巴维克:《资本和资本利息，第二卷，资本实证论》(因斯布鲁克，1889年)，第161页。
② 庞巴维克:《资本和资本利息，第二卷，资本实证论》(因斯布鲁克，1889年)，第189页。
③ 庞巴维克:《资本和资本利息，第二卷，资本实证论》(因斯布鲁克，1889年)，第189页。
④ 庞巴维克:《资本和资本利息，第二卷，资本实证论》(因斯布鲁克，1889年)，第189页。
⑤ 庞巴维克:《资本和资本利息，第二卷，资本实证论》(因斯布鲁克，1889年)，第193页。

决定价格，也决定价值①，“但是”，他的结论说：“这种类似性并没有全部说明价格与主观价值之间的关系。”② 可是，除了下面这句话以外，他没有作出进一步的解释：“物品的主观评价同等价物之间的关系，决定着卖者和买者是否值得参加竞争……”③

① 庞巴维克：《资本和资本利息，第二卷，资本实证论》（因斯布鲁克，1889 年），第 209 页。
② 庞巴维克：《资本和资本利息，第二卷，资本实证论》（因斯布鲁克，1889 年），第 210 页。
③ 庞巴维克：《资本和资本利息，第二卷，资本实证论》（因斯布鲁克，1889 年），第 210 页。

第十八章 奥地利学派的其他成员

I

【161】1871—1889年，奥地利学派的成员，除了该学派的创始人门格尔和他的两位最著名的门徒维塞尔和庞巴维克以外，还有9名经济学家①。这些影响较小的经济学家中大部分人的生平有惊人的相似之处。他们的经历同门格尔、维塞尔和庞巴维克的经历如此相似，难怪他们有类似的观点了。这9人中的7人，即古斯塔夫·克鲁斯、约翰·冯·柯莫津斯基、维克多·玛塔佳、罗伯特·迈伊尔、欧根·菲力波维奇·冯·菲力普斯堡、埃米尔·萨克斯和罗伯特·祖克坎德，他们都获得了法学博士学位，然后有几年不在大学，多在政府任职。他们每人都写过一本书，以取得在维也纳大学任职编外讲师的资格。此后虽然他们仍在政府中任职②，但同时仍同一个奥地利大学（通常是维也纳大学）保持联系。他们大部分加入了“奥地利国民经济协会”③。后来他们又发表了其他一些著作，部分是为了在各自大学晋职：他们每人先被提升为副教

① 【248】这个数字不包括下列5人，他们虽然此时也居住并任教于奥匈帝国的首都，但由于各种理由使他们不属于维也纳学派。劳伦斯·冯·斯廷在维也纳大学任教30年之久（1855—1885年），但他的著作所体现的是较早时期的经济学说。鲁约·布伦坦诺（他于1888年代替斯廷，但只维持了一年）和奥古斯特·冯·米亚斯考斯基（他于1889年接任布伦坦诺）处于门格尔的影响之外，显然不属于维也纳学派。赫尔曼·布劳迪格（奥地利财政法学编外讲师）和卡尔·西尔德·冯·因纳玛-斯特尼格（政治学名誉教授）曾任教于维也纳大学，但他们讲的内容属于经济学的边沿。

② 9人中有2人在一定程度上未任职于政府，他们是约翰·冯·柯莫林斯基（1911年的《人名辞典》把他列为“政府阁员”，这是个例外）和埃米尔·萨克斯。

③ 【249】门格尔没有加入，柯莫津斯基和祖克坎德也未加入。萨克斯、克鲁斯、玛塔佳、李宾和奥斯皮茨是该协会的成员但并未积极参加它的活动。该协会最积极的成员是维塞尔、庞巴维克、迈伊尔和菲力普斯堡。该协会的机关刊物是《国民经济、社会政治和行政管理杂志》［汉斯·帕茨尔：《奥地利国民经济协会编年史》（1875—1915年），年鉴，维也纳，1915年，第160~169页］。

授，后来升为正教授。下页的表列出了奥地利学派的12名早期成员中的10人的主要经历①。其他两人是鲁道夫·奥斯皮茨和里查德·李宾，他们没有进维也纳大学，未获得法学博士学位，未任过编外讲师或教授。他们的经历和背景截然不同。他们同已经提到过的奥地利维也纳经济学家共享维也纳学派成员的资格，仅仅是因为他们大约在同时也住在维也纳，而且对经济学感兴趣，特别是对应用边际效用思想与价值论有兴趣。

维也纳大学经济学教师（1871—1889年）

姓名	出生	法学博士	编外讲师	副教授	正教授	逝世
门格尔	1840. 2. 23.	1867	1872—1873	1873—1879	1879—1903	1921. 2. 26.
维塞尔	1851. 7. 10.	1875	1883—1884	1884—1889 布拉格	1889—1903 布拉格 1903—1922 维也纳	1926. 7. 22.
庞巴维克	1851. 2. 12.	1875	1880	1881—1884 因斯布鲁克	1884—1889 因斯布鲁克 1905—1914 维也纳	1914. 8. 27.
克鲁斯	1856. 6. 12.	1878	1884—1898	1898—1920		1932
克莫林斯基	1843	1868	1890—1903	1903—1911		1911
玛塔佳	1857. 7. 20.	1885	1885—1890		1890—1892 因斯布鲁克	1933
迈伊尔	1855. 1. 8.	1877	1884—1891	1891—1901	1888—1889 弗莱堡	1914. 6. 10.
菲力普斯堡	1858. 3. 15.	1882	1884	1885—1888 弗莱堡	1893—1917 维也纳	1917. 6. 4.
萨克斯	1845. 2. 8.	1868(?)	1871(?)	1879—1880 布拉格	1880—1893 布拉格	1927. 3. 25.
祖克坎德	1856. 12. 3.	1879	1886—1894	1894—1896 布拉格	1896—1926 布拉格	1926. 5. 28.

奥斯皮茨生于1837年7月7日，比门格尔早几年；李宾生于1842年10月10日，比门格尔晚几年。【163】他们的学业不是转向法学和政治学，而是

① 除了注明者外，学位系指维也纳大学授予者。

物理学①，因此，当他们开始从事研究时，比其他维也纳经济学家更注重数学方法②，在结束教学生涯后他们改而从商③，奥斯皮茨还曾从政（进入议会）30年，他于1906年3月8日去世。李宾于1919年11月11日去世。他们都加入过“奥地利国民经济协会”。【162】

Ⅱ

上述9位次要作者的大量文字材料极少涉及边际效用，但他们通常又被算在边际效用学派之内，这确实令人吃惊④。他们中有2人根本没有谈到边际效用，其余4人谈得也很少，只有萨克斯、奥斯皮茨和李宾写过不少有关的东西。

克鲁斯和玛塔佳的著作很多，但没有一本详谈过边际效用思想。他们有权被算在维也纳学派之内，主要是由于他们没有说过什么同边际效用观点相左的东西。他们没有必要这样做，他们的兴趣在这个领域之外；如果在这个领域之内，他们也许会喜欢诸如劳动价值论这样相反的信念了。

克鲁斯的第一部理论著作是《企业利润理论》，它研究利润的性质、正当性和社会意义⑤。在研究这些问题时他本可说到边际效用，但他没有这样做；他只是提到门格尔的《原理》，但这同效用无关⑥。大约同时他又发表了《卡

① 奥斯皮茨在维也纳、柏林和海德堡研习过自然科学。李宾于1860—1862年在维也纳工艺技术学校听过数学，在卡尔斯鲁听过数学和工程学课程，后来他曾同物理学家恩斯特·弗莱克一起进修数学。奥托·温伯格写过一篇解释性长文：《奥斯皮茨和李宾：国民经济学中的数学方法史》（《一般政治学杂志》，第XCI卷〔1831年〕，第457~492页），该文委婉地否认维也纳学派的所有其他次要成员。

② 其他的维也纳经济学家在中学学的数学知识，到大学时差不多都忘光了，其中有的人对于在经济学中运用数学还表示反感。

③ 奥斯皮茨是奥地利第一批制糖业者之一。李宾在商业和金融业中发挥过明显作用。奥斯皮茨的妻子是李宾的姐姐，这同庞巴维克和维塞尔的关系有些相似。

④ 例如，克鲁斯是汉尼在其《经济思想史》（第3版，纽约，1936年，第622~623页）中忽略的这批人中仅有的一位。

⑤ 莱比锡，1884年版。此前他曾发表《为私人筑路的国家补助》（维也纳，1882年），还有文章《国民经济学时代》（《一般政治学杂志》，第XXXIX卷〔1883年〕，第126~165页），以及若干书评（发表在《国民经济与统计年鉴》，新编，第VI卷〔1883年〕，第164~165、166、175~176页；新编，第VIII卷〔1884年〕，第272~273页），其中没有一篇体现了边际效用学派的精神。

⑥ 同上书，第173页。他在一个十分恰当的地方联系到试图明确说明市场价格决定问题，并援引了门格尔的话，但他的讨论同门格尔的分析没有任何相似之处；从他的解说中根本看不出他通读过门格尔的书。他说，一个消费者购买物品以便满足其需求，该需求取决于他的需求“强度”和支付能力。对有些物品的需求“强度”如此之大，以致支付能力退居次要地位，例如，涉及满足人的生理需要的物品。因此，如果企业家改变这些必需品的价格，也就开创了一种特殊的和一系列特有的条件。

尔·马克思》一文（载于《德国凡人传记》[①]）；一年后他将此文修订出版[②]。他以完全同情的态度详细论述了马克思的价值论[③]。尽管他批评马克思在讨论交换价值时没有考虑物品的有用性，尽管他援引了克尼斯和谢夫勒对马克思劳动价值论的批评[④]，但在他对马克思的有节制的修正中没有一处提到门格尔，或提出任何类似于边际效用的思想。

克鲁斯的第三本书《经济模式和经济原理》[⑤] 为他提供了很多机会来利用他当时（1888 年）已经知晓的边际效用思想，但他没有这样做。他一般地讨论了交换和价格，【164】他虽把门格尔同涉及于《原理》的讨论联系起来，但是，除了把交换中个人的需求以一种松散的形式同个人对物品的估价结合起来以外，他并没有更接近边际效用分析的核心。

克鲁斯后来的著述同边际效用没有任何更直接的关系[⑥]，因此我们很难理解威廉·韦伯的话，他说克鲁斯"受到了门格尔的影响"[⑦]。当然，我们不知道他在维也纳大学的课程中讲了些什么，不过，从下一章所列的课程表中可以看出[⑧]，在这个时期他常同门格尔、维塞尔、菲力普维奇和玛塔佳等人一起讲授《国民经济学》这门基本课程，因此他对边际效用的看法绝不会与这些人相抵触。

玛塔佳[⑨]的情况与克鲁斯类似。玛塔佳的第一本论利润的小书没有把自己同门格尔的观点或边际效用经济学联系起来[⑩]这本书作为"取得大学讲席资格的著作"使他得以在维也纳大学任教，后来他又转到因斯布鲁克的教席（1890—1892 年）。他后来成为维也纳大学的名誉教授，但显然没有讲多少课。

---

① 第 XX 卷（1884 年），第 541～549 页。

② 克鲁斯：《卡尔·马克思：概论》（莱比锡，1885 年）。

③ 克鲁斯：《卡尔·马克思：概论》（莱比锡，1885 年），第 47 页。

④ 克鲁斯：《卡尔·马克思：概论》（莱比锡，1885 年），第 78 页。

⑤ 莱比锡，1888 年。

⑥ 克鲁斯在 1888 年后很少论及经济学，主要因为从政。他继续执教于维也纳大学（到 1920 年），但在 1889 年他任帝国议会议员，1917—1918 年任议会最后一任主席。他为下列杂志撰稿：《国民经济、社会政治和行政管理杂志》，第 I 卷（1892 年），第 279～287 页；第 IV 卷（1895 年），第 177～181 页；《国民经济和统计杂志年鉴》，新编，第 XVII 卷（1888 年），第 440～441 页；【250】第 XVIII 卷（1889 年），第 227～230 页；第 XXI 卷（1890 年），第 189～192 页。克鲁斯在 1895 年停止了经济学方面的写作。

⑦ 汉斯·迈伊尔编：《奥地利百年经济史》（1848—1948 年），维也纳，1949 年，第 631 页。

⑧ 参加本书第 19 章。

⑨ 他是小说家埃米里·玛塔佳（笔名"埃米里·玛里奥特"）和亨利希·玛塔佳的兄弟，后者是一位基督教社会主义者，曾积极参与奥地利政治活动。

⑩ 维克多·玛塔佳：《企业论》（维也纳，1884 年版）。

像克鲁斯一样，他的授课可使他谈及边际效用，但这只是一种猜想[①]。他后来对广告特别感兴趣，还写了一本这方面的书。我们也许由此推想他会讲到效用的，因为做广告必然要涉及厂商的利润，触及个人本身的效用，但这种关联没有出现。他这本身有一个范围很广的参考书目，但没有一本涉及边际效用[②]。玛塔佳还发表了许多其他著作，并为不同杂志写了大量论文，但是没有表现出可能把他同门格尔、庞巴维克或维塞尔联系起来的任何兴趣[③]。他的兴趣扩及迥然不同的各种事物，例如广告、零售、分期购买和保险。

Ⅲ

迈伊尔是奥地利学派中对边际效用问题做过少许论述的第一人。他在有关该问题的唯一的论文中论述了西蒙·尼尔森·派顿的“消费不断变动规律”[④]。这篇文章显示出他对边际效用思想有坚定的认识和理解，【165】有能力用它来分析经济现象。他没有提到门格尔，但提到维塞尔、奥斯皮茨、李宾和庞巴维克。迈伊尔过去没有讲授过这方面的课题[⑤]。当然，他可能在维也纳大学讲课时借用过这种思想，但没有这方面的记录保留下来[⑥]。他后来的著述多半集中在公共财政方面[⑦]。

对边际效用问题做过少许论述的第二位次要成员是克莫林斯基。20年间，

① 参阅本书第19章。

② 玛塔佳：《广告论》（莱比锡，1910年）。

③ 关于玛塔佳1910年前的著作目录，可参看《政治学袖珍词典》（第3种，耶纳，1910年）第IVI卷，第622~623页。从1910年到他去世（1933年）期间他发表的唯一著作是《国民经济理论》（维也纳，1931年版），本身由他编辑、写序，还有关于人口的一节。这期间他的文章多发表在《政治学袖珍词典》第3版和第4版的后面几卷。

④ 迈伊尔：《消费日益增加的多样性》，见《国民经济、社会政治和行政管理杂志》，第II卷（1893年），第385~418页。

⑤ 他此前发表的著作有：《合理赋税原理》（柏林，1884年），《收入的性质》（柏林，1887年），第二本书显示出他知晓边际效用学派的主要和次要成员，但他没有利用他们的主要思想。

⑥ 参看本书第19章。

⑦ 他后来唯一的著作是对赋税与收入关系的研究（1901年）。此外，他还写了不少书评，载于《国民经济、社会政治和行政管理杂志》第II卷（1893年），第351~359页；第III卷（1894年），第170~172，471~475，629页；第IV卷（1895年），第181~183页；第VI卷（1897年），第322~325页。《国民经济与统计杂志年鉴》，第3种，第IX卷（1895年），第441~444页；第XIII卷（1897年），第447~451页。他还写了一篇长文《奥地利全体职工收入的最初成果》，《国民经济、社会政治和行政管理杂志》，第VIII卷（1899年），第23~83页。他还担任过该杂志的编辑（1911—1914年）。他为《政治学袖珍词典》撰文《收入的概念和收入的分配》（见该辞典，第2种，第III卷〔1900年〕，第347~380页）。

即从他投入价值论的争论（这场争论推动门格尔开始他的著述）到他发表《孤立经济中的价值》（作为任教维也纳大学的条件）[①] 期间，克莫林斯基没有发表什么东西。我们不知道这位46岁的讲师为什么要转到维也纳大学，但我们知道他与边际效用经济学的发展是并步而行的。庞巴维克发现这本书（克莫林斯基题献给门格尔）完全体现了边际效用理论的精神[②]。克莫林斯基试图提出一种新的论据，说明价值理论只能正确地应用于可以再生产的物品和服务，而不能用于独一无二的物品。他的这个论点基于这个假定，即不能比较来自不同种类物品的满足[③]。根据这一点，奥斯玛·斯潘把克莫林斯基列为边际效用学派的第一位“直率的反对者”[④]。但他绝不是一个坚定的反对者，因为他再没有提出什么批评[⑤]。

把自己著作的一部分用于边际效用的第三位奥地利经济学家是祖克坎德，他的《价格理论，特别是该理论的发展史》[⑥] 中有一章是关于主观价值理论的，但本书不是对边际效用论的抗辩。祖克坎德的确显示了奥地利学派的派别精神，同赞扬主观价值的优点相比，作者更愿意维护门格尔，反对杰文斯和瓦尔拉斯。不过这本书现在看来可以作为对作者所属的经济学家团体的一种评价，因为他的说法在当时是很好的。至少，克拉克在他对该书的评论中说过：“这本书是对奥地利新近经济家著作的一个很好的介绍。”[⑦]

祖克坎德后来的著作比上述各作者的著作【166】更经常地回到边际效用问题上[⑧]。1890年他对亨利希·迪策尔对边际效用论的有力批评作了答复[⑨]；

① 维也纳，1889年。

② 《一般政治学杂志》，第XLVI卷（1890），第596页。

③ 庞巴维克和圣马克（《政治经济学评论》，第IV卷〔1890年〕，第216~219页）在对本书的评论中表示，不同意克莫林斯基的结论。

④ 斯潘：《经济学史》，第263~264页。

⑤ 他后来的唯一著作是《国民经济学的信用论》（因斯布鲁克，1903年；第2卷，因斯布鲁克，1909年），该书是献给庞巴维克的。他只偶尔提到他早先的价值观点（第1卷，第248~249页）。他发表在下列杂志上的主要文章几乎未提到边际效用：《国民经济、社会政治和行政管理杂志》，第III卷（1894年），第27~62页；第VI卷（1897年），第242~299页；第XIII卷（1904年），第537~545页。

⑥ 莱比锡，1889年。

⑦ 《政治经济季刊》，第V卷（1890年），第171页。

⑧ 他的著作目录，参看《政治学袖珍词典》，【251】第3种，第VII卷（1911年），第1084页。H. E. 白森：《当代经济理论选集》（1870—1929年），（伦敦，1930年），第207~208页。还有两本油印著作未包括在该书目中：《祖克坎德教授的国民经济学讲稿》（布拉格，1899年），《祖克坎德教授的政治经济学讲稿》（布拉格，1900年）。

⑨ 祖克坎德：《古典价值论和边际效用论》，《国民经济和统计年鉴》，新编，第XXI卷（1890年），第509~519页。

他批评了威廉·斯马特的《门格尔、维塞尔和庞巴维克价值论导论》[①]；他把边际效用思想加进他的布拉格的《国民经济学讲稿》[②]；1910年他著文庆祝门格尔的70岁寿辰[③]；同年他还写了《价格》一文，发表在《政治学袖珍词典》上，其中用到了边际效用思想[④]；直到1910年他去世（1926年），他都没有再回到这个问题上。

菲力普斯堡是通常包括在边际效用学派之内，在主观价值论上写了一些东西，但为数不多的那些奥地利经济学教授中最后的一位。1893年前他没有发表过边际效用的著述，这个时限已经超过我们研究的这个时期了[⑤]。如他自己所说，他虽然从1879—1885年一直在维也纳大学学习，但完全是在斯廷的影响之下，至于对门格尔的了解，则仅限于知道他是鲁道夫王储的家庭教师[⑥]。他疏远历史学派并转向边际效用学派，是在他及时阅读了庞巴维克的《资本和资本利息》之后；这本书的第二部分于1889年问世[⑦]。我们把他包括在边际效用学派之内，主要是因为他的《政治经济学原理》[⑧] 是德国经济学第二代最有名的一部教程，是许多德国人了解边际效用经济学的主要来源。但德国的主要评论家从未提及其中的边际效用思想[⑨]。

① 《国民经济、社会政治和行政管理杂志》，第I卷（1892年），第371~372页。

② 《祖克坎德教授的国民经济学讲稿》，第252页。

③ 《国民经济、社会政治和行政管理杂志》，第XIX卷（1910年），第251~264页。

④ 第3种，第VI卷（1910年），第1130~1154页。

⑤ 他在19世纪80年代后期发表了许多著作，但其中只有一本书，就其总的调子来说，可能会使人指望它会显示一些边际效用的观点，其余的全是更实际的和更多描述性的观察。他在弗莱堡发表的就职演说《政治经济学的任务和方法》（弗莱堡，1886年版）也许可以谈到效用问题。然而我们可以预见到，他会提到门格尔的《研究》，而不是他的《原理》。他的著作目录，可参阅：《现代经济思想选集》（1870—1929年），第196~200页；或《政治学袖珍词典》，第3种，第VI卷，第1038页。

⑥ 菲力普斯堡：《庞巴维克博士》，《国民经济、社会政治和行政管理杂志》，第XXIII卷（1914年），第441~442页。

⑦ 他对庞巴维克著作的评论发表于《一般政治学杂志》，第XLV卷（1889年），第568~574页。

⑧ 《一般国民经济学》，第I卷（弗莱堡，1893年）。

⑨ 埃斯特：《国民经济和统计年鉴》，第3种，第VIII卷（1894年），第449~453页；米亚斯科斯基：《立法、行政和国民经济年鉴》，第XVII卷（1893年），第919~922页；谢夫勒：《一般政治学杂志》，第XLIX卷（1893年），第544~540页。相反，非德文杂志则特别赞成在一般教科书中介绍边际效用思想（卡德威尔：《一般政治学杂志》，第I卷〔1893年〕，第302~307页）；希杰：《美国政治和社会科学院年鉴》，第IV卷（1893—1894年），第168~179页；圣马克：《政治经济学评论》，第XII卷（1893年），第166~167页。

Ⅳ

萨克斯同奥地利学派的联系，除了门格尔、维塞尔和庞巴维克以外，比其他人都更密切。我们对他的生平知之不多，无法确定他何时熟悉门格尔《原理》，何时开始研究边际效用。他可能在 19 世纪 70 年代初接触到门格尔的《原理》，但在此后的一个长时期并没有受到该书明显的影响。

萨克斯在到布拉格（1879 年）以前的五年间的著作同门格尔的著作无关，而且具有描述的、历史的和分析的性质①。他定居布拉格后【167】五年间发表的第一本书就表现出门格尔的影响，但不是门格尔的《原理》，而是《研究》②。门格尔在后面这部著作中研究的是方法问题，而不是价值问题③，因此也就没有用到边际效用思想。

1887 年萨克斯发表了《国民经济学理论原理》（以下简称《理论原理》）④，该书显示出他完全接受边际效用概念，这是庞巴维克对边际效用理论表露了类似的强烈兴趣之后的一年。从这时起萨克斯明确属于边际效用学派了。不过我们应当记得，他走上经济学之路是在门格尔《原理》问世后 16 年，尽管他此前曾得益于该书。

我们应当防止按照某些经济思想史家的看法来看待萨克斯《理论原理》的中心目标。例如格雷说："在最初的奠基者中，第四位作者（萨克斯）难以反驳的要求，"有如下述："国家可以取得（用于较不急切的目的）纳税人一直更有利地使用着的货币。这虽是老生常谈，但它几乎可以明显地适宜于精美的维也纳糖果。讨论这方面的问题是萨克斯《理论原理》（1887 年）的一个特殊贡献。他把奥地利人的思想用于国家经济学，特别用来发挥了一种赋税理论。"⑤ 完全正确！但是，本书一定会让那些以为萨克斯的上述著作主要研究赋税和国家问题的人大吃一惊，因为本书对边际效用的议论颇多，而关于赋税的内容极少。

---

① 更完全的书目，参看《政治学袖珍词典》，第 3 种，第 VII 卷，第 191 页。

② 《国民经济学的性质和任务》（维也纳，1884 年）。

③ 有两位评论者对《国民经济学的性质和任务》发表了长篇评论，他们仅仅而且恰当地把这本书看作当时方法论争论的一部分。参看威廉·汉斯伯克：《关于国民经济学方法论的著作》，《立法、行政和国民经济杂志》，第 IX 卷（1885 年），第 545~557 页；迪策尔，《国民经济和统计年鉴》，新编，第 VIII 卷（1884 年），第 498~500 页。

④ 维也纳，1887 年。

⑤ 格雷：《经济理论的发展：导论》（纽约，1931 年），第 361~362 页。

萨克斯这本书的成功，从任何观点来看，都只是中等的①，它没有再版，但出过意大利译本②。这些情况使萨克斯感到不快，据说，他辞去布拉格大学的讲席，在 48 岁时隐居意大利就是因为如此③。

从《理论原理》可以看出萨克斯对它寄予厚望，他认为这是一部富于独创性的重要著作④。他试图从事的这个困难任务（他认为他已经胜利完成了）不仅是要【168】提出一种政治科学理论，该理论应与门格尔的经济理论使用同一方法，处于同一水平，而且要把它同这种经济理论联系起来，从而使社会科学达到完整。

尽管该书没有实现作者企望的目标，但毕竟对边际效用价值论是个推动。他不是直接达到这个目标的。第一篇研究个人和集体行为的观点，研究它们之间的相互关系，它们的历史以及它们同**利己主义**和**利他主义**的关系。这一篇没有触及边际效用。第二篇论述经济学家关于国家经济作用观点的理论史，与边际效用也无关。只是在长篇研讨了人类经济的各种要素（如贸易、财产、劳动分工）和对需要、物品以及劳动（我们在此开始接近门格尔、维塞尔和庞巴维克的思想园地了）的一般论述之后，即到了该书接近一半时，读者才接触到价值问题以及边际效用在价值决定中的作用问题。萨克斯称赞门格尔发现了边际效用与价值的关系，称赞维塞尔选择了“边际效用”一词⑤。他讨论了边际效用递减法则⑥。该书后半部分首次解说了社会需求与个人需求的关系，然后转向资本于成本之类的问题。该书最后谈到了赋税，这里利用了效用思想，因而一直受到人们的注意。

萨克斯在其《理论原理》问世后再次回到边际效用问题只有两次。1889 年他在一次演讲（后以《国民经济学理论的最新发表》为名出版⑦）中提到

① 施穆勒的评论有礼貌，但不大有利（《立法、行政和国民经济杂志》，第 XII 卷〔1888 年〕，第 729~733 页）。庞巴维克对它的赞扬是一般性的，还指出许多的错误，而且认为其文风深奥难懂（《一般政治学杂志》，第 XLIV 卷〔1888 年〕，【252】第 157~164 页。一篇匿名评论对它甚少注意）（《国民经济、政治和文化季刊》，第 XCVI 卷〔1887 年〕，第 259~270 页）。詹姆斯也许是德国以外的唯一的评论者（《政治科学季刊》，第 V 卷〔1890 年〕，第 166~169 页）。

② 参看：勃卡多：《经济学著作目录》，第 4 种。

③ 比拉克：《悼念埃米尔·萨克斯》，《国民经济学杂志》，第 I 卷（1930 年），第 348 页。

④ 维塞尔在《自然价值》第二篇曾援引萨克斯著作的中心思想并深表谢意，这也许是对萨克斯《原理》的最大使用了。

⑤ 萨克斯：《国民经济学理论原理》，第 253 页。

⑥ 萨克斯：《国民经济学理论原理》，第 256 页。

⑦ 莱比锡，1889 年。

它。1892 年他在论述累进税的一篇长文中用到过边际效用思想[①]。

V

奥斯皮茨和李宾于 1889 年发表了《价格理论研究》（以下简称《价格理论》）[②]。此前他们没有写过什么会使人预计到《价格理论》问世的东西。奥斯皮茨在 19 世纪 70 年代中期以后发表的大量论述完全是关于人口问题的[③]。而李宾显然什么也没有写。两位作者在上述著作序言中说，他们早在 10 年前就对这个问题发生了兴趣；【169】但他们没有指出这兴趣从何而来，又何以保持不衰[④]。不过我们（还是从序言中）知道他们在 1888 年之前已经对效用理论的文献有所了解，在这方面他们同其他经济学家是一样的。他们显然知道这些人的著作，他们是：杜能、古尔诺、杜皮特、戈森、杰文斯、瓦尔拉斯、门格尔、维塞尔、庞巴维克和劳哈兹。他们既有能力阅读杜能、古尔诺、戈森、杰文斯、瓦尔拉斯和劳哈兹著作中的数学部分，也有这样做的意愿；他们在这方面比其他奥地利经济学家要略胜一筹。

《价格理论》一书的印刷和装帧堪称范本[⑤]。它对效用理论的利用同该书的形式一样完美，就其范围和小心谨慎的程度而言，在当时经济学家（除了威斯蒂德以外）的著作中是独一无二的。两位作者把对以往大部分成果的完整理解、他们的数学才能、丰富的经验和才干融入了对消费经济学的精辟解说之中。本书没有受到本该受到的影响，不仅因为它所包含的数学比当时的奥地利人和其他经济学家能够接受的要多，而且因为两位作者同维也纳大学没有联系；但该书也有些令人烦恼的缺点。

奥斯皮茨和李宾研究的起点，从他们所想的而不是书面上的东西来说，是

① 萨克斯：《累进税》，《国民经济、社会政治和行政管理杂志》，第 I 卷（1892 年），第 43～101 页。

② 莱比锡，1889 年。这两位作者 1887 年 1 月在《价格理论》的标题下分别发表过本书的第一章（莱比锡，1887 年）。米契尔·汉尼什对此曾有评论，载于《立法、行政和国民经济杂志》，第 XI 卷（1887 年），第 727 页。

③ 温伯格：《鲁道夫·奥斯皮茨和里查德·李宾》，《一般政治学杂志》，第 XCI 卷（1931 年），第 460～463 页。

④ 奥斯皮茨和李宾：《价格理论研究》，第 XXVI 页。

⑤ 本书在许多方面都同这一时期普通的经济学书籍形成对照：篇幅较长，开张大，边幅宽，铅字字形大而美观，大量的优质纸、布面、90 幅（大多是红色和黑色）印刷精美的图表。这些都反映了作者较高的声望和社会地位。

某个特定的长时期内（一年）个人消费和生产的总体。他们提出下述整体函数作为这种关系的最一般的表述：$z=\varphi(v_a, e_a, g_a, f_a, s_a, tg\xi_a; v_b, e_b, g_b, f_b, s_b, tg\xi_b, \cdots\cdots v_n, e_n, g_n, f_n, s_n, tg\xi_n; \mu)$①。在这个公式中，某人的年满足（$z$）取决于经济中 n 个物品的 6 个方面的因素和货币量 μ。这 6 个方面的因素是：每个物品 $tg\xi$ 的预期价格，某人所消费的每种物品量 v，所生产的物品量 e；物品的三种不同的非消费用途（g，f，s）。这个长长的公式把消费或生产中每一种满足都包括在一起。其概括性超过了前后出现的所有表现边际效用关系的图式，但其缺点也正在于它囊括太多②。奥斯皮茨和李宾开始讨论效用问题时，他们当然只谈从其基本函数引出来的比较简单的函数。

他们一开始描述了一种集体的总效用曲线，【170】然后转向个人曲线以及将个人曲线合成集体曲线的方法③。集体曲线和个人曲线一样，从原点开始升到顶点，然后接近于一种垂直渐进线④。这种曲线所反映的显然是由于某特定物品的各种使用而带来的（z）量（在其基本函数中）的增加，假定价格（不是其他物品的数量）不变，个人的需求不变。同个人效用曲线一样，集体曲线依年消费而言也不变。我们还可以指出，与大多数效用曲线不同，所说的物品既可被消费，也可在生产中加以利用。作者用刚够补偿某人提供一定量物品所受损失的货币量来衡量效用。这个集体曲线还被用来（同相称的集体总成本函数一起）决定物品价格和消费者租金的数量。

接下去的一节是讨论效用曲线随着个人**生活方式**的改变而变动的方式。每当任何其他条件（除了所谈的物品）发生变动时，**生活方式**就会变化，所以它是一个相当含糊和令人吃惊的概念。下图表示一种物品对各种不同的可能的**生活方式**的所有总效用曲线⑤。

最外层的曲线测定最大效用，即某人在对他生活的一切方面都做了必要调整时所获得的效用。除了奥斯皮茨和李宾以外，谁也没有提出这种性质的与效用有关的曲线，【171】尽管类似的与生产有关的曲线已有广泛的应用（奥斯皮茨和李宾也利用这种曲线，他们称其为“计划曲线”）。

---

① 奥斯皮茨和李宾：《价格理论研究》，第 459 页。

② 奥斯皮茨和李宾显然不知道埃杰沃思，后者已经把效用不仅同某特定物品的数量，而且同其他各种物品的数量联系起来。他们至少没有提到过埃杰沃思。他们肯定比埃杰沃思走得更远。但无论是埃杰沃思，还是奥斯皮茨和李宾，都没有能使人们接受他们想使其理论更加一般性的努力。

③ 奥斯皮茨和李宾：《价格理论研究》，第 2 章。

④ 奥斯皮茨和李宾：《价格理论研究》，第 10 页。

⑤ 《政治经济学评论》，第 IV 卷（1890 年），第 599~605 页。

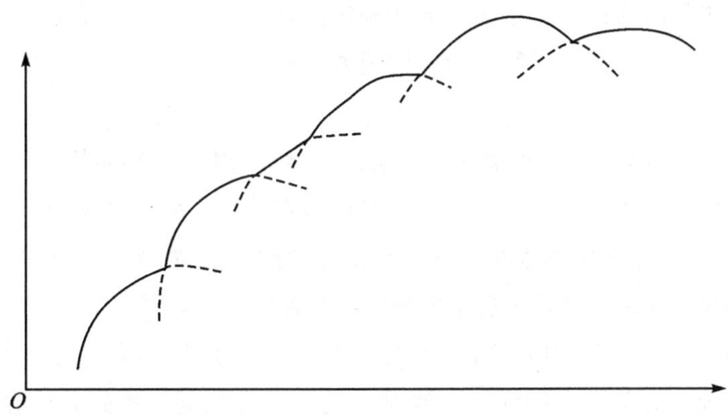

奥斯皮茨和李宾还提出了“生活满足曲线”①。这种享乐曲线不同于效用曲线之处仅在于，对某物品的零点消费来说，享乐不是零，而等于某种总的满足，它是指某消费者一年间没有这种物品可供消费时的满足。换句话说，“生活满足曲线”所表示的是某人的总满足，而不是限于来自所考察的那种物品。享乐加最初的满足等于效用②。他们对影响“生活满足曲线”的各种因素作了详细的考察。

我们可能以为这本书会使边际效用学派的其他成员感到高兴，至少瓦尔拉斯会这样（该书多处使用的数学对他来说没有什么困难，但对维也纳学派的更注重文字表述的成员来说就比较费解了），他也许会承认本书的价值，感谢本书对他的支持，特别是因为该书高度赞扬了他，而且部分地利用了他的一般均衡方法。但这种期望落空了。不仅边际效用学派的其他成员对它没有表现出任何热情，而且瓦尔拉斯还对之作了不利的评论③。瓦尔拉斯显然没有通读全书，充其量读了第一章，而且在对这一章的评论中，他只限于指出有六处数字上的错误，对该章无一字赞扬。在效用问题上，瓦尔拉斯责备奥斯皮茨和李宾陷进了他在《纲要》中责备杜皮特所犯的同一错误，即混同了需求曲线和效用曲线。在答复瓦尔拉斯的批评时，奥斯皮茨和李宾指出，他们假定个人对货币（或尺度）的估价是不变的，其他物品的价格也不变，在这种场合，按照瓦尔拉斯的假定，效用曲线和需求曲线是吻合的④。奥斯皮茨和李宾认为，瓦

① 奥斯皮茨和李宾：《价格理论研究》，第137~197页。

② 奥斯皮茨和李宾：《价格理论研究》，第149页。

③ 瓦尔拉斯：《奥斯皮茨和李宾先生的价格原理的考察》，《政治经济学评论》，第IV卷（1890年），第320~323页。

④ 《政治经济学评论》，第IV卷（1890年），第599~605页。

尔拉斯得出他的结论，只是因为他所利用的是一种具有单一论据（该物品的量）的效用曲线，而他们所用的效用函数却包含着（如上所述）所有物品和尺度的数量。

帕累托和欧文·费雪受到了奥斯皮茨和李宾的影响。帕累托加入了瓦尔拉斯和上述两位奥地利人的争论①。【172】他在他的重要连载文章（总标题是《纯政治经济学基本原理考察》）的开头还提到了《价格理论》，他指出该书显示出“经济数学理论在价格理论研究中具有实际的意义”②。

路易斯·苏里于1914年将《价格理论》译成法文出版③。费雪对该法文译本写了唯一的美国人的评论，他对“这本富有独创精神的著作深表谢意，事实上，正是这本书促使他开始进行认真的政治经济学科学研究”④。费雪此前在他自己的《价值与价格理论的数学研究》的序言中就已多次表露了同样的心情。他说：“对我影响最大的两本书是：杰文斯的《政治经济学理论》，奥斯皮茨和李宾的《价格理论研究》。”⑤

《价格理论研究》后来还得到了一些高度赞扬。熊彼得说：“甚至在今天，它对大学生也是一笔思想和启示的财富，不过迄今只被部分地利用过。”⑥ 哈奇逊作了类似评价，他说：“在我们的时代，没有那部著作（甚至马歇尔和帕累托的著作也没有）对个人消费和厂商的纯粹分析以及对澄清基本假定作出了如此大量精确和独创性贡献。”⑦

① 《奥斯皮茨和李宾的价格理论和瓦尔拉斯教授的考察》，《经济学家》杂志，第2种，第IV卷（1892年），第201~239页。他又回到这个问题是在该杂志8月号上，标题是《奥斯皮茨和李宾的价格理论考察》，第168页。

② 《经济学家》杂志，第2种，第IV卷（1892年），第390页。

③ 《价格理论研究》，2卷（巴黎，1914年）。这个译本有少许明确指出的变动，有一些图例从正文移到相应的部分（第2卷）。这个译本的成功经受住了第一次世界大战所引起的混乱的检验。

④ 《美国经济评论》，第V卷（1915年），第107~108页。

⑤ 发表在《康涅狄克工艺科学学院学报》第IX卷（1892年），第2~124页。

⑥ 《鲁道夫·奥斯皮茨（1837—1906年）》，《社会科学百科全书》，第II卷，第317页。

⑦ 【253】哈奇逊：《经济理论评论（1870—1929）》（牛津，1953年），第189页。

第十九章　维也纳大学的经济学

I

【173】我们已经较详细地研究了 1871—1889 年同维也纳学派有关的经济学家的著述，以确定他们在边际效用问题上的观点的性质和范围。现在我们来考察维也纳大学的课程，以确定该时期教授们讲授这种新理论的范围，并找出边际效用学派在这所大学兴起的各种因素。

奥地利的各所大学似乎没有什么迹象表明会出现哪种学派的经济学家。奥地利大学只在法学院和政治学院讲授经济学，这两个学院的学生通常是最多的①。研习经济学的学生获得的学位是法学博士，而不是在大多数德国大学的哲学博士。学生不能像在一些德国大学那样在这个时期的奥地利大学专攻经济学。所有学生必须修完指定的课程，其中有分量极少的经济学。法学博士学位要读四年，每年两学期，四年中必须通过 3 次考试，但不写论文。第一次考试包括教会法、罗马法和德意志法，第二次是奥地利法，第三次有统计法、一般经济学和公共财政②。

下列课程是 1876—1889 年讲授的经济学③。

主要课程

一般经济学。这门经济学主课通常在冬季学期讲授，分为两部分，每周 5

---

① 【253】维也纳，大学，大学评议会：《维也纳大学史（1848—1898 年）》（维也纳，1898 年），第 404 页。医学院次之，哲学院第三，神学院第四。

② 维也纳，大学，大学评议会：《维也纳大学史（1848—1898 年）》（维也纳，1898 年），第 136~137 页。

③ 《维也纳，大学，公共演讲集》。除了 1881—1882 年和 1883—1890 年冬季学期以外，其余所有文稿（1879—1890 年）均经检查。

次。从1876—1877年到1884—1885年所有的冬季学期中，门格尔讲一部分，斯廷讲另一部分（也许还有1873—1876年）。斯廷于1885年退休，门格尔则继续在每一冬季学期讲原来的那一部分，直到1890年。冬季学期的另一部分的执教者是：1886—1887年克鲁斯；1888—1889年布伦坦诺和克鲁斯；1889—1890年【174】米亚科斯基。在下列夏季学期中讲授的人有：1880年庞巴维克；1884年维塞尔和克鲁斯；1885年克鲁斯和费力波维奇；1886年玛塔佳；1887年克鲁斯。

公共财政。该课程仅次于一般经济学。他通常在夏季学期讲授，分为两部分，每周5次。1877—1884年斯廷和门格尔各讲一部分（可能还有1873—1877年）。门格尔继续执教到19世纪80年代末的每个夏季学期。迈伊尔执教的时间是1884—1885年冬季学期，1885年夏季学期和1887—1888年冬季学期。布伦坦诺教过1888年夏季学期。

门格尔的讲习班（国民经济学和公共财政学讲习班）。1877—1889年夏季学期每周2次。它可能在1876—1877年和1877—1878年也举办过。

次要课程

经济思想史。每周2次，曾以不同名称和不同内容出现：国民经济学史（费力波维奇，1884—1885年冬季学期；祖克坎德，1887—1888年冬季学期和1888年夏季学期；祖克坎德和迈伊尔，1888—1889年冬季学期）；亚当·斯密以来的国民经济学史（玛塔佳，1884—1885年冬季学期）；共产主义和社会主义史（维塞尔，1884—1885年冬季学期；玛塔佳，1885—1886年和1886—1887年冬季学期；克鲁斯，1888年夏季学期）。

信贷与银行。讲授者有：玛塔佳，1885年夏季学期和1887—1888年冬季学期；费力波维奇，1885—1886年冬季学期；克鲁斯。1886年和1889年的夏季学期；迈伊尔，1888年夏季学期。

其他不常开的课程有：赋税论（迈伊尔，1884年、1887年和1889年夏季学期）：政治学（迈伊尔，1886年和1887年夏季学期）；贸易与手工业政策（克鲁斯，1885—1886年和1887—1888年冬季学期；玛塔佳，1889年夏季学期）；劳动保护法（玛塔佳，1887年夏季学期；祖克坎德，1889年夏季学期，1889—1890年冬季学期）；交通业（克鲁斯，1884—1885年，1886—1887年，1889—1890年冬季学期）；税收制度（玛塔佳，1888年夏季学期，1888—1889年冬季学期）；工厂立法（玛塔佳，1885—1886年冬季学期）；国家财政和信贷制度（迈伊尔，1886—1887年冬季学期）；价值、价格及有关理论原理（祖克坎德，1887年夏季学期）；英国所得税制度（迈伊尔，1885年夏季学期）；公债（布伦坦诺，1888年夏季学期）；英德两国手工业工人问题和社会政策【175】（布伦坦诺，1888—1889年冬季学期）；商业政策，理论与历史（祖克坎德，1889—1890年冬季学期）；国民经济学实习（克鲁斯，1888—1889年冬季学期）；商业和税收政策（玛塔佳，1889年夏季学期）；信贷理论（迈伊尔，1889—1890年冬季学期）。1871年以后的20年中，维也纳大学大约有1万名学生学习过上述固定的课程，他们指望将来从事法律事务，在政府任职或经营商业；没有人入学之初就想研究经济学，他们来听经济学多半是为了应付考试；听那些编外讲师讲授为数不多的次要课程者更是寥寥。只有少数人专心致志于这种偶然的学习，占去他们的一部分课程，并成长为奥地利学派的教授。维也纳的这些学生为什么会从他们所向往的专业转向终生研究经济学呢？其他的奥地利大学也有类似的条件，但却没有出现经济学家①。法国各大学在19世纪70年代曾将经济学纳入他们的法学课程，但这些大学没有产生出经济学派，维也纳大学有两种东西是其他奥地利大学和法国大学所缺乏的。他们有一种新理论可供讲授，又有一批将被承认的经济学家；其他大学讲授的却是过时的行将衰落的理论。奥地利人在1870—1880年能为他们的学生提出一种根本不同的经济学观点，这些观点的价值与日俱增。最后，奥地利人拥有一大批杰出的经济学教师，他们的诚挚与热情促使学生转向认真地研究经济学。

19世纪80年代末和90年代初维也纳大学经济学的教学情况从当时几位学生的叙述可见一斑，他们是比利时人欧内斯特·麦姆，美国人H. R. 西吉尔和法国人亨利·圣马克，【176】他们都是慕奥地利学派之名而来的。当然，门格尔同施穆勒的方法论争论像他的价值论一样也吸引着外国的学生。麦姆特别提到“方法论的大争论”是他对维也纳大学的主要兴趣之一②。西吉尔说，

① 维也纳大学是奥地利大学中最大的一所，其次是布拉格大学，其入学人数约为维也纳大学的一半。格拉茨大学相当于布拉格大学的一半，因斯布鲁克大学相当于格拉茨大学的一半，其余三所（捷诺维茨、克拉科夫和列堡）大学的学生都少于格拉茨大学。

② 欧内斯特·麦姆：《维也纳大学的政治经济学》，载于《比利时评论》，第LXI卷（1889年），第360页。

各国经济学家都注视着门格尔、施穆勒、庞巴维克和瓦格纳①。圣马克说，门格尔在维也纳的地位与施穆勒在柏林的地位不相上下②。这三位维也纳的观察者对经济学教授均有很高的评价，麦姆说："正是这些名师把我们招到了维也纳"③。他对门格尔尤其赞扬备至："门格尔当学者之前是一位称职的教师，这是他的长处之一。他的教学与其说是在大学进行，不如说是在家里进行。他总是亲切地接待前来向他请教的学生；指导他们进行研究，几个小时地同他们讨论呈交给他的作业。他的藏书十分丰富，无奇不有，把财富交给学生支配是他莫大的快乐。"④ 西吉尔也对门格尔的教学予以高度评价："对门格尔作为一个教师怎么评价都不过分。他在学生中的巨大声望，他在把那些才华横溢而又同情其基本观点的年轻人聚集到自己周围的努力上取得了成功，足以证明他是这方面的天才……得以接近他的藏书（门格尔有私人图书馆），这本身就是一种难得的机会；能够聆听他的教诲，更是吸引人的事，这正是为数不少的学生更喜欢来到维也纳而不是去柏林的原因。"⑤

Ⅲ

各国的特点在多大程度上妨碍了边际效用学派在德国、法国和英国的发展，而使奥地利相对地占了上风呢？在德国，对边际效用学说一直抱有敌视态度的历史学派，支配了该时期所有的大学职位。有人说，施穆勒通过在教育部的朋友能够停止聘用任何不赞同历史学派的人，从而阻止边际效用学派侵入【177】德国的大学⑥。这种解说无疑过高估计了施穆勒个人的权力，也过高估计了对边际效用学说抱有强烈依恋之情的对手的人数，以及渴求在 20 多所德国大学谋取经济学教席的人数。

十分相似的是，一群保守和不生产的学者支配着法国大学的教坛，这迫使里昂·瓦尔拉斯出走瑞士。同德国相比，法国在 1877 年前大学中的政治经济

---

① H. R. 西吉尔：《柏林和维也纳的经济学》，《政治经济学杂志》，第 I 卷（1893 年），第 239 页。

② 圣马克：《德国和奥地利大学的政治经济学教育之研究》（巴黎，1892 年），第 74 页。

③ 圣马克：《德国和奥地利大学的政治经济学教育之研究》（巴黎，1892 年），第 360 页。

④ 圣马克：《德国和奥地利大学的政治经济学教育之研究》（巴黎，1892 年），第 363 页。

⑤ 圣马克：《德国和奥地利大学的政治经济学教育之研究》（巴黎，1892 年），第 257 页。

⑥ M. 埃斯廷：《古斯塔夫·施穆勒》，《经济杂志》，第 XXVII 卷（1917 年），第 437 页。

学教席不多，因此排斥经济学家的机会也就比德国更少。在这个时期，他们容忍了夏尔·季德等人。季德直截了当地赞扬杰文斯，并在自己的著作中运用边际效用思想。跟德国一样，在法国能讲边际效用经济学的经济学家并不多，因而也不会有很多经济学家被拒于教席之外，竞争这些教席的法国人为数寥寥。

这个推测对那个飘忽不定的实体（英国古典学派）也是适用的。倾向于边际效用学说的教授受到排斥，以维护劳动价值论。不过，这种说法并不完全符合实际。马歇尔和埃杰沃思就是明显地倾向于边际效用学说的，而他们此时正位居英国的两个主要的（牛津和剑桥）经济学讲席，边际效用学派的经济学家对他们在本国的境遇不会有太多的抱怨。

在奥地利本国，对边际效用学说的反对像其他地方一样可怕。奥匈帝国在19世纪70年代和80年代控制着7所奥地利大学：维也纳、布拉格、因斯布鲁克、格拉茨、捷诺维茨、克拉科夫和列堡。1870年后的20年间，后面这四所大学对边际效用学说的兴起没有产生什么影响，因此，说“维也纳学派”比说“奥地利学派”更确切，尽管维也纳大学的一些学生曾任教于布拉格大学和因斯布鲁克大学。不仅边际效用学说多半被局限于一所奥地利大学（布拉格大学和因斯布鲁克大学在一定程度上也参与了），而且即使在维也纳大学之内（布拉格大学依然），当局也试图把它视为另外一种观点，而不是所介绍的边际效用学派的观点。这种情况之所以会存在，【178】是由于奥地利大学把经济学的每一课题都分成两部分，学生可以任选其一。门格尔开始在维也纳大学讲课时，另一个讲席由斯廷主持，他是一位持有完全不同观点的名人。斯廷1885年退休后，当局出于明显的考虑又延聘了米亚科斯基和布伦坦诺，他们的观点在一定程度上同门格尔是对立的。虽然他们在维也纳大学未待多久，但聘用他们这件事本身就表明，即使在维也纳大学，边际效用经济学家也未得到全心全意的欢迎。简言之，事实反驳了这样的见解，即认为奥地利学派的兴起是因为别处经济学家的国民观点反对新思想，而奥地利的国民观点却鼓励这种新思想。

第二十章　瓦尔拉斯后来的贡献

I

【179】里昂·瓦尔拉斯在1892年退休以前的22年间一直从事教学并创建了洛桑学派。“学派”一词在此是有限制的，即它首先只指瓦尔拉斯一人，后来才有继承者维尔弗莱德·帕累托、派斯科·鲍宁西尼和弗明·奥利斯。他们之中没有一人一直在洛桑从事研究，这同奥地利学派很不相同，后者的教授们的学术渊源在维也纳，而且几乎源于同一个人。洛桑学派不是通过直接的教学活动来传播他们观点的，没有哪位重要经济学家通过在洛桑研究而获得灵感或观点，他们的理论是远离瑞士的读者通过阅读瓦尔拉斯或帕累托的著作才得以扩散开来的。人们从瓦尔拉斯课堂所学到的东西，远不及从他的著作或文章所汲取的。

洛桑学派具有许多明显的特点，其中首要的一点无疑是他们对边际效用的运用，因而我们可以推测，瓦尔拉斯在其《纲要》问世后仍然密切地关注着边际效用。现在我们来考察一下他在多大程度上实现了这个预期。

II

博卡多于1878年在其《经济学家书目》中加进了四篇纪念性译文，标题是《数学应用于社会》，其中包括瓦尔拉斯和杰文斯关于他们学说的优先权的通信，这些信先前发表在《经济学家》杂志上。有了杰文斯的《理论》和瓦尔拉斯的《纲要》的节译本，有了杰文斯和瓦尔拉斯关于他们思想发展的评论，意大利经济学家们现在可以比较方便地了解这些新学说了。这四篇纪念性文献的德译文在1881年也问世了，【180】标题是《价格决定和价值决定的数学理论》[①]。这些文献对德国经济思想的发展的影响是微不足道的，但莱克西阅读过它们并写过长篇的评论[②]。几年后又出现了法文版，还增加了2篇论货币的文章和1篇论土地国有化的文章[③]。这是在法国出版的广泛利用边际效用思想来解释价值问题的第二部著作。季德在评论该书时对与效用有关的各部分只字未提，即可作为一个例证，表明他对促进研究边际效用的来源问题产生的影响极小[④]。季德对数学感到烦恼，他更注意的是该书后半部论及的较现实的货币问题和土地改革问题。其他的法国读者显然也是如此。

瓦尔拉斯关于效用问题所发表的为数不多的新东西之一，是他同杰文斯通信中涉及他们学说优先权的那一部分[⑤]。这些通信的形式和特点可能吸引很多的读者，却易使他们避开更严肃的数学说明。

瓦尔拉斯关于效用问题的文章中，较有吸引力的方面是他对戈森的研究[⑥]，他不仅指出了戈森生平中重要的众所周知的事实，而且提出了他自己（而不是戈森）的优先权要求。他说，他也有人类的这种弱点，即希望给他的名字加上“一项重要成果”[⑦]。因此，在接到告知他发现了戈森的著作的信件后，他对于满足了戈森的要求之后，“我自己还有那些东西留下来感到少许的担心”[⑧]。他的结论是，尽管戈森可能像杰文斯所说的那样，预见到了杰文斯所发现的全部或大部分，但戈森并没有预见到他自己的东西。他欣喜地指出，他有幸使自己的分析达到戈森未曾达到的一点，因而对他自己的大部分发现仍然保持着优先权[⑨]。

在利用效用思想方面，瓦尔拉斯完全承认戈森和杰文斯的优先权。他所保

---

① 【253】斯图加特，1881年。

② 《新近的数学经济学文献》，载于《国民经济和统计年鉴》，新编，第III卷（1881年），第427~434页。

③ 瓦尔拉斯：《数学应用于社会》（洛桑，1883年）。

④ 《经济学家》杂志，第4种，第XXIII卷（1883年），第444~448页。

⑤ 参看上文，第71~72页。

⑥ 瓦尔拉斯：《不为人知的经济学家：戈森》，载于《经济学家》杂志，第4种，第XXX卷（1885年），第68~90页。

⑦ 瓦尔拉斯：《不为人知的经济学家：戈森》，载于《经济学家》杂志，第4种，第XXX卷（1885年），第74页。

⑧ 瓦尔拉斯：《不为人知的经济学家：戈森》，载于《经济学家》杂志，第4种，第XXX卷（1885年），第75页。

⑨ 瓦尔拉斯：《不为人知的经济学家：戈森》，载于《经济学家》杂志，第4种，第XXX卷（1885年），第76页。

留的优先权表现在：把交换条件扩展到众多交换者；更透彻地研究了各生产要素的价格；特别是研究了一般的场合，在这种场合，生产者雇佣生产性服务，售卖最终产品给消费者；还有，【181】在他的资本理论中运用了边际效用思想。他最后向戈森和杰文斯致谢，因为他们“在向我掩盖一切纯政治经济学起点的同时，十分体贴地几乎让我全部掌握了以后的一切推断”①。

Ⅲ

瓦尔拉斯于次年即 1886 年又一次把边际效用学说提到阅读法文的经济学家面前，他在该年发表了《货币论》②。瓦尔拉斯、门格尔和杰文斯在发表了他们各自的主要经济学著作以后的岁月里，在货币问题上花的时间和出版的著述，比任何其他问题都要多，但只有瓦尔拉斯把边际效用思想引进了他的货币理论。他的《货币论》在传播边际效用思想中起过重要作用，因为他在该书中指出，他发现门格尔已经使用了边际效用思想。早在 1883 年经由布鲁尔介绍，瓦尔拉斯开始同门格尔通信；但这个时期他们的讨论限于方法论，没有涉及他们各自边际效用学说的类似③。瓦尔拉斯第一次明确地集中了解门格尔的边际效用学说，是在 1886 年经由庞巴维克之手。瓦尔拉斯在完成并将《货币论》付印之后，从庞巴维克那里得到了后者《财货价值理论纲要》一文的单行本④。于是他就为这本已经出版的著作写了一篇序言，叙述了 1886 年边际效用理论的状况⑤。在倾向于边际效用思想的人中，瓦尔拉斯列出了门格尔、维塞尔和庞巴维克。他没有说门格尔是 19 世纪 70 年代边际效用理论的第 3 位发现者或再发现者，但他毕竟知道了门格尔和维塞尔及庞巴维克一起研究了边际效用。门格尔在 1883 年送给瓦尔拉斯一本《原理》，但没有给他留下什么印象。瓦尔拉斯没有受到庞巴维克早期著作的影响，更遗憾的是，也没有受到

① 瓦尔拉斯：《不为人知的经济学家：戈森》，载于《经济学家》杂志，第 4 种，第 XXX 卷（1885 年），第 79 页。

② 洛桑，1886 年。

③ 安东尼里：《瓦尔拉斯和门格尔的通信》，载于《应用经济学》，第 VI 卷（1953 年），第 269~287 页。

④ 瓦尔拉斯：《货币论》，第 VI 页。庞巴维克这篇文章有两部分。他只送了第一部分给瓦尔拉斯，因为瓦尔拉斯在该文的末尾说了一些祝贺的话。庞巴维克发表的这个有祝贺之词的部分，载于《国民经济和统计年鉴》1886 年第 3 期。第二部分是在同年的最后一期。

⑤ 瓦尔拉斯：《货币论》，第 V-XII 页。

维塞尔的《经济价值的起源和主要规律》的影响。

庞巴维克知道瓦尔拉斯对边际效用有兴趣，显然是通过其他一些途径，而不是因为读了【182】瓦尔拉斯1885年论戈森的文章，因为庞巴维克在这篇写于1886年的论价值的重要著作中未曾提到戈森。瓦尔拉斯谈到庞巴维克时说："在他得知这方面的情况后，他会承认不提这本书及其作者是多么令人遗憾的缺陷……"①

接到庞巴维克文章的单行本，唤起了瓦尔拉斯对边际效用理论取得成果的希望。瓦尔拉斯列了一个名单，历数在一定程度上认可在经济分析中运用边际效用正确性的经济学家。在这份名单中，不仅有门格尔、维塞尔和庞巴维克，而且有下列各位：皮尔逊（瓦尔拉斯是从庞巴维克的文章中知道他的）、马歇尔、西季威克、福克斯威尔、埃杰沃思、威斯蒂德、布鲁尔、格雷文、沃尔克、季德、劳哈特和安东尼里②。他把这一大批人称为"学派"，这是第一次这样称呼在价值论研究中运用边际效用理论的人们。瓦尔拉斯说："重要的是：在我们的价值和交换理论的基础上，正在形成一个学派……"

瓦尔拉斯还概述了这个学派发展的趋向。他说，理论应当为应用经济学指明道路，从而有助于经济改革。他认为他和了解边际效用秘密的其他人，能够以一种既非社会主义者也非保守主义者的眼光来判断改革③。他抱着这个宗旨研究了在一个进步的社会中土地价值的赋税问题和货币问题。这些研究表明了一个公认的推想，即瓦尔拉斯1877年以后未继续钻研理论问题，也未再研究边际效用问题。他之所以没有回到理论经济学或边际效用理论问题，是因为他认为他已经充分地利用和发挥了这些工具，他在这方面已经花了不少时间。

瓦尔拉斯的货币理论是为货币改革提供论证的。他的改革主张基于交换分析，而交换分析又基于效用理论，因而他在《货币论》一开始就提出了他的整个体系的蓝图，突出了"稀少性"思想。在这里他不禁要给边际效用一个特殊的地位，即把它作为价值的原因，而不像他在自己的体系中所说的那样，把稀少性作为同时起作用的许多变量之一。换句话说，当他把效用函数看作外生函数时，【183】他赋予这些函数在其体系的各个外生部分以特殊的荣誉地位。我们可以预料到，在门格尔的分析中会有这种边际效用论述或效用函数，

---

① 瓦尔拉斯：《货币论》，第VII页。

② 瓦尔拉斯：《货币论》，第VII–IX页。

③ 瓦尔拉斯：《货币论》，第1部分。

因为他在《原理》一开始就谈到了因果律，可是，瓦尔拉斯持有相反的观点，因此当我们看到瓦尔拉斯也有类似的论述（效用函数）时，不免会感到吃惊。瓦尔拉斯在其《纲要》中不可能抛开原因与结果，在《货币论》中也没有表露出他要修正自己道路的意图。瓦尔拉斯说："这等于说，在交换和生产处于平衡状态时，劳务价格由产品价格决定（而不是相反），产品价格由最大限度满足需求的条件（一切经济平衡的根本条件）决定。"①

因为边际效用在他的分析中起着关键作用，所以他对边际效用作了基本的解释。他开始时描绘了一条曲线，表示"欲望满足程度"或"稀少性"作为被消费的数量的函数。这些曲线不同于他在《纲要》初版描绘的类似曲线。《纲要》的曲线是直线效用曲线，这一点受到了杰文斯的批评。瓦尔拉斯后来在《货币论》中作了修改，他在这里画了一条凹形曲线、一条凸形曲线，以及兼有凹面和凸面的曲线，不再用直线曲线②。瓦尔拉斯在给杰文斯的一封未发表的信中解释说，他变动这些曲线的形状是为了避免造成一种印象，似乎稀少性是依照某种简单的法则随着数量的变动而变动的③。

在对《货币论》的解释中，瓦尔拉斯说到了他在《纲要》中已经研究过的有关边际效用的大部分问题。他提到了效用的衡量问题，他承认他不能衡量效用，并认为这一点"对于认为没有这种尺度的理论是重要的"④。瓦尔拉斯谈到了不可分物品，但他又补充说，由于同样的理由，他只想讨论个人能够通过无穷小量来改变其消费的物品。像在《纲要》中一样，他把这些曲线的总和称为"有效效用"，【184】并说要根据价格和稀少性的比例来表示所有物品的有效效用最大化的条件。他还提到在他所说的均衡条件下，个人没有消费某种物品时所引起的困难。

他对边际效用的全部基本研究都是沿着他在《纲要》中已经选择的路线。他增加的东西只是有关平均稀少性的思想。杰文斯的《理论》已经提到了平均效用，但瓦尔拉斯在《纲要》的 1874 年部分中没有这方面的内容⑤。瓦尔拉斯引进平均效用的思想，一般来说是一种危险的做法，因为在一定程度上平均效用必定要涉及个人之间效用的比较，而对他的论证却没有多少帮助和好

① 【254】瓦尔拉斯：《货币论》，第 29 页。
② 瓦尔拉斯：《货币论》，第 1 部分。
③ 引自杰菲的话，见杰菲译《纲要》，第 568 页。
④ 瓦尔拉斯：《货币论》，第 30 页。
⑤ 参看上文第 52 页。

处。他只是说："大家知道，平均稀有物品的比例和个人稀有物品的比例相同。"[①] 用Rb，Rc，……表示物品B，C，……的平均效用，使他书写其均衡条件时能节省一点地方，如PB=Rb/Ra，Pc=Rc/Ra，……但却没有表明每个人效用最大化的条件，不过，瓦尔拉斯从中也得不到别的什么东西。

Ⅳ

瓦尔拉斯在其《货币论》序言中指出，《纲要》初版已经销售一空，但一直到1889年才出了再版。他要求他教的一个班级阅读《纲要》，而学生们对书中所用的各种符号深感理解困难，于是他在第二版中加了一节，试图说明他的书写方法，接着还有很长的一节，试图对经济学的学生解释数学[②]。

《纲要》第二版的序言中谈到了经济分析史运用边际效用的历史[③]，他还要求读者阅读杰文斯、戈森和门格尔的著作[④]。瓦尔拉斯在这里首次把门格尔也作为边际效用思想的一个独立的发现者，而在不久前论货币的著作中还不是这样的。

关于边际效用理论的前途，瓦尔拉斯在《货币论》序言中曾表示了乐观的态度，这种态度在1889年还保留着。他说他能够把他早先已经列出的讲授该理论的教授们的名单加长，但他并没有这样做，而只是列出他们讲授的地点：都柏林、卢万、【185】维尔茨堡和波尔多。瓦尔拉斯在《纲要》再版中作了许多改动，但涉及边际效用的并不多。他指出，他考虑要增加的主要是，应在不连续函数的场合来进一步讨论最大化的条件[⑤]。在初版中他已经提到了不可分割物品的情况[⑥]，他在再版中解释了具有连续效用函数曲线的一种物品同具有不连续曲线的一种物品的交换[⑦]。瓦尔拉斯说明，在不连续物品场合存在着非常近似于他的均衡条件。

---

① 瓦尔拉斯:《货币论》，第35页。

② 《函数及其几何图解》，《纲要》，第2版，第3~21页。威斯蒂德《经济学人门》最早作出努力，向经济学家们讲解数学，以使其能理解经济学理论。后来这部书不再作为教科书时，作者就把这个导论部分撤掉了。

③ 瓦尔拉斯《纲要》，第2版，第VII-IX，XVIII-XXIV页。

④ 瓦尔拉斯《纲要》，第2版，第188~192页。

⑤ 瓦尔拉斯《纲要》，第2版，第X页。

⑥ 瓦尔拉斯:《纲要》，第1版，第87页。

⑦ 瓦尔拉斯:《纲要》，第2版，第106~109页。

瓦尔拉斯在第二版中增加了一些部分，想用一种更精确的数学符号使他的解说更鲜明。在这样做的过程中，他提出了一种更直接的数学方法。这对有一点数学知识和爱好的人可能有所帮助，但只能使那些难以跟上第一版的数学论证的读者更感吃力①。

瓦尔拉斯做了真正修改的句子之一，按贾菲的说法，是“交换的最大化原理，该原理在第一版中是作为广泛的经验观察的原理，而在第二版和以后的各版中却作为一种假定的命题提出来了”②。这句话在第一版③和第二版④（括号内）是这样的：**“有根据说，原则上它将进行（假定它进行）**交换，以满足尽可能大的总需求量，**因此（可以肯定）**，Pa 既是已知数，da 就是明确的……”

瓦尔拉斯会有一些这样的改动。关于交换均衡条件的表述，第二版是：交换者“得到”最大满足⑤；第二版将“得到”改为“可能得到”⑥。这些字面上的变化证明了贾菲的解释。瓦尔拉斯既然对他的理论作了认真的变动，【186】他应就这种变动的性质给读者留下更有力的印象，而在贾菲校勘《纲要》的不同版本之前，几乎没有人注意到这些变动。

瓦尔拉斯在《纲要》再版时，加进了他在《货币论》中首次使用的平均稀少性的思想，这给他带来的唯一好处是维护了他的观念⑦。

① 瓦尔拉斯：《纲要》，第 2 版，第 105~106 页。

② 瓦尔拉斯：《纲要》，第 2 版，第 569~570 页。

③ 瓦尔拉斯：《纲要》，第 1 版，第 82 页。

④ 瓦尔拉斯：《纲要》，第 2 版，第 100 页。

⑤ 瓦尔拉斯：《纲要》，第 1 版，第 99 页。

⑥ 瓦尔拉斯：《纲要》，第 2 版，第 121 页。

⑦ 瓦尔拉斯：《纲要》，第 2 版，第 125、138、256 页。

第二十一章　季德和法国人对价值的争论

I

【187】夏尔·季德在推广边际效用思想方面所做的尝试，比19世纪七八十年代任何其他法国作者都更为勇敢。这始于他评论杰文斯《理论》的一篇文章（发表在1881年《经济学家》杂志上）①。他在1884年还把边际效用思想写进了一本新的成功的经济学教科书。

他的门徒比他预想的要少，这只能怪他自己，没有人愿意跟他走，很可能是因为他自己步履蹒跚。他的文章激起了一场关于价值问题的长达7年之久的讨论，这场讨论多半是在《经济学家》杂志上进行的。但这场讨论根本没有抓住价值理论的本质（像杰文斯所做的那样），也没有能使哪位经济学家转向边际效用理论。然而，季德的声望、地位和他所做尝试的性质，使得考察一下他的评论和此后发展的结果成为一件令人愉快的事情。

Ⅱ

季德于1877年从事经济学教学，担任一个经济学教席，该教席是在法国政府把政治经济学作为一门必修课时创设的。此时季德所受到的经济学训练（按照季德的悼文作者的说法）仅限于阅读过巴斯夏的全集，那是他叔父在他最后攻读学位时送给他的，季德从此对经济学有了一种新看法。

---

①【254】季德：《杰文斯的政治经济学理论》，载于《经济学家》杂志，第4种，第XVI卷（1881年），第179~191页。

季德在论杰文斯的文章中特地承认法国经济学的状况是悲惨的，他认为应当重视杰文斯这样一些经济学家。在法国经济学家尚未反思之时，季德就列出了一张讽刺性的清单，表明了法国人在经济学领域的兴趣和任务："我们热衷于统计学、人口统计学、财政学、经济法学，也许还有社会学，而没有政治经济学。【188】关于效用与价值、资本和劳动性质的讨论（只有杰文斯先生的论著讨论了这些问题）被视为我们时代的繁琐哲学问题。"① 在季德看来，法国人忽视杰文斯的《理论》，就是上述状况的一个例证。季德指出，该书10年前问世，第二版也已于1879年出版了，但在法国不仅迄今没有出版法译本，而且甚至尚无一人详评这本书，也未见那本新近的教科书提到杰文斯。不过，同与杰文斯的一致相比，季德似乎更坚决地强调了他同法国同行们的分歧。季德首先强烈赞成杰文斯的下列论点：演绎法比归纳法更适合于经济学。这就把已在法国赢得一些支持者的历史学派抛到了一边②。但是，当进而论及杰文斯所主张的经济学必需利用数学方法（因为经济学研究的是数量）时，季德就同他的法国同行一起表示反对了。数学使季德感到厌烦，正像使其他许多人感到厌烦一样，这是因为（部分地，至少是可以理解地）它使人弄不清作者说了些什么。

季德认识到价值论是杰文斯《理论》的"首要部分"。他对于"最后效用程度"和价值的联系这一中心思想有明确的理解，并说谁也不可能忽视这一点。依照季德的说法，早在1881年法国已经有了对边际效用价值论的扼要表述，它完全是以非数学的形式出现的，而且发表在容易得到的地方。但是，季德对边际效用论的破坏性批评直接损害了他对这个理论的解释。他把对边际效用论的解释插在他对数学的谴责和对杰文斯效用论的批评之间，有可能使学生把这类著作连同其缺点一起都放弃了。

季德为他对边际效用论的这种逆反判断提出了两个基本的反驳：第一，杰文斯既然不能独立衡量最后效用程度，也就不能肯定物品在既定条件下的交换比率；但季德认为，他却在一篇文章中争辩说，交换价值比率可以暗含

① 季德：《杰文斯的政治经济学理论》，载于《经济学家》杂志，第4种，第XVI卷（1881年），第180页。

② 季德：《杰文斯的政治经济学理论》，载于《经济学家》杂志，第4种，第XVI卷（1881年），第181页。

【189】最后效用程度比率①。实际上杰文斯的方程式体系中并不存在循环论或不确定性。即使存在，也同衡量问题无关。由于对杰文斯的数学方法缺乏理解，使季德提出了虚构的困难。

季德对杰文斯效用论的第二个反驳具有完全不同的基础。季德拒绝使用“效用”一词，他认为该词有一种通俗的含义，而且会继续导致误解。季德没有提出一个替代的词作为补救（他后来主张这样做），而是转而指出：“价值同时决定于效用和稀少性。”② 这个说法来自巴斯夏，但他也不可能总是这样想，他在自己的教科书中就用过“最后效用程度”的说法。

三年后季德发表了第一部以法文撰写的经济学方面的现代教科书③，他在讨论价值问题时利用了边际效用思想。本书长期内一直是法文中唯一的一本含有对边际效用理论适当解释的教科书。

Ⅲ

季德关于杰文斯的文章在《经济学家》杂志上挑起了一场关于价值问题的长期讨论，这场讨论很好地说明了边际效用思想在19世纪80年代的法国对价值理论的影响多么微不足道，尽管讨论是从杰文斯和瓦尔拉斯的思想开始的，而且不时地回到他们那里，但参加讨论的人实际上根本不理解或不重视这一新思想。讨论立即就开始了。布兰斯在季德的文章发表后立即致信季德，这些信发表在1881年12月《经济学家》杂志上④。布兰斯略过了季德对边际效用的解释和对价值论的应用，甚至认为季德的解释是最明确的。他说，季德指出，杰文斯用效用决定价值，瓦尔拉斯用稀少性，他们都只有一半真理。季德所说确实如此，但所幸的是他还说了一些别的话。季德很恰当地答复了布兰斯，他说，物品数量对价值的影响只能通过它对物品边际效用的影响。这两封信的交换是无用的，因为布兰斯不可能理解边际效用思想。【190】季德理解得非常明确，但影响不了布兰斯，甚至季德本人似乎也还需要坚定信心。

---

① 季德：《杰文斯的政治经济学理论》，载于《经济学家》杂志，第4种，第XVI卷（1881年），第186~187页。

② 季德：《杰文斯的政治经济学理论》，载于《经济学家》杂志，第4种，第XVI卷（1881年），第187页。

③ 季德：《政治经济学原理》（巴黎，1884年）。

④ 《通信：价值与资本》，载于《经济学家》杂志，第4种，第XVI卷（1881年），第451~454页。

蒙基在大约一年后发表了一篇关于价值问题的文章。此人于 1877 年进入第戎法学院，此时季德到了蒙特利埃。蒙基只把季德的文章作为出发点①。他希望建立一种可以接受的价值理论，因为他认为季德已经指明杰文斯的理论经不起深究②。这里有意义的是，1882 年即杰文斯去世之年，在法国仍然缺乏对边际效用价值论的理解，而不在于提出什么（像蒙基所主张的那样）特别的答案。蒙基的文章并没有表明作者对下述情况有任何暗示，即杰文斯的创新在于利用边际（用后来的说法）思想，而不在于把效用用于价值分析。

这篇文章引起马蒂诺③和蒙基之间交换意见④，这些同边际效用价值论并无直接关系，但他们讨论的是价值论；这再次表明当时倾向于杰文斯或瓦尔拉斯理论的经济学多么少⑤。

达鲍斯在这一时期发表小册子对价值论提出了长篇说明⑥。他想比较详细地审视一下季德 1881 年文章发表后掀起的那场争论的各个方面，指出其中的错误，为说明他自己的观点准备条件。详细论列这些辩驳会使今天的读者感到厌烦（1886 年大多数读者可能也是这样），而且会使我们滞留于达鲍斯关于杰文斯的看法。达鲍斯得出如下犹豫不决的结论："在经济学领域内，杰文斯的理论对价值问题没有带来新真理或部分真理，它只是增加了已有的混乱。"⑦他的这个结论显然是通过阅读季德关于杰文斯的文章而得出的，而不是读了杰文斯的《理论》而得出的。由于某种理由，达鲍斯没有触及杰文斯关于效用是物品数量的函数这个观点。他说："**效用随数量变化**这个命题是绝对错误的，物品效用同其数量无关，它并不因数量大而减少，也不会因数量少而更有用；【191】无论数量多寡，其营养价值和抵御风寒的效力没有变化。在两种

① 蒙基：《价值原理》，载于《经济学家》杂志，第 4 种，第 XIX 卷（1882 年），第 369~380 页。

② 蒙基：《价值原理》，载于《经济学家》杂志，第 4 种，第 XIX 卷（1882 年），第 369 页。

③ 马蒂诺：《通信：财富是什么?》，载于《经济学家》杂志，第 4 种，第 XX 卷（1882 年），第 239~244 页。

④ 马蒂诺：《通信：财富是什么?》，载于《经济学家》杂志，第 4 种，第 XXI 卷（1883 年），第 276~283 页。

⑤ 如果需要进一步证实此时对边际效用学派的忽视，请看下列文章：格里塞尔：《通信：价值理论》，载于《经济学家》杂志，第 4 种，第 XXI 卷（1883 年），第 445~449 页；西尼尔：《财富与价值》，载于《经济学家》杂志，第 4 种，第 XXII 卷（1883 年），第 5~17 页；霍达德：《价值的一般理论》，载于《经济学家》杂志，第 4 种，第 XXVII 卷（1884 年），第 321~326 页。

⑥ 达鲍斯：《近期关于价值观念的争论》（巴黎，1886 年）。此前他曾发表小册子《价值理论、价值观念研究：什么是价值?》（1879 年）。他一直跟踪着《经济学家》杂志上的这场争论，他还曾撰文：《通信：价值的经济意义考察》，载于《经济学家》杂志，第 4 种，第 XXV 卷（1884 年），第 98~107 页。

⑦ 【255】达鲍斯：《近期关于价值观念的争论》（巴黎，1886 年），第 13 页。

情况下，效用是一样的”①。这完全是误解。由于缺乏把效用作为数量的基本思想，特别是没有关于总效用应依存于数量的思想，他显然不可能理解更困难的思想，即边际效用会随物品增加而减少。达鲍斯的小册子又一次激起了争论，但没有比以前更富有启发性的成果。霍达德评论了达鲍斯的小册子②，达鲍斯作答③，霍达德再答④；玛涅金站在达鲍斯一边⑤，达鲍斯回答了他的建议⑥。

花这么多时间叙述经济学中久被遗忘的作者之间关于价值问题的无成果的争论，对边际效用理论的历史有何意义呢？正如我们所看到的，他们难得提及边际效用，即使在一开始季德想向法国人介绍杰文斯时也不例外。介绍这场争论，与其说是想让人们注意到季德对杰文斯的关注，不如说是想再次强调指出，法国经济学家不仅在整个19世纪70年代，而且在80年代，离接受和理解杰文斯、门格尔和瓦尔拉斯的理论还很遥远。上述最后两封发表在有影响的《经济学家》杂志上的信是写于1888年，即1871年后17年。参与争论的众人之中，只有一人读过杰文斯的书，而且似乎在拒绝和接受杰文斯理论之间还犹豫不决。只有季德和达鲍斯检验过杰文斯的理论，但他们谁也没有谈起过瓦尔拉斯的观点，或是把他同杰文斯联系起来，即使他以法文写了大量有关论著。瓦尔拉斯完全可以抱怨，认为这种沉默是反对他的一种阴谋、争论者中无一人以任何一点理解的态度读过瓦尔拉斯的书；只有季德提到过他的名字。他们之中更没有人听说过门格尔或其他的后继者了。除了季德最初的解说以外，再没有谁对边际效用思想哪怕只有一点模模糊糊的了解，也没有任何人在经济学的这个方面提出过什么更先进的思想⑦。法国人在1889年还缺乏类似于现代经济学的任何东西。

---

① 达鲍斯:《近期关于价值观念的争论》(巴黎，1886年)，第12~14页。

② 《经济学家》杂志，第4种，第XXXVII卷（1887年），第450~453页。

③ 达鲍斯:《通信：价值论，答霍达德》，载于《经济学家》杂志，第4种，第XL卷（1887年），第398~408页。

④ 霍达德:《通信：价值论，答达鲍斯》，载于《经济学家》杂志，第4种，第XLII卷（1888年），第247~251页。

⑤ 玛涅金:《通信：价值论》，载于《经济学家》杂志，第4种，第XLII卷（1888年），第99~101页；玛涅金:《通信：价值论》，载于《经济学家》杂志，第4种，第XLII卷（1888年），第404~406页。

⑥ 达鲍斯:《通信：价值论，答霍达德》，载于《经济学家》杂志，第4种，第XLII卷（1888年），第251~254页。

⑦ 拉韦利（下章将讨论）以法文写作，但他生活在比利时。

第二十二章　拉韦利

I

【192】除了季德（当然还有瓦尔拉斯）之外，19 世纪 70 年代后的一代讲法语的经济学家中，只有埃米尔·路易斯·维克多·德·拉韦利表现出利用边际效用思想的能力和愿望。拉韦利是列日的一位教授，他在 1881 年的《当代社会主义》一书中用类似于边际效用的思想反驳马克思，又在 1882 年的《政治经济学原理》中重申了这一思想。不过他在这两本书中提出的思想只是大致近似于边际效用观点。

拉韦利的《当代社会主义》多次再版，拥有广泛的读者①，该书在国外也获得了成功②。拉韦利把效用作为摆脱马克思剩余价值论论证的工具。他在总结对马克思论证的评论时说："当我们阅读马克思的著作，感到我们被关在他的逻辑的铁栏杆中时，我们像过去一样会经受恶魔的折磨。如果承认他的前提（都是从权威那里借用来的），就很难避开他的结论……自我解脱是不容易的。如果我们认可斯密、李嘉图、巴斯夏和格雷的价值理论，我们就不能不自相矛盾。"③

拉韦利驱赶马克思主义的办法，就是抛弃斯密、李嘉图、巴斯夏和格雷等人的价值论。他坚持认为："马克思的基本错误在于他的这个观点：价值总是同劳动成比例。"④ 他认为同价值最有关系的不是劳动，而是效用。这个置换

① 【255】布鲁塞尔，1881 年初版，1883 年第 2 版，1885 年第 3 版，1896 年第 19 版。

② 俄译本 1882 年，英译本 1884 年（书名改为《今日社会主义》，G. H. 奥潘译，伦敦，1884 年），德译本也在 1884 年（书名为《当代社会主义政党》，M. 埃尔贝格译，杜平根，1884 年）。

③ 《今日社会主义》，第 32 页。

④ 《今日社会主义》，第 34 页。

是重要的；为使其有效，拉韦利把通常的价值观念加工改造成为某种非常类似于边际效用的东西。

拉韦利解释并深入研究了水的例子，此例曾被用于反驳效用价值论。值得注意的是，他没有求助于杰文斯或瓦尔拉斯的权威来支持他的观点，因此，当他说通常“以水为例”来反驳效用价值论是基于语言的模糊不清，而“这一点从未被指明”时①，【193】他对此说法要求首创权。还应注意到，虽然拉韦利在一定程度上确实以边际效用解释效用，但他的用语是非常粗糙的。

拉韦利解释说，人们在两个意义上使用“效用”一词，即**一般的**意义和**特殊的**意义。尽管他没有这样说，但这些说法大体上同**总**效用和**边际**效用是吻合的。也就是说，在拉韦利看来，当某人说，水有很大效用时，他是指一般的或总的效用，而当某人说，水的效用很小甚或全无时，他是指特殊的或边际的效用。请看拉韦利对物品价值的特殊效用的解释：他说，“说水没有价值，系指某一特定部分的水；在此意义上它的效用很小。河岸上一桶水的价值是多少呢？不会超过提取它的麻烦……（然而）在撒哈拉的腹地，对于一个无论以什么价格都无法得到水的旅行者来说，水也许值世界上的全部货币。”② 对这段话当然可以改进，使之作为对边际效用的解释，但应当承认他在此表述了该思想的根本点。拉韦利对马克思的反驳，不像稍后几年威斯蒂德、萧伯纳和英国其他费边社分子反驳得那么彻底和熟练，但同法国当时其他经济学家相比，他对边际效用的理解是突出的。

拉韦利的《政治经济学原理》像他的关于社会主义的著作一样获得了成功。该书出了多版和多种译本，包括美国的译本。在价值问题上他重申了《当代社会主义》已经提出的论证，还是以水为例③。作者在序言中说，杰文斯和 M. P. 马歇尔的著作是富有教益的。尽管他没有明说，但他显然是指杰文斯的《政治经济学初级读本》（该书法文译本 1878 年问世），而不是杰文斯的《政治经济学理论》，以及阿尔弗雷德和玛丽·帕利·马歇尔的《工业经济学》④。在效用价值论方面，这些著作当然不会对拉韦利有很大帮助。

---

① 《今日社会主义》，第 36 页。

② 《今日社会主义》，第 36 页。

③ 拉韦利：《政治经济学原理》（第 2 版，巴黎，1884 年），第 28~29 页。

④ 拉韦利：《政治经济学原理》（第 2 版，巴黎，1884 年），第 IV 页。

第二十三章　勒瓦瑟和奥托：法国人对边际效用的批判

I

【194】法国人显然没有忽视边际效用，他们对它持有一种特殊的异议。只是在两种场合（1870—1889 年），法国经济学著作家才强烈地和公开地拒绝在经济分析中运用边际效用。较早的拒绝来自埃米尔·勒瓦瑟，较晚的来自奥古斯特·奥托。

勒瓦瑟的异议是在瓦尔拉斯首次正式陈述他的边际效用理论，即 1873 年 8 月 16 日向道德和政治科学院宣读他的论文时提出来的。我们在此只论及瓦尔拉斯论文中被学院接受的部分。杰文斯知道他的论文是被当作耳边风了①，而瓦尔拉斯知道他有一名听众，因为在他宣读论文后，勒瓦瑟声明他在下次会议上要发表不同看法。他在 8 月 30 日的会上果然这样做了。学院的另外两位成员也发表了评论，他们是奥古斯特·瓦莱和路易斯·弗朗索瓦·米契尔·雷蒙德·沃龙斯基②。瓦尔拉斯可能没有参加会议，因为《道德和政治科学院工作会议汇报》中没有记载任何答复。上述三人的评论显示了科学院成员对瓦尔拉斯论文的效用方面内容的直接反应。一般来说他们的反应对瓦尔拉斯是不利的，虽然瓦莱试图给予一定的支持，但勒瓦瑟接着很快就放弃了。

Ⅱ

勒瓦瑟的批评确实不能归功于他对瓦尔拉斯刚宣读的论文的理解，或者对

---

① 【255】参看第 1 章。

② 《道德和政治科学院工作会议汇报》，第 CI 卷（1874 年），第 117～120 页。

数学和经济学性质的理解。他一开始提出并多次重申的批评意见是：数学同人的需求和欲望无关，因为需求和欲望本身不能衡量。在这个批评背后显然是一种过分简单的数学观点或衡量观点。【195】勒瓦瑟总的结论是："他的曲线是没有根据的……不可靠的，有的是错误和危险……"① 他显然认为危险在于通过数学工具传达给读者的是谬误的精确性。

勒瓦瑟的批评不止如此。他的第二点异议显示出他并不理解瓦尔拉斯效用函数的性质。勒瓦瑟说，"欲望"并不按照瓦尔拉斯所说的法则增减，"需求"的高低波动会受到许多不同条件的制约。对所有这一切，瓦尔拉斯不会不同意的，除非勒瓦瑟想传达这样一种观点：对所有实际的目的来说，效用函数的形状变动得十分频繁和反常，以至于在分析中无法加以使用。但是勒瓦瑟所举的例证表明，他对瓦尔拉斯关于效用和需求的合理稳定性这个暗含的假定并不持有异议。作为需求波动的例证，勒瓦瑟指出，饥荒时期人们对小麦的欲望强度比丰收时要高出许多倍。这个例证与其说是对瓦尔拉斯效用函数思想的批评，不如说是对它的说明。

勒瓦瑟还暗示瓦尔拉斯的理论过于简单，但他没有举出进一步的例证②。他批评瓦尔拉斯从其父亲那里借用来的"稀少性"观点，这表明他从瓦尔拉斯宣读的论文中并没有把握住瓦尔拉斯这个术语的不同寻常的含义。这也许只能责怪瓦尔拉斯本人，因为他未加预告就使用了一个具有非常普通含义的术语，但给了它一个同样不寻常的解释。勒瓦瑟的结论是。经济学家可以用几何方法作为证明方法，但不能作为研究工具。

瓦莱（他的著作是法文中第一部以对话体写的论述边际效用与价值关系的著作）对下述观点表示异议：购物者并不关心生产该物所需劳动之多少；劳动创造价值但不调节价值量。勒瓦瑟答复说，购物者常常计算劳动量，即使他们不计算，售卖者也会计算的，而且经济学【196】的真谛（我们应作为一种道德标准加以掌握）在于，劳动成本提供了最低界限，竞争会迫使价格趋向这个界限的。

我们的讨论以沃龙斯基的评论做结束。沃龙斯基赞成勒瓦瑟的立场，并补充说，因为把经济学看作是一种精确的科学，所以瓦尔拉斯误解了以人为出发点和归宿点的科学。瓦尔拉斯没有直接评论勒瓦瑟和沃龙斯基的这些说法，但

① 《道德和政治科学院工作会议汇报》，第 CI 卷（1874 年），第 117 页。

② 《道德和政治科学院工作会议汇报》，第 CI 卷（1874 年），第 119 页。

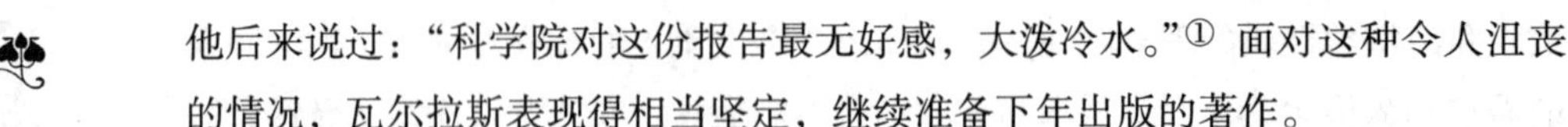

他后来说过："科学院对这份报告最无好感，大泼冷水。"① 面对这种令人沮丧的情况，瓦尔拉斯表现得相当坚定，继续准备下年出版的著作。

Ⅲ

勒瓦瑟在其漫长一生的晚年显然保持着最初的印象，即认为边际效用理论的价值微不足道，不过他后来的著作没有直接触及边际效用思想。他的主要经济学教科书的英译本问世于 1905 年，部分内容是作者为译者重写的，② 其中根本没有迹象表明作者承认边际效用。勒瓦瑟于次年发表了一篇文章，论及法国在第三共和时期经济发展和社会主义思想的演进，本书谈到历史学派，但未触及边际效用学派③。按他的说法，法国似乎同边际效用运动无关，甚至对它毫无兴趣。

勒瓦瑟对边际效用特别是对瓦尔拉斯的思想缺乏兴趣所招致的讽刺性结局，在他临终前来到了。1909 年法兰西各大学的教授和经济学家曾向瓦尔拉斯献词，其中有这样的反问："如此喜爱清晰、协调和逻辑的法国精神怎么可能不被（在有朝一日理解之后）瓦尔拉斯经济学体系的优美布局所吸引呢？这个体系囊括了整个经济界，其中同一个公式包括一切产品的价格和一切劳务的价值。"④ 谁绝不会这样提出问题呢？又有谁能比其他人更好地以一种客观的方式来回答这个问题呢？肯定是【197】埃米尔·勒瓦瑟；是科学院的这样一位成员，他在瓦尔拉斯发表了表明其经济学核心思想的演讲之后一星期就对该体系提出了一系列异议；是这样一个人，他在法国经济学界漫长而活跃的生涯中，从来未从瓦尔拉斯的源泉汲取一滴水。然而，具有讽刺意味的是，在给瓦尔拉斯的献词（连同那个中肯和有意义的反问）的签名名单中，勒瓦瑟名列前茅。

---

① 瓦尔拉斯：《纲要》，第 2 版，第 XIX 页。

② 勒瓦瑟：《政治经济学原理》，玛伯格译（纽约，1905 年）。

③ 勒瓦瑟：《第三共和时期法国经济和社会主义理论》，载于《道德和政治科学院工作会议汇报》，第 CLXV 卷（1906 年），第 457~512、577~602 页。

④ 奥尔：《洛桑学派》（巴黎，1950 年），第 133 页。

Ⅳ

第二个批评家奥古斯特·奥托是在19世纪80年代晚期发表其对边际效用的见解的。奥托34岁时（1848年）从历史学转到经济学。他1865年后在各种场合就各方面问题为《经济学家》杂志写文章。然而他在七八十年代并没有表现出对经济学理论的兴趣，特别是对边际效用理论的兴趣。奥托于1851年发表了《社会经济概论》，1892年出了再版①。他是在1889年首次评论边际效用论的，当时他突然为《经济学家》杂志撰文评论了维塞尔的刚刚问世的《自然价值》和庞巴维克的五年前出版的《资本理论的历史与批判》②。

奥托认真阅读了维塞尔的著作并把握住了维塞尔的价值论的基本思想。他把维塞尔的 Grenznutzen（边际效用）译成法文的 La valeur-Limite（限界效用）③，但他没有看出这个思想的意义。他指出，谁都懂得消费者还随着价格的下降而增加购买。他责备维塞尔把价格的下跌同效用的下跌联系起来，并从这种联系得出结论。奥托这种联系把交换价值混同于完全不同的使用价值。两种究竟有哪些主要区别呢？他没有直接回答。他用半页的篇幅表明，虽然增量的水、鞋、书或小麦的效用减少了，但是原先单位的重要性并未减少。其实维塞尔对此也不会否认的。奥托强调了下述情况，其意义不过是说边际效用和总效用都是存在的。他说："我的藏书中有一本我每天使用、对我用处很大的书，我们暂且估计其使用价值为10，假定我偶然得到另外10册同样的书，【198】在此情况下，是否该书的效用将减少为零呢？它对我是否毫无用处了呢？的确，我将可以用那10册书，但我拥有的11册书中的任何一册的使用价值将始终为10。"④ 奥托也许不自觉地坚决反对在发现**边际**效用思想时降低**总**效用的意义。这种异议可能有理，但难以证明他的极端说法的正确性；他认为维塞尔的价值论"应被视为虚幻的东西，禁锢在把它想象出来的作者的书中"⑤。

---

① 巴黎，1851年，第2版；巴黎，1892年。

② 第4种，第XLVI卷（1889年），第282~292页。

③ 第4种，第XLVI卷（1889年），第283页。

④ 第4种，第XLVI卷（1889年），第285页。

⑤ 第4种，第XLVI卷（1889年），第286页。

V

奥托1890年还评论了瓦尔拉斯的《纲要》第2版，发表在《经济学家》杂志上，该杂志没有刊登过评论该书第1版的文章，这次发表对第2版的评论，可算是对前次忽略的改正①。该文表明奥托仔细研究过《纲要》，这对75岁高龄的奥托来说必定是一种数理经济学的训练，他以往的著作没有任何迹象表明他对数学感兴趣。

不过，奥托不是作为数学家而是作为经济学家来批评瓦尔拉斯的。作为经济学家，他不隐瞒对在经济学中应用数学方法的担忧。奥托对瓦尔拉斯的曲线（表现物品数量同瓦尔拉斯所谓稀少性之间的函数关系）作了适当的描绘，用一段话解说了“稀少性”一词（“这显得滥用名词”）②。他清楚地勾画了瓦尔拉斯在其模式中所得出的使消费者的满足达于最大化的均衡价格的方式。虽然他对瓦尔拉斯的论证作了很好的解说，但他对这些论证是持有异议的。他说：“具体问题暂且不论，我要说的是，他的根基不牢，在大多数情况下，构成交换价值的不是供求商品的效用或数量。”③

奥托首先拒绝的是瓦尔拉斯的这个前提假定：携带物品来到市场的个人将根据交换比例来决定多少货物留作自用，多少用于交换。奥托承认，瓦尔拉斯一贯坚持的这个条件适用于远古时代野蛮人和【199】实物交易，而不适用于现今社会。在现今社会中，使用货币，存在劳动分工；交易者来到市场时通常都希望卖掉他**全部的**存货，也不存在多少比例的货物留作自用这样的问题。奥托坚持说，售卖者并不在意其货物所能满足的需求；而购买者也不过问交易者是否以低于前一半的价格出售后一半，因为前一半的货物能够满足他最强烈的需求。这是奥托唯一提到类似于边际效用思想的地方。奥托举例说：“吃一顿美餐的人，为最后上的饮料和菜肴付出的钱，通常要比为最初上的饮料和菜肴付出的钱更多。”④

他的下一个论证基于这个所谓事实：在现代社会，生产能使自身适应需求，而且生产的物品量通常超过消费者的购买量。这个结论是他从生产者售卖

---

① 第5种，第I卷（1890年），第98~114页。
② 第5种，第I卷（1890年），第108页。
③ 第5种，第I卷（1890年），第109页。
④ 第5种，第I卷（1890年），第110页。

他们货物的困难中推论出来的。他争辩说，这意味着大多数物品的边际效用是零，因而不能以边际效用作为决定价值的工具。按照奥托的看法，生产者所使用的劳动量在所有场合都调节着价值，只有局部垄断是个例外。作为反对边际效用价值论的一个确定无疑的论据，奥托提出了一个完全无关的条件：需求要求购买者不仅有需要，而且有足以满足它的能力①。

奥托的所有这些论据都是没有分量的，回答这些论据并不需要多么特殊的理解力和技巧，不过没有人在《经济学家》杂志上作答，这样它们就成了官方的法国学派 19 世纪 80 年代对边际效用经济学的最后看法。

① 第 5 种，第 I 卷（1890 年），第 111~112 页。

第二十四章　法国经济文献中的边际效用（1871—1889）

I

【200】法国有若干种专业经济学杂志定期评论外国和法国的重要著作，而且可能对杰文斯《理论》、门格尔《原理》和瓦尔拉斯《纲要》各书的第1版有所了解①但只有一种杂志评论过这些著作。

夏尔·勒托特是唯一评论杰文斯、门格尔和瓦尔拉斯开创性著作第1版的法国人②。勒托特评论瓦尔拉斯《纲要》时没有提到边际效用，他只限于讨论数学方法。他也涉及杰文斯的《理论》（但未发现一页是令人欣慰的）和杜皮特的著述，但同样没有在边际效用的使用上给他留下什么印象。我们在此看到了一种特殊情况，即在对边际效用重要著作的评论中，这位法国人的评论没有提到边际效用问题。

杰文斯和瓦尔拉斯后来著述的遭遇未见好转，对杰文斯《理论》再版的一篇匿名评论未提边际效用，反而用其不大的一点篇幅批判在经济学中运用数

---

① 【256】《经济学家》杂志在当时法国的经济期刊中居首位，它创刊于1842年，月刊，存在了大约100年，20世纪40年代前期停刊，战后未复刊。1866—1881年的主编是约瑟夫·加尼尔，1881—1909年的主编是古斯塔夫·德·莫利纳里，法国经济学的许多名人是该刊的撰稿人。

稍早的期刊是《道德和政治科学院会议与著作汇报》，它创刊于1840年，1938年停办，其间发表了大量经济学文章，当然也有社会科学其他领域的内容。该刊代表法国经济学家中最保守的部分。

保罗·勒洛-博利编辑《法国经济学家》，从该刊创刊（1873年）到他去世（1916年）。此后该刊继续出版到1938年11月。它最初直接模仿伦敦《经济学家》，不时地发表和评论一般经济学著作。

1887年开始的《政治经济学评论》给法国经济杂志带来了一种新调子。它的编委有季德、乔丹、维利和杜吉特。该刊现在属于法国经济出版物中历史最悠久的了。

② 勒托特：《数学在政治经济学中的应用》，载于《法国经济学家》，1874年10月31日，第540~541页。

学[①]。甚至季德在评论瓦尔拉斯《社会财富的数学理论》（已重印为瓦尔拉斯最早的边际效用著作的第1部分）时，也主要是强调在经济学中应用数学方法的不切实际，对边际效用却未置一词[②]。季德的这种疏忽是值得注意的，因为两年前他发表过关于杰文斯的文章，在他的教科书中也有对边际效用的附带说明。他显然没有看出瓦尔拉斯的学说同杰文斯学说有相同的东西，这两人的通信也已认可了这一点，这些通信就重印在季德所评论的那部书中。

【201】法国经济学家知道杰文斯，不是因他同边际效用的联系，而是因为他倡导数学方法，所以他们把杰文斯和瓦尔拉斯放在一起。他们也知道杰文斯在应用领域（如关于货币、价格水平、商业循环和煤炭等问题）的著作。法国关于杰文斯的讣告表明他的声誉并不包括他在边际效用方面的著作[③]。法国经济学家在19世纪70年代和80年代对门格尔也知之不多，他的《原理》如同在英国一样无人置评。不过，门格尔用德文写作并在1871年发表，无疑也妨碍了法国的编辑们为评论者提供这本书。1890年后，门格尔的名声可能已为法国经济学家知晓，但他们完全可能并不了解他的《原理》，至少很久之后还是这样，伯纳德·拉弗恩在其博士论文（1910年）中说："可惜这部著作为数极少，法国似乎一册也没有；据我们所知，公共图书馆一册也没有。"[④]

Ⅱ

除了季德和拉弗恩以外，没有一位法国著作家的教科书和小册子提到边际效用思想，法国经济学概论的读者肯定也不会注意到这方面的参考资料。若干情况表明，把1871年和1874年定为边际效用学派发端之时是多么不恰当。我们可以把加尼尔《政治经济学概论》作为一部有代表性的法国教科书，该书属于当时最普及的经济学著作之列。一位当代经济学家在谈到该书时说："正是这本书使加尼尔成了名。它事实上成了经济科学的百科全书；方法的条理和知识的深刻同样引人注目。此外，作者还显示出对那些同他的科学信仰对立的各

① 《法国经济学家》，1879年7月12日，第47页。

② 《经济学家》杂志，第4种，第XXII卷（1883年），第444~448页。

③ 《法国经济学家》，1882年9月2日，第296~297页；《政治经济学协会年鉴》，第XIII卷（1880—1882年），第491页；《经济学家》杂志，第4种，第XIX卷（1882年），第470页。

④ 拉弗恩：《市场经济论》（巴黎，1910年），第VII页。

种见解具有完全的理解力。"[①] 但是，加尼尔"完全的理解力"并没有扩大到边际效用，因为无论是1880年（加尼尔去世前一年）修订增补的第8版，还是里斯1889年出版的校订第9版，只是稍微提了一下边际效用[②]。

【202】其他有名的小册子对边际效用思想也未于重视，考威的《政治经济学概要》（2卷本，第1版1879—1880年，增订版1881—1882年，扩大4卷本1893年）在其第1版中包括对杰文斯《理论》和瓦尔拉斯《纲要》的材料，第3版还增加了有关门格尔的材料，但都没有显示出这三本著作有何影响[③]。保罗·勒洛-博利1888年的《政治经济学概论》没有一点边际效用的迹象[④]，不过，这位作者8年后在其4卷本《政治经济学理论和实践》中广泛应用了边际效用[⑤]。这个时期的另一本标准著作是亨利·约塞夫·里昂·包里拉《政治经济学教程》（1857年开始出版），该书第5版（1883年）并不比第1版包含更多有关效用的内容[⑥]。从下列各人的重要教科书同样可以看出对边际效用的忽视：阿尔弗雷德·乔丹[⑦]、Y. 古约特[⑧]、费迪南德·杰奎斯·哈弗-巴仁[⑨]、莫利斯·布洛克[⑩]。

① 菲尔斯：《约塞夫·加尼尔（1813—1881年）》，载于《帕尔格拉夫政治经济学辞典》，H. 希格斯编（伦敦，1923年），第II卷，第185页。

② 加尼尔：《政治经济学概论》（第8版，巴黎，1880年）和《政治经济学概论》（第9版，巴黎，1889年）。

③ 考威：《政治经济学概要》（巴黎，1880年）第II卷，第712页；《政治经济学教程》（第3版，巴黎，1893年），第IV卷，第610页。

④ 巴黎，1888年。

⑤ 第1卷，第109~110页；第3卷，第28~44页（第2版，巴黎，1896年）。

⑥ 包里拉：《政治经济学教程》（第5版，巴黎，1883年）。

⑦ 乔丹：《政治经济学分析教程》（巴黎，1882年），第2版，1890年。

⑧ 古约特：《经济学》（巴黎，1881年）；第2版，1887年；第3版，1907年。

⑨ 巴仁：《政治经济学原理》（巴黎，1880年）；第2版，1885年。

⑩ 布洛克：《政治经济学袖珍读本》（巴黎，1872年），第9版，1880年。

第二十五章　边际效用学说在荷兰和意大利

I

【203】在英、法、德等国的文献之外，我们发现19世纪70年代承认经济学运用边际效用的只有荷兰和意大利的文献。操斯堪的纳维亚语和斯拉夫语的著作家中，无人对边际效用学派的兴起作出贡献。西班牙人和葡萄牙人也是这样。这整个运动限于欧洲和美国，从未扩及亚洲、非洲和南美洲。

杰文斯和瓦尔拉斯都曾注意到荷兰人和意大利人对边际效用思想的兴趣，不过，他们对这两个小国接受边际效用学说的程度的估计有点过分。瓦尔拉斯提到过阿姆斯特丹的皮尔逊教授、莱顿的格利文、阿姆斯特丹的米斯、乌德勒支的奎克和布鲁尔，还有意大利人埃里拉、安东尼里、博卡多、赞诺和赞比利①。除了格利文、米斯、奎克和安东尼里之外，上述其他人杰文斯都提到了②。

II

布鲁尔比其他荷兰著作家更早地了解边际效用价值论；他早先已经知晓杰文斯的《理论》和瓦尔拉斯1873年的论文；事实上，正是他最早让瓦尔拉斯注意到杰文斯，后来又把瓦尔拉斯介绍给门格尔。布鲁尔的学位论文是在荷兰首次公开论及杰文斯和瓦尔拉斯③。在这篇论文发表前后，布鲁尔还同杰文斯

① 【256】瓦尔拉斯：《货币理论》（洛桑，1886年），第VIII-IX页。

② 【257】杰文斯：《理论》，第2版，第307~309页。

③ 《杰文斯日记和通信》，第309~311、320~321、325~327、329~330、379~380页。

通过信。在使边际效用学派扬名国际方面，他比其他人做得更多。

布鲁尔为什么要把边际效用作为他在莱顿大学学位论文的课题，我们不得而知①。他也许会感谢奎克（后来在乌德勒支），杰文斯曾因奎克赞成这种新经济学而提到过他。奎克在【204】1868 年（34 岁）时已是乌德勒支的教授，在该校一直待到 1877 年（为尼德兰银行效力）②。布鲁尔 1878 年接替奎克任乌德勒支大学经济学教授。奎克的著作没有任何边际效用经济学的痕迹。布鲁尔对边际效用学说的研究在其论文发表后也就停止了。他在乌德勒支大学任教到 1917 年，他 1930 年去世③。

皮尔逊是边际效用学说的另一位追随者，他大半生从事商业和银行业，1877—1884 年也曾在阿姆斯特丹任教，离开讲台后，他先任尼德兰银行主席，后任职于荷兰政府。他对价值论（特别是在他不再任教之后）具有非常浓厚的多方面的兴趣。尽管他从未成为这种新学说的完全的皈依者，但在国内却赢得了传播边际效用思想的声誉。一位荷兰经济学家写道："皮尔逊是接受奥地利学派价值论的第一批经济学家之一。"④ 一位同时代人说，皮尔逊的著作"是杰文斯和门格尔等人所开创的经济理论的最新成就，也是将其运用于分配问题的最新成就，他的著作已经深入人心"⑤。

格利文 1880—1915 年任莱顿大学经济学教授，他是皮尔逊的助手和学生，又是布鲁尔的伙伴。也许应该把他也算在接受边际效用论的荷兰教授之列。荷兰有一份优秀的经济学期刊《经济学家》，创办于 1852 年，在七八十年代很兴盛，而且延续至今。在 1889 年前的 21 年间，这份杂志只有一次注意到边际效用的文献；格利文在其中著文简评了威斯蒂德的《经济科学入门》⑥。

除了杰文斯和瓦尔拉斯所列举的这几位以外，至少还有一位接受边际效用思想的荷兰经济学家，他就是 1885 年在阿姆斯特丹接替皮尔逊教授的博京，他在这所大学还教过统计学，不过这一阶段还没有显示出他对边际效用思想的兴趣，但在他去世那一年（1890 年），他曾为《政治经济学评论》撰文，

---

① 《公司的收入》（莱顿，1874 年）。

② 《商店零售价格百科全书》（阿姆斯特丹，1952 年），第 XV 卷，第 706 页。

③ 《J. B. 布鲁尔先生》，载于《经济学家》，第 LXXIX 卷（1930 年），第 595~596 页。

④ H. W. C. 鲍德威克：《N. H. 皮尔逊（1839—1909）》，载于《社会科学百科全书》，第 XII 卷，第 134 页。

⑤ H. B. 格利文：《荷兰经济学派》，载于《帕尔格拉夫政治经济学辞典》，第 1 卷，第 657 页。

⑥ 《经济学家》，1889 年，第 351~352 页。

【205】表明他理解和同情边际效用学说[①]。他在该文中曾提及他在多年讲课中同边际效用有关的观点，可见他 1889 年前在阿姆斯特丹一定详细解释过边际效用学说。

19 世纪 80 年代末有一些荷兰经济学家开始用边际效用理论论证累进税制的合理性，他们转向这个方向可能是受到皮尔逊和博京的影响和鼓励。这一时期发表与税制问题有关的边际效用论的经济学家有科特·万·德尔·林登、特里布、塔斯曼。不过最杰出者当数 A. J. C. 斯图亚特，他于 1889 年发表了题为《累进所得税理论考察》的学位论文。

Ⅲ

在 19 世纪 70 年代杰文斯和瓦尔拉斯曾指望支持他们学说体系的意大利人中，有相当一部分并未履行他们当初的允诺。赞比利在《农业、工业和商业评论》（1876 年）中曾论及瓦尔拉斯的《纲要》，但后来再未写经济学方面的东西。另外，埃里拉在为《坚韧》杂志撰写评论瓦尔拉斯《纲要》的文章后仍然继续经济学的写作。瓦尔拉斯评论过埃里拉的两本书[②]，但埃里拉并没有回到理论经济学方面来，因而也没有再写边际效用论或数理经济学的东西。赞诺在同埃里拉的通信中谈到瓦尔拉斯（发表于 1874 年的《农业、工业和商业评论》），但对边际效用论在意大利的扩展没有更多的帮助。同杰文斯有通信之谊的鲍迪欧成了政府的统计官员，无暇继续从事他当初感兴趣的效用问题研究。

只有博卡多为进一步接受边际效用论做了一些事情，他将瓦尔拉斯的 4 篇回忆和杰文斯的《理论》译成意大利文，出版了他们两人的著作（作为《经济学家丛书》第 3 种）。但博卡多对杰文斯和瓦尔拉斯的支持不是出自他对他们的学说的赞赏，而可能是由于对各方面抗议者持宽容态度的结果，因此他并没有积极支持意大利的边际效用学派。【206】对博卡多不愿与任何一种理论为伍这一点，洛里亚有如下评论："他的言行表明，他无论在哪一方面都不是一位战士、一位困难问题的研究者，或是一种理论或学派的真正支持者。"[③]

---

① A. 博京：《价值理论谈话》，载于《政治经济学评论》，第 IV 卷（1890），第 16~43 页。

② 《经济学家》杂志，第 3 种，第 XXXVI 卷（1874 年），第 329~334 页。

③ 洛里亚：《讣告：G. 博卡多》，载于《经济杂志》，第 XIV 卷（1904 年），第 321 页。

博卡多后来的著作没有边际效用论的任何痕迹。杰文斯和瓦尔拉斯对这位意大利人的著作可能深感失望，因为他们一直视他为一位早期拥护者。

博卡多把杰文斯和瓦尔拉斯著作译成意大利文的第一个引人瞩目的结果，可能就是安东尼里《政治经济学数学理论研究》的出版（1886 年）①。安东尼里一直在比萨高等师范大学研习数学，他在 1886 年为取得学位而准备了这本 31 页的小册子。尽管杰文斯早已把他的书列入数理经济学著作目录，但他迟迟未引起人们的注意②。安东尼里不仅提供了一幅边际效用的准确图画，而且为效用论增加了一些东西，当时无人认识到这一点，后来很多年也是如此。他所增加的东西，用现在的话来说，就是“完整性条件”③。在一个准备缓慢接受一种更简单形式的边际效用理论的世界，提出安东尼里的简洁的数学理论解说是不会有什么效果的，完整性条件即使在今天也很少有人理解，因而影响甚微。

科萨在传播边际效用思想方面发挥过一些作用，尽管他反对在经济学中应用效用，因而不可能热情地接受这一新学说。科萨的《政治经济学指南》初版于 1876 年，第一次修改于 1878 年④。杰文斯在该书英译本序言中曾对它予以赞扬。该书考察了所有的经济学文献，表明边际效用学说对意大利经济思想的影响是很小的。科萨在其考察中未提效用，虽然在论及杰文斯和瓦尔拉斯“在交换论中几乎得出同一结果”时，他曾最接近于论及效用⑤。他把布鲁尔和博卡多同瓦尔拉斯和杰文斯联系起来，但没有谈到门格尔。科萨 1892 年出版了《指南》第 3 版，书名改为《政治经济学研究导论》。【207】科萨这两本书表明，对边际效用理论和学派的赞扬，在 19 世纪 70 年代还不存在，而到 80 年代终于出现了⑥。科萨此时（1892 年）把杰文斯和效用论联系起来，这在过去是没有的。最重要的是，科萨在 1892 年发现了门格尔和奥地利学派，而在 1876 年他还没有这样多地引证门格尔。他列举了下列各位的名字和成就：

① 比萨，1886 年。

② 近期评论，参看迪玛里亚：《安东尼里，被遗忘的数理经济学家》，载于《经济学家杂志和经济学年鉴》，新编，第 X 卷（1951 年），第 223~231 页；瑞西：《评安东尼里〈政治经济学数学理论研究〉（1886 年）》，载于《经济学家杂志和经济学年鉴》，新编，第 X 卷（1951 年），第 264~297 页。

③ 安东尼里：《政治经济学数学理论研究》，第 16 页。

④ 后来译成英文，书名《政治经济学学习指南》（伦敦，1880 年）。

⑤ 安东尼里：《政治经济学数学理论研究》，第 46 页。

⑥ 第 3 版译成法文和英文：《经济理论史》（巴黎，1899 年）；《政治经济学学习导论》（伦敦，1893 年）。

维塞尔、庞巴维克、萨克斯、祖克坎德、克莫林斯基、玛塔佳、克鲁斯和费力波维奇。他还讨论了“边际效用的奥地利理论是什么”的问题①，他对他们的理论是赞成的。

科萨还列举了三位创始人的其他追随者：奥斯皮茨和李宾（他们被视为来自德国而不是奥地利）、布鲁尔和斯图亚特（荷兰）、威斯蒂德（英国）、安东尼里和潘达里奥尼（意大利）。科萨说，马歇尔“从杰文斯那里接受了最后效用程度（他更愿意称之为边际效用）理论，然后指出，这个边际效用观念既解释又完善了当时流行的生产成本论，虽然有不少人一直反对这两种观点”②。可是科萨没有把克拉克和埃杰沃思同边际效用学派联系起来，尽管他注意到了他们的主要著作③。

Ⅳ

潘达里奥尼是在意大利开创边际效用分析最勤奋的一位经济学家，他直到19世纪80年代末才登上舞台④。他有一种世界主义背景，其母是英格兰或爱尔兰人，在德国和意大利受过教育。潘达尼奥里本人先在德国学习，或毕业于罗马大学法学系，接着在日内瓦任教3年。这种背景使他容易接近外国文艺和经济学，特别是奥地利学派和杰文斯的著作。

潘达尼奥里1889年发表《纯经济学原理》⑤，表明他完全接受了边际效用学派的观点。他熟悉1889年前讲授过的有关效用问题的几乎每本著作⑥。【208】他的著作还反映了其他人的思想，他对这些人的思想都做过研究。他开头对心理学的享乐主义进行了长篇研究，并把这种享乐主义同自我保护的欲

① 《政治经济学习导论》，第432页。

② 《政治经济学习导论》，第360页。

③ 《政治经济学习导论》，第357，479页。

④ 关于潘达尼奥里的生平和著作，参看：斯拉法和洛里亚：《讣告：M. 潘达尼奥里》载于《经济杂志》，第XXXIV卷（1924年），第648~654页；维克欧等：《经济学家》杂志，第LXV卷（1925年），第105~236页；皮罗：《潘达尼奥里》载于《政治经济学评论》，第XL卷（1926年），第1144~1165页；瑞西：《三位意大利经济学家：潘达尼奥里-帕累托-洛里亚》（巴瑞，1939年），第13~100页；坎帕纳：《潘达尼奥里》（墨西纳）。

⑤ 潘达尼奥里：《纯政治经济学原理》（佛罗伦斯，1889年），第2版1894年。他本人未允许再版，他认为帕累托《政治经济学教程》的问世使他自己的著作陈旧了。作者去世后7年（1931年）出了重印本。有3种译本。英译本：《纯经济学》（伦敦，1898年）；西班牙文本：《纯经济学原理》（布宜诺斯艾里斯，1918年）；葡萄牙文本：《纯经济学原理》（圣保罗，1939年）。

⑥ 潘达尼奥里：《原理》，1889年，第367~368页。

望等同起来。他详细论证了边际效用递减的结论，称之为基本法则并就此感谢戈森、杜皮特和詹宁斯。他支持戈森使用线性函数，因为我们“几乎不知道实际的享乐曲线下跌得有多快”，尽管他自己使用的是非线性曲线①。他采用了门格尔的表，并也像门格尔一样“以任意设定的数字，例如10”来表示最需求的物品的第一个整除部分的强度②。

潘达尼奥里在效用问题上同样还受到詹宁斯的影响。他比其他人（甚至比杰文斯）都更热诚地接受、更充分地理解和更大地扩展了詹宁斯关于欲望性质和分类的思想。他采纳詹宁斯的看法，把人通过五官感受到的欲望满足，分为基本欲望（如饥渴）和次要欲望。他同詹宁斯一样指出，边际效用递减法则对满足基本欲望的物品，不同于满足次要欲望的物品，在这种情况下，在个人之间表现基本欲望的曲线稍有不同，而表现次要欲望的曲线则可能大不相同。

潘达尼奥里强调了确定某物品的消费随着收入变动而变动的范围，以及随效用曲线的性质而变动的范围的重要性。在这一点上他倾向于把个人效用曲线设想为不可改变的，他对此有如下理解：“假设**人类经济**的各种需求的尺度在某一特定时刻由a、b、c、d（依需求的重要性排列）这几种需求所组成；再假定他后来又能满足新的需求，仍以重要性排列，表示为e、f、g、h。但是，现在，因为他已经享受到了e、f、g、h这些满足，对它们已经司空见惯，所以他未来需求的绝对尺度可能已变得如此构成了，即b、c、f、g、a、d、e、h。换句话说，他已经消费的商品，以及他的消费资料由较少变得较多所经历的间隔，在他的需求重要性的尺度上是作为一种二者择一的因素起作用的。现在，【209】假定他的消费资料的减少同时发生，则显然他将依照**新的享乐表**来行动，以节省他的享乐。”③

潘达尼奥里还提出了边际效用曲线在开始下降之前还上升的观点，他解释说：“如果我们假定第一个无限小的部分，我们从中得到的满足将是感觉不出来的，他通常可用很短的一段纵坐标表示。这样我们可以假定，每条曲线（表现任何商品的效用程度）皆从零开始，迅速上升到顶点，然后或快或慢地下跌，依所谈的商品而定。”④ 1889年前得出边际效用曲线的著作家不很多。

① 潘达尼奥里：《原理》，1889年，英译本，第31页。
② 潘达尼奥里：《原理》，1889年，英译本，第43页。
③ 潘达尼奥里：《原理》，1889年，英译本，第54页注。
④ 潘达尼奥里：《原理》，1889年，英译本，第72页。

没有一人把它们画成最初的部分是边际效用的增加。潘达尼奥里的解释暴露了他逻辑上的缺陷，而不是在作曲线的上升部分方面所提出的见解不同。消费者可能从“无限小部分”得到一种“感觉不出的”满足，而不管他消费这个微小部分是起初还是最后。纵坐标的长度并不决定于增量的大小，而是取决于增量与所感受的效用增量的比例，这个比例从一开始就很有理由下跌。

第二十六章　经济思想史著作对边际效用学派兴起的描述

I

【210】每种历史都是由人撰修的。开始时往往只是一个大概的叙述，且由参与提出某种观点的人所写成。这种叙述继而被其他人重复与扩大，终于变成一种标准的形式，为后来者所接受。边际效用思想史的历程正是如此。

让我们从考察边际效用史最终采取的标准形式开始。通常的边际效用史的开头总是说，杰文斯、门格尔和瓦尔拉斯在19世纪70年代初同时而又各自独立地发现了边际效用。人们评论道：在相距甚远的伦敦、维也纳和洛桑几乎同时出现这种边际效用理论是令人惊异的，因而必定有当时的若干条件促成了这一发展。标准的历史著作通常还包含这样的评论：边际效用学派的出现标志着现代经济学的开端，因为它把经济学家们的注意力从成本（或更偏重于劳动成本）转向边际效用以说明价值，并且，从更广阔的视野来看，从自然转向人。它还是“主观的”或“心理的”经济学的开端。边际效用学派兴起的标准说法引述若干其他著作家（他们是这场革命的先驱者），最后顺理成章地叙说步先驱者后尘的这些人的著作。

边际效用学派史的这种说法已为所有著作家所接受，它无疑准确地反映了这个领域在1871年之后所发生的事情。先驱者是很多的（他们总是有的）；革命发生了（如果我们【211】不坚持这样理解革命的定义，即不考虑此革命进程实际上在20年间，直到它的一位英雄去世之前尚未被发现的话）；其他经济学家追随着这些首领们（当然不会长期不变）。不过，只要对这些相同的资料在选择和侧重点上加以适当改变，便可得出一系列实际上同样准确但又完全不同的说法。

Ⅱ

考察一下边际效用发现史的几种不同的写法是有趣的，也许还是有益的。一种说法强调同时和独立发现边际效用，但不是由杰文斯、门格尔和瓦尔拉斯在19世纪70年代，而是由杜皮特、戈森和詹宁斯在50年代中期。这就把经济学现代时期的开端从1871年推前到1854年。刚提到的这几位著作家在1854年没有发表他们关于这个问题的最初文章或著作，但杰文斯、门格尔和瓦尔拉斯也都不是在1871年发表他们的有关论著。众所周知但通常忽略的是，作为边际效用史的正式说法，“三位一体”首次公布他们发现的日期是：1862年（杰文斯）；1871年（门格尔）；1873年（瓦尔拉斯）。这些日期并不显得比另一个“三位一体”发现的日期更“同时”：杜皮特（1844年），戈森（1854年），詹宁斯（1855年）。谁也不否认后来的一组（杰文斯、门格尔和瓦尔拉斯）的解释和理解要高于先前的一组（杜皮特、戈森和詹宁斯）。但是，同杰文斯、门格尔和瓦尔拉斯相比，威斯蒂德、维色和帕累托对边际效用有更好地理解和更透彻和更周详地说明。当然，对杰文斯、门格尔和瓦尔拉斯的称赞来得比杜皮特、戈森和詹宁斯的要早一些，但并不像人们有时想象的那么早。一般来说，同70年代的著作家倚重于前人相比，威斯蒂德、维色和帕累托更倚重于70年代初期著作家，尽管我们一定记得，杰文斯曾向詹宁斯致谢，瓦尔拉斯也曾征引过杜皮特。无论谁对70年代的各位著作家说了些什么，以支持他的观点，即认为这些人代表着边际效用论的奠基者，他都会对50年代著作家的思想感到惊奇。这不是硬要把边际效用学派的开端放到19世纪中叶。正式的说法把开端【212】之时放到20年后；这种说法是站得住脚的；它无疑应延缓20年。

如果1854年不宜代替1871年作为边际效用史的起点的话，1890年也许可以这样做。强调这个日期的著作可以这样说：1890年前后，奥地利、英国、美国和瑞士的经济学家们开始在经济分析中广泛应用边际效用，这种应用在一定程度上在世界经济学中一直延续至今。这种应用集中在下面这些人有影响的著作中：奥地利的维色和庞巴维克，以及瑞士的帕累托。持此看法的人可能继续说，一代人以前，杰文斯、门格尔和瓦尔拉斯的著述已经预兆了90年代的著作家的著作。但是，这三人的著作——持上述观点的人会指出在80年代末之前一直未受重视，湮没无闻，对边际效用论在伦敦、剑桥、维也纳、洛桑以

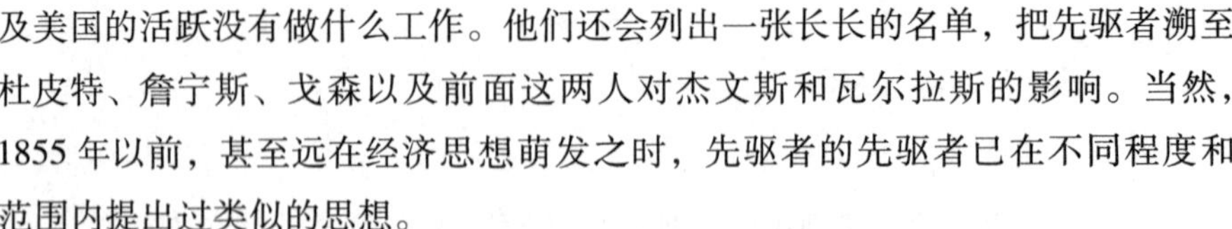

及美国的活跃没有做什么工作。他们还会列出一张长长的名单，把先驱者溯至杜皮特、詹宁斯、戈森以及前面这两人对杰文斯和瓦尔拉斯的影响。当然，1855年以前，甚至远在经济思想萌发之时，先驱者的先驱者已在不同程度和范围内提出过类似的思想。

还有一种说法不强调某个特定时间（1854年、1871年或1891年）作为边际效用论史的开端。这种说法可能否认任何单独一年同该历史的关联，而可能会侧重于这样的假设，即论效用的文章在各个时期都有，它们在经济文献中的比重的变动，比人们想象的要小。或者，持此看法的人会说，如果这种比重增加了，那么它也是一代一代逐渐增加的，而不会突然猛增并值得引起人们的注意。

某人可能撰写一部完全矫揉造作但又是正确的并能博得一些人满意的历史，他会指出，从1834年开始，【213】几乎每10年在边际效用史上就会发生一个事件，因而这些年份即可作为一些路标：1834年，劳埃德；1844年，杜皮特；1854年，戈森；1862年，杰文斯；1874年，瓦尔拉斯；1884年，维色（1894年和1904年是不出英雄的时期，该时期的主要事件是边际效用学说被同行们吸收）；1914年，斯鲁茨基；1924年，弗里奇；1934年，兰格；1944年，纽曼和摩根斯特。这种周期性无非表明边际分析已经历了一个很长时期，此外，显然什么也没有说明。

如前所述，现今正式的说法无疑具有同以上提到的各种说法同样多的好处，如果不更多的话。这种说法认为边际效用学派始于1871年前后，并引导读者回溯到先驱者和追溯到后继者。也许正因如此，这种正式说法才没有受到其他说法的挑战而继续屹立在这块阵地上。

Ⅲ

关于边际效用学派的这种正式说法，对我们来说是简单、确实和几乎显而易见的，但对1870年之后的那一代人来说却不是这样。当时没有人认识到在经济学中发生了一场革命（在后来的思想史家所描述的意义上）。19世纪80年代中期以前也没有人对这个革命的各种事件提出一种正式的说法。等到经济思想史家普遍接受这种正式说法时，又一个20年过去了。边际效用学派的历史提供了一个很好的例证，说明一种思想的形成和扩展是多么缓慢。

现在我们就来追踪一下边际效用学派历史正式说法的缓慢发展过程。研究这个历史的第一步是对先驱者的探索。杰文斯、门格尔和瓦尔拉斯都曾列出一些著作家，对这些人的思想（在不同程度上）表示过谢意。第二步是更困难的。它包括认识到，杰文斯、门格尔和瓦尔拉斯大约同时发表了边际效用问题的著作。这一步要求认识到这样一些简单的事实：杰文斯、门格尔和瓦尔拉斯所写的这三本书确是存在的，他们研究了基本相同的课题，等等。【214】这并不像现在所想的那样简单。方法和用语上的差异，同时了解国际文献的经济学家为数甚少，使得在1871年后的15年间没有人认识到用不同语言撰写的这些著作的相似性。杰文斯就是一例。尽管他对边际效用的著作目录抱有强烈兴趣，尽管他同经济学界有许多联系，可是直到他于1882年去世，也不知道卡尔·门格尔在1871年所写的一本关于效用问题的著作同他自己的《理论》如此相近，以致经济思想史家们把门格尔的名字同他的名字联系起来。

里昂·瓦尔拉斯第一次公开地把杰文斯、门格尔和瓦尔拉斯的名字联系在一起是在1886年的《货币论》中。其他人看到这种关联，就所有的主要语言来说，是在1886年之后和1890年之前。但是迟至1885年4月瓦尔拉斯在其戈森研究中也把戈森的思想同杰文斯的思想联系起来，而没有提到门格尔。瓦尔拉斯于1874年经J. A. 布鲁尔介绍开始与杰文斯联系，布鲁尔还于1883年介绍瓦尔拉斯同门格尔相识，但是，瓦尔拉斯评价门格尔是很久以后的事了①。

在奥地利，公开承认上述三人同时发现边际效用价值论比较晚。门格尔与布鲁尔早有通信联系，后者又把他介绍给瓦尔拉斯；他随后与瓦尔拉斯也有了通信往来。但是，他也许并没有明确意识到他就是三位一体中的一员，直到瓦尔拉斯送他一本《货币论》，他才看到这一点，因为这本书包含着对他们三人观点的类似性的首次公开表述。瓦尔拉斯在1887年给门格尔的一封信中也说："我们好几个人（杰文斯、您和我）分别获得了同一观念。"② 门格尔显然传布了这个说法。1887年埃米尔·萨克斯把瓦尔拉斯·杰文斯同门格尔联系起来，这是德文文献中的首次表述。他在该文中还要求注意到戈森，而且列举了皮尔逊和庞巴维克作为追随者③。翌年，维色提出了一个更详细的边际效用历

① 【258】参看上文原书第71页。

② 安东尼里：《瓦尔拉斯和门格尔的通信》，载于《实用经济》（第Ⅵ卷，1953年），第285~286页。

③ E. 萨克斯：《国民经济理论原理》（维也纳，1887年），第250页。

史①。而在仅仅4年前即1884年，维色还只是引述了门格尔和杰文斯②。在庞巴维克1886年的极为重要的论文中，【215】没有把瓦尔拉斯作为边际效用思想的一位独立发现者，而这才是他的实际地位。奥地利人早已知道杰文斯和门格尔有某些共同点；他们也应当知道杰文斯已把他自己的思想完全同瓦尔拉斯的思想视为一致，因而他们应当得出门格尔与瓦尔拉斯也有许多共同点的结论。但是他们没有这样做。

关于杰文斯、门格尔和瓦尔拉斯基本上写的是相同的东西这一思想何时传入英国，我们尚不能非常肯定地予以确定。所有三人都出现在杰文斯《理论》第3版（1888年）中。威斯蒂德在其《经济科学入门》（1888年）序言中，曾对边际效用的发展提出一种标准的出色的说明，当然也包括承认杰文斯、门格尔和瓦尔拉斯观点的类似性。1890年马歇尔在其《原理》中承认了这种类似性；在这里，他以自己的方式重新表述了边际效用史（在一个脚注中），列举了先驱者，并以列数杰文斯、门格尔和瓦尔拉斯而告知③。当然，我们知道，杰文斯（死于1882年8月）不曾知道门格尔的《原理》④。很久以后（1888年），詹姆士·鲍纳在为《经济学季刊》所写的《奥地利经济学家及其价值观点》中谈到了杰文斯与奥地利人的联系，但没有提到瓦尔拉斯。

Ⅳ

一旦经济学家们认识到杰文斯、门格尔和瓦尔拉斯的著作有着显然类似的

---

① 维色：《自然价值》（维也纳，1889年），第Ⅷ-Ⅺ页。维色在序言的最后注明日期为1888年。

② 维色：《经济价值的起源和主要规律》（维也纳，1884年），第Ⅶ页。

③ 马歇尔：《经济学原理》（伦敦，1890年），第Ⅰ篇，第149页注。第2版（1891年）取消了这个脚注，在以后各版中再也没有出现。也许部分地为了代替它，马歇尔在第2版（1891年）的另一处（第158~159页）新加一脚注，提到了戈森和杜皮特（他的名字在初版中未出现）；把杰文斯、门格尔和瓦尔拉斯联系在一起；还列举了继承者的名字：庞巴维克、萨克斯、维色、潘达尼奥里、埃杰沃斯、威斯蒂德、奥斯皮茨、李宾和劳哈兹。这个脚注在后来版本中有改动。在《原理》第3版，马歇尔去掉了萨克斯，加上了克拉克、吉丁斯、派顿、格林和费雪（第176~177页）。在第4版（1898年），马歇尔撤掉了该学员成员表，代之以有关费雪著作目录的一条参考资料，该书目在培根所译的古尔诺的《研究》中是一个附录（第176页）。初版中另一条关于杰文斯、门格尔和瓦尔拉斯的材料在后来各版中未作改动，只是最后从正文移到附录，被置于很长的一条附录（“对李嘉图生产成本论及其与价值关系的注释”）之末。这个“注释”略去了有关一般先驱者的全部材料，代之以试图证明，李嘉图了解有关边际效用的一切重要方面，虽然他未能找到适当的词来表达他的思想。马歇尔最后说，“虽然（因不知道微积分学的简明术语）他未找到精确表达它的正确用语，但供给一受任何抑制，边际效用就会增加，总效用却要减少”。（第531页）

④ 在《理论》第3版（1888年）的参考书目中，杰文斯把门格尔的《原理》列为他不熟悉的书籍之一（第283页）。

论题，他们观点的独立性问题就提出来了。提出这个问题是不困难的。当杰文斯就他的优先权要求与瓦尔拉斯交换意见时，瓦尔拉斯随即承认杰文斯的著作完全是独立的①。反过来，杰文斯也承认瓦尔拉斯独立地发挥了他自己的理论②。当然，杰文斯不知道门格尔的《原理》，自然也就没有判断其优先权。而当瓦尔拉斯得悉他的奥地利同行的思想时，他显然认可《原理》是对边际效用论的完全独立的研究③。门格尔没有公开承认其他两人的著作；实际上他在任何出版物中【216】也难得提到杰文斯或瓦尔拉斯的名字④。原因之一在于，比其他两人长寿的门格尔在其生前最后30年间在经济理论上没有什么重要建树。也许我们可以把他对杰文斯和瓦尔拉斯在独立发现边际效用方面的地位保持沉默看作是赞同他们的优先权要求。或者也许门格尔的门徒（维色）已经十分郑重地说道他支持他们的优先权⑤。总之，在1890年，三位奠基人或他们的门徒已经公开地承认了这一事实：尽管他们达到的结果是类似的，但他们是彼此独立的。

确实，读一下他们的著作便会排除掉以为他们缺乏独创性的任何想法。他们在结构和表述细节上的大的差别对任何人来说都表明，这些著作彼此没有发生影响。不管在我们今天看来这些差别有多大，都没有妨碍当时的所有著作家以为此人一定照抄了其他人的思想。出版日期上的不同以及这些著作研究的是同一课题这一现象，曾使M. 潘达尼奥里责备门格尔有抄袭之嫌⑥。但是过了没有多久，发现了大量的相反的证据，使潘达尼奥里相信他自己判断有误，从

① 瓦尔拉斯：《交换的数学理论。优先权问题》，《经济学家》杂志，第3种，第XXXⅣ卷（1874年），第417~422页。

② 杰文斯在1874年5月30日给瓦尔拉斯的信中说："您5月23日非常友好的来信收悉。在看过您以自己的方式对交换问题所得出的完整阐述之后，我一点也不怀疑您自己的研究是完全独立的。"（《杰文斯通信和日记》，第305页）。

③ 瓦尔拉斯：《货币论》（洛桑，1886年），第Ⅷ页。

④ 门格尔同时列举过庞巴维克、瓦尔拉斯、维色、皮尔逊、马歇尔、戈森和杰文斯的名字（见门格尔对古斯塔夫·斯科伯格《政治经济学概论》的评论的最后一页，哈耶克将这篇评论收进《卡尔·门格尔著作选》〔伦敦，1935年〕第Ⅲ卷，第31页），但他没有看出他们同边际效用思想的关联。门格尔提到过瓦尔拉斯的《纲要》（见他的《经济科学分类基础》一文，载于《国民经济和统计年鉴》，新编，第XIX卷〔1889年〕，第468页），但还是没有提到边际效用。门格尔肯定很了解边际效用的传统历史，因为他活到了这方面的标准历史兴盛之时，但他对其中任何一方面都未作评论。【259】经济思想史对他是感兴趣的，正如我们从他所收的这方面的图书所看到的那样；但是，对他不得已发表的有关他自己或别人在这个历史上的作用的评论，经济思想史是不感兴趣的。

⑤ 维色：《自然价值》，第Ⅸ页。

⑥ 潘达尼奥里：《纯经济学原理》（佛罗伦萨，1889年），第121页注。潘达尼奥里在提到门格尔的《原理》并注明为1872年之后说，这本书实际上是对古尔诺、戈森、詹宁斯和杰文斯著作的抄袭。

而放弃了他的指责①。

令人吃惊的是，三位奠基人即使在认识到他们的类似之后彼此之间也极少注意。实际上，三人之中无一人考虑过自己同其他两人在理论上的分歧。杰文斯在《理论》第2版中没有引用瓦尔拉斯任何观点；在正文中未提及瓦尔拉斯的名字，只在“绪论”中谈到他，在著作目录（作为附录）中提到他。瓦尔拉斯在其《纲要》第2版中没有作什么改变以便包括对杰文斯和门格尔提出的各种不同问题的任何评论。门格尔没有再出版他的《原理》，他在别处也没有考察他自己同边际效用论的其他两位革新者之间的任何差别。

V

在1870—1890年出版的所有经济思想通史著作中，只有一本提到过边际效用，【217】这就是约翰·克尔斯·英格拉姆在这个时期之末发表的历史著作②。他只把杰文斯同效用相联系，没有注意到门格尔，提到瓦尔拉斯③和戈森④也只是把他们作为使用数学的经济学家。他在首次发表的历史著作中写道：他的（杰文斯的）“最后效用”概念是机巧的。但是，它充其量不过是表述同质商品的价格概念的一种方式，表示承认由无穷小增量所带来的增加。指望用这种办法把经济理论置于数学方法的支配之下是徒劳的。经过上百页的数学论证，他提出了（《政治经济学理论》，第2版，第103页）一种所谓“精细的计算”（《双周评论》，1876年11月，第617页）。据说，“整个交换理论和经济学基本问题的基石”就在这种计算之中。它表示为这样一个命题：“任何二商品的交换率，将是消费者在交换完成后所得商品量的最后效用程度比率的倒数。”只要我们仍停留在这个完全形而上学的名词即效用的范围内，便不

① 《纯经济学原理》第2版（1894年）有一个脚注（第96~98页）和较详细的标准的历史，没有再提对门格尔的上述怀疑。

② 它起初是作者为《大英百科全书》第9版（1885年）所写的一个条目：《政治经济学》。后经作者修订于1888年以《政治经济学史》问世，同时还有一个特定的美国版。第2版于1907年分别出版于美国和英国。“新增订版”发表于1914年，威廉·A. 斯科特写了增补的各章，使该书增加了时新的内容。后来出了各种译本：法文、西班牙文、德文、塞尔维亚文、俄文、意大利文、捷克文、波兰文和日文（还有中文——译者注）。本书为许多人了解经济思想史提供了资料。

③ 英格拉姆：《政治经济学》，载于《大英百科全书》（第9版，纽约，1885年），第XIX卷，第396页。

④ 英格拉姆：《政治经济学》，载于《大英百科全书》（第9版，纽约，1885年），第XIX卷，第386页。

能证实和理解上述命题，因为我们没有办法从数量上去估计最后的（或任何别的）效用的心理感受。但如果我们把它译作实际生活的语言，用一个人为得到某物的效用而付出的东西来衡量该物对他的“效用”，则这个命题立刻就显示是真的。因为杰文斯称作“最后效用”的东西不过是每单位量的价格，所以上述命题所表示的是：在一个交换行为中，付出的某商品量与其单价（以第三物来估价）的乘积等于所获得的商品的相应乘积——这个真理显然不需应用高深的数学即可发现①。

我们全文引证了英格拉姆的这段话，因为它是在经济思想通史中对边际效用的最初评价。对英格拉姆这位厌弃演绎法而宣扬历史方法优越性的人来说，上述论述完全是非历史的和演绎的。

1870—1890年只有另外两本经济思想史提到过杰文斯、门格尔或瓦尔拉斯的名字，但他们都没有把这三人联系起来②。也没有把其中任何一人同边际效用联系起来。这时期发表的许多其他历史著作连这一点的暗示都没有。【218】下列作者完全忽略了杰文斯、门格尔和瓦尔拉斯：欧根·杜林③，弗朗西斯科·马里奥梯④，亨利希·库茨⑤，莫瑞茨·迈伊尔⑥，夏尔·佩林⑦，H·艾森哈特⑧，古斯塔夫·科恩⑨。

---

① 英格拉姆：《政治经济学史》（美国第1版，纽约，1888年），第233~234页。

② 其中之一是L. 科萨的《政治经济学研究指南》（米兰，1876年），第2版出版于1878年，英译本（伦敦，1880年）有一篇杰文斯写的序言，竭力向读者推荐这本书，还可能引导读者期待着出现一种对边际效用学派起源的同情的说法。但科萨没有把这个说法包括进去。科萨把杰文斯和瓦尔拉斯列为数理学派成员，以及交换理论的共同奠基者，但他没有把边际效用观点同数理学派或交换理论联系起来。他也没有注意门格尔。另一本是卡尔·瓦尔克的《国民经济学与社会主义史》，1879年初版，1884年再版。该书多半是对许多著作及其作者的连贯的简评——这也是科萨上述著作的特点。瓦尔克把杰文斯列在教科书作者名单之内（第24页）。他注意到了门格尔的《原理》，但没有分析它的内容（第66页）。瓦尔克根本未提瓦尔拉斯或边际效用。

③ 杜林：《国民经济学和社会主义批判史》（柏林，1871年）。O. 莫金特和E. 卡穆斯认为，杜林这本书初版问世，标志着经济思想史著作的科学时期的开端（《国民经济学杂志》，第Ⅳ卷〔1933年〕，第394页）。

④ 马里奥梯：《欧洲经济科学的起源与发展》（埃莫拉，1875年）。

⑤ 库茨：《国民经济学或国民经济理论的历史、文献及意义》（卡塞尔和莱比锡，1876年）。其中一个脚注谈到里昂·瓦尔拉斯（说他是瑞士人），但未涉及他的著作。第2版（柏林，1881年）没有超出初版内容。

⑥ 迈伊尔：《新国民经济学》（柏林，1880年）。

⑦ 【260】佩林：《百年来的经济理论》（巴黎，1880年）。

⑧ 艾森哈特：《国民经济学史》（耶拿，1881年）。增订再版（耶拿，1891年）也没有涉及杰文斯、门格尔和瓦尔拉斯。

⑨ 科恩：《国民经济学史》，载于《国民经济学体系》，第Ⅰ卷，第91~180页。后以《国民经济学基础》为名出单行本（斯图加特，1885年）。美国译本名为《政治经济学史》（费城，1894年）。

附录 1890年后经济思想史著作对边际效用的描述

I

【219】在1890—1909年的20年间，没有一部经济思想史著作对边际效用学派作过完整的论述。莫里斯·布洛克的《亚当·斯密以来经济科学的演进》提供了最充分的考察①。他的讨论散见于两卷各处，他在第1版中既忽略了戈森，也没提到瓦尔拉斯；不过在差不多20年中，他的书在经济思想通史中仍算得上是对边际效用理论的最充分的论述。类似的著作只有早些时候问世的《英国政治经济学简史：从亚当·斯密到阿诺德·托因比》②，作者L. L. 普雷斯，本书是简史且限于英国。

这一时期的另外两部历史著作，即L. 科萨的《政治经济学研究导论》③和H. D. 麦克劳德的《经济学史》④，并没有把边际效用思想看作是发展经济学的宝贵的思想，因而只给了它少许论述。还有一本历史著作几乎没提边际效用⑤。除以上著作外，1890—1909年问世的历史著作再无提及边际效用论者，如果说其中哪一本谈到过边际效用学派的三位奠基人的话，也只是把他们同数理经济学或历史方法等问题联系在一起⑥。

---

① 【260】两卷本；巴黎，1890年，第2版，1897年。

② 伦敦，1891年。

③ 科萨的《导论》的英译本名为《政治经济学研究导论》（伦敦，1893年），法译本名为《经济理论史》（巴黎，1899年）。

④ 伦敦，1896年。我们也许不应把这本书看作经济思想史。

⑤ 约瑟夫·拉姆勃：《经济理论史》（巴黎，1899年）；第2版，1902年；第3版，1909年。

⑥ 这一时期还出现了下列4种经济思想史著作：H. 丹尼斯：《经济制度与社会主义史》（布鲁塞尔，1897年），增订版，1904年；N. K. 邦吉：《政治经济学文献概览》（巴斯尔，1898年），这个法译本出现于俄文原版问世之后3年。A. 丹马克：《国民经济学史》（2卷本，耶拿，1905年）；A. 埃斯皮纳：《经济理论史》（巴黎，1891年）。莫金特和舍穆的著作书目列了许多无法得到的俄文版经济思想史。（既有这一时期又有1910年以后的）。它们不像是有关于边际效用的任何材料。

如果说在经济思想通史中加进边际效用学派在1909年前进展甚少的话，至少专家们在这个时期对该学派先驱者的了解有了增进。奥古斯特·杜波依研究了17世纪的先驱者①。文森索·坦戈拉考察了意大利古典经济学家对效用的运用②。阿尔弗雷德·普林什姆把丹尼尔·伯努里关于边际效用的著作从拉丁语译成德文，同时鲁德维格·费克撰写了一篇历史导论③。阿瑟·鲁宾探讨了把杜能【220】算作先驱者的可能性④。不过，这方面最重要的著作应数E. R. A. 塞利格曼对W. F. 劳埃德著作的发现⑤。塞利格曼高度赞扬了劳埃德："对许多人来说，得知下述情况将是令人惊奇的：边际效用理论最早是一个英国人的发现；劳埃德教授在1834年，即先于杜皮特10年，先于戈森20年，先于杰文斯、门格尔和瓦尔拉斯的再发现一代人以上，就已经提出了实质上相同的理论。"⑥ 在作出这一杰出的发现的同时，塞利格曼还把下列各位著作家包括进效用的阵营：约翰·克雷格、爱德华·罗杰斯、萨缪尔·贝利、查尔斯·弗朗西斯·科特里尔、芒梯福特·朗菲尔德、伊萨克·巴特。塞利格曼的发现对经济思想史发生了一定影响，但是没有出现他所期待的全部效果，因为他坚持认为："我们不应再说**奥地利价值论**。"⑦

这个时期出现了价值理论的专题史，其中有些包含了对边际效用标准历史的很好的阐述⑧。欧根·派梯特的一篇是其中最长和最好的，它是作者于1897

① 《17世纪心理学派价值论》，载于《政治经济学评论》，第Ⅺ卷（1897年），第849~861、917~930页。

② 坦戈拉：《意大利古典经济学家的效用观点》，载于《社会学评论》（1904年12月）。

③ 莱比锡，1896年。

④ 鲁滨：《杜能的价值论和边际效用论》，（霍尔，1902年）。

⑤ 在塞利格曼的文章发表前两年，T. S. 亚当斯的《指数与价值标准》一文（《政治经济学杂志》，第Ⅹ卷〔1901年〕，第19页）用了差不多一页篇幅明确指出了劳埃德的重要地位。不过，劳埃德的名声是从塞利格曼文章发表后开始的。

⑥ 塞利格曼：《一些被忽视的英国经济学家》，载于《经济杂志》，第ⅩⅢ卷（1903年），第357~363页。

⑦ 塞利格曼：《一些被忽视的英国经济学家》，载于《经济杂志》，第ⅩⅢ卷（1903年），第357页。

⑧ 许多价值理论史对边际效用学派的论述都有一个非常普遍的缺点，即除了缺乏适当的强调以外，总的来说略去了有关瓦尔拉斯的任何材料。这个缺点在下列著作中均可见到：R. 祖克坎德：《价格理论》（莱比锡，1889年）；A. 格莱塞阿尼：【261】《意大利价值理论批判史》（米兰，1889年）；A. 蒙塔纳里：《意大利价值理论史》（米兰，1889年）；W. 沙林：《边际效用价值论（1871—1900）》（哥本哈根，1903年版）。G. R. 沙洛诺提到了19世纪70年代初期的所有奠基人和他们的许多先驱者和后继者，但他没有作出任何连贯的论述。A. 洛里亚在《意大利经济学中的价值理论》（1882年）一文中提出了一定范围的早期价值理论史，但没有意识到边际效用学派的兴起。

年向巴黎大学提交的论文的一部分①。还有一些人在其价值学说史中对边际效用论作了相当好的论述，他们是鲁道夫·考拉②、鲁约·布伦坦诺③和伯纳德·罗斯特④。但他们对边际效用学派的讨论没有增添什么新东西。此外，经济学辞典中也出现了对该学派的历史解说⑤。

Ⅱ

1909 年以后，边际效用学派兴起的故事完全地并入经济思想通史；它以及随后出现的论述边际效用论发展的某个部分的专史，包含着两个基本成就。

最早采纳先驱者、革命和后继者这一标准说法的荣誉，为以下三部经济思想史所分享⑥：夏尔·季德和夏尔·利斯特的《经济理论史》（1909 年）⑦，里威斯·汉尼的《经济思想史》（1911 年）⑧，奥斯纳·斯潘的《国民经济学的主要理论》（1911 年）⑨。促使他们介绍边际效用的是什么原因？一般来说是出于弥补 1871 年后逐年扩大而至今已几近消失的分歧，同时也保全了历史学派的说法。特殊地说，【221】季德对杰文斯早有兴趣，从而使他倾向于效用分析；斯潘居住在维也纳，他是不能回避边际分析的；汉尼对美国经济学家中已流行的思潮一定抱有强烈兴趣。这三本书长期畅销不衰，产生了广泛的影响。所有其他历史著作不得不同它们竞争。它们已经指明了道路，几乎所有后来的历史著作都在步它们的后尘。

在两次世界大战之间的岁月中出版的经济思想史著作不下 20 部，其中大

---

① 派梯特：《不同价值论的批判研究》（巴黎，1897 年）。

② 考拉：《当代价值论的历史发展》（杜平根，1906 年）。

③ 布伦坦诺：《价值理论的发展》，载于《皇家巴伐利亚科学院会议报告》（1908 年）。

④ 罗斯特：《价值与价格理论》（莱比锡，1908 年）。

⑤ 威斯蒂德：《最后效用程度》，载于《政治经济学辞典》，帕尔格拉夫编（伦敦，1896 年），第Ⅱ卷，第 59~61 页。维色：《边际效用》，载于《政治学袖珍词典》（耶拿，1892 年），第Ⅳ卷，第 107 页。

⑥ 这没有包括狄潘豪斯特的《经济学史讲话》（马德勒支，1910 年），因为它在影响和论述的精细方面不能同其他三本书相比。狄潘豪斯特主要是在第Ⅴ章末尾的脚注中考察边际效用的。

⑦ 巴黎，1909 年。

⑧ 纽约，1911 年。

⑨ 莱比锡，1911 年。

部头的有11部[①]。这11部至少在1950年仍在印刷出版。在1911—1940年至少还有同样数目的篇幅和影响较小的书问世，它们在1950年前已经绝版缺售[②]。一些简史著作包含着对边际效用史的恰当和标准的说明（即熊彼特和塞林的说明），但它们中的大部分解说是不完整和不详尽的。

上述11部主要著作遵循标准的说法对边际效用学派作了实质性的叙述。如果是按编年方式来写学说史，则边际效用问题通常被置于著作之末。

当然，这11位作者在处理边际效用学派方面也表现出许多值得注意的差别。布克着重强调了这一点。他的处理可以作为一个有意拉长篇幅、过分修饰和一般来说考虑周详的著作的标准。佩克的书像布克的一样包含着过多解释性资料，比任何其他人的书都显得多。威特克是按论题来写的。他把边际效用作为一个课题并作了标准论述。斯科特偏重于奥地利人，根本未提瓦尔拉斯。密契尔、罗尔、福古森和格雷全都作了适当与标准的叙述。高纳德像一般人一样对边际效用甚少感兴趣，但即使是他，也明确勾画了边际效用历史的基本轮廓。

战争期间（20世纪40年代前半期），由于出版业仍然停顿，【222】所以手稿压下来了。战后，出版商发现对各种书籍特别是对各种教科书的需求很旺。于是经济思想史著作成倍地增加了。1943年后的10年间，新版和再版的经济思想史不下20种。

---

① 1921—1940年出版的重要的经济思想史著作，按时间先后排列有以下这些：O. 布克：《经济学的发展（1750—1900）》（纽约，1921年）；R. 高纳德：《经济学说史》三卷本（巴黎，1921—1922年）；P. 蒙巴特：《国民经济学史》（耶拿，1927年）；G. H. 布斯凯：《经济思想的演进》（巴黎，1927年）；A. 格雷：《经济学说的发展》（伦敦，1931年）；W. 斯科特：《经济学的发展》（纽约，1933年）；H. P. 佩克：《经济思想及其制度背景》（纽约，1935年）；W. C. 密契尔：《经济理论近代思潮讲义》，二卷本，油印本（纽约，1935年；第2版，1949年）；E. 罗尔：《经济思想史》（伦敦，1938年）；J. M. 福古森：《经济思想的里程碑》（纽约，1938年）；E. 威特克：《经济思想史》（纽约，1940年）。

② 在这些经济思想简史中也许最重要的是熊彼特的《理论与方法论的时代》，该文是《社会经济大纲》（杜平根，1914年）的一部分。R. 艾丽斯新近将其译成英文，书名为《经济学说和方法：历史概论》（纽约，1954年）。从版数和译文本来看，得到最广泛流传的一本是由托托缅茨撰写的经济思想史。它最初是俄文版。法译本《经济学与社会学史》（巴黎，1922年），意大利译本《经济学与社会学史》（都灵，1922年），【262】德文译本《国民经济学和社会学史》（1925年）。

在这个时期问世的经济思想史著作中分量较轻的有以下各种：E. 弗里德利考威斯：《国民经济学史大纲》（慕尼黑，1912年），其中有一份注解性书目；B. 西格弗利德：《国民经济学史讲座》（波恩，1922年），初版于1919年；E. 沙林：《国民经济学史》（柏林，1923年）；R. 威尔布兰：《国民经济学的发展》（斯图加特，1924年）；T. S. 昂格尔：《国民经济学中的哲学》（耶拿，1923—1926年），它同许多经济史类似之处在于，他是按编年史来安排材料的，关于“卡尔·门格尔”的部分讨论了标准的说法；R. 克尔卡：《国民经济学》（维也纳，1927年）；P. 琼克：《国民经济学史》（迪森，1927年）；R. 密契尔：《经济学史导论》（波沦亚，1932年）；H. 瓦干弗尔：《国民经济学学说体系》（耶拿，1933年），该书的著作目录胜过其他任何一本；G. 卡波达里奥：《经济思想史》（波沦亚，1937年）。

几本较老的和成功的经济思想史的出版商拿出了新的版本，有的是修订本①。修订本总的来说未加更改地保留了有关边际效用学派历史的论述。这个时期大约有10多本思想史方面的雕虫小技之作上市，其中每本都包含某些有关边际效用标准说法的片段②。

大约20世纪50年代初，出现了一大批各种不同的、新的和重要的历史著作，形成了40年中经济思想史中的第一次重大变化。这些著作的出现，使季德和利斯特、汉尼和斯潘的久负盛名的著作显得陈旧了。主要的差别是，在新著作中扩大了论及比较近期的经济学发展的部分。它们的变化是直接的、明显的和早就成熟的。这种变化反映了经济学的国际需要，就像1910年发生的变化一样，因为这些历史的著作家是以不同语言撰写的，有英语、法语、意大利语、德语和荷兰语。在这些新的历史著作中，作者们明显地改变了重点：边际效用史的论述不再被置之最后，而被提到全书中部之前；给1870年之后经济学发展的篇幅，同讨论1870年之前各种事件的全部篇幅一样多③。在其他一些著作中，甚至全书刚过半就开始讨论三位奠基人的革命了④。

在先前各时期已经讨论过的价值理论史在20世纪20年代仍继续讨论，但这方面著作的数量在减少，质量更低了，没有比正统的关于边际效用论的发展

① 季德和利斯特的书和汉尼的书作了修订，增加了说明新近经济学发展的资料。出版商们战后简单地重印了福古森、密契尔、罗尔和斯潘的历史著作。

② 这些著作包括：L. 鲍丁：《简明经济思想史》（巴黎，1941年）；R. 雨光：《经济思想史》（圣保罗，1942年）；J. W. 麦克康尼尔：《伟大经济学家们的基本教诲》（纽约，1943年）；B. 诺高洛：《经济思想的发展》（巴黎，1944年）；W. 斯达克：《与经济发展相关的经济学史》（伦敦，1944年）；R. 罗沙：《经济理论史概述》（巴黎，1946年）；D. 维利：《伟大的经济思想小史》（巴黎，1946年）；G. 普拉托：《经济思想史讲义》（都灵，1948年）；A. 克鲁斯：《国民经济理论史》（慕尼黑，1948年）；G. 米拉：《理论及实用经济学史讲义》（罗马，1949年）；H. 古茨克：《国民经济学的发展》（柏林，1949年）；A. 格莱塞阿尼：《经济学说史》（拿波里，1949年）；J. 拉杰：《经济学说》（巴黎，1949年）；A. 陶茨克：《国民经济学史》（维也纳，1950年）；A. 伯里诺：《经济思想史探索》（佛罗伦萨，1950年）；M. B. 阿亚：《政治经济学研究及经济学说史》，第1卷（巴黎，1952年）。

③ 下列著作至少把一半篇幅给予1870年以后经济思想史的各种事件：L. J. 齐默恩：《经济思想史》（海牙，1947年）；E. 詹姆斯：《经济理论史》（巴黎，1950年）；G. 斯达维纳干：《国民经济学史》（戈廷根，1951年）；P. C. 纽曼：《经济思想之发展》（纽约，1952年）。一部新的经济思想史，【263】T. W. 哈奇逊的《经济理论评论（1870—1929）》（纽约，1953年）集中于经济理论史中的最后部分。

④ 下面列举的这些新近的经济思想史，虽然没有辟出全书一半的篇幅考察现代的时期，但它们给予1870年以后的篇幅比先前经济思想史著作中相应内容的篇幅要多。这些著作有：J. G. 克拉茨克曼：《经济理论史》（都灵，1949年）；F. A. 尼夫：《经济理论》（威克达，1946年）；H. W. 施皮格尔：《经济思想的发展》（纽约，1952年）；J. F. 贝尔：《经济思想史》（纽约，1953年）；J. A. 熊彼得：《经济分析史》（纽约，1954年）。熊彼得的这本书列于此类是就现在所说的这个方面而言的，实际上它大半是独树一帜而且长期如此。

的说法增加任何新东西①。经济百科全书中的解说变得更长了②。这一时期发表的论文虽然主要是分析性的，但也澄清了边际效用史上的一些问题③。出现了关于先驱者的详尽研究④。从对17国1927年经济学状况的观察，【223】可以看出边际效用深入经济学的程度⑤。这番考察表明，边际效用在几乎每个国家都成了经济学家们讨论的热门话题之一。

不过，专门致力于边际效用史的专题著作开始出现这一事实，掩盖了这一最后时期所有其他的发展。在任何思想发展中，最后阶段必定要由这种专题史阶段所构成。奥托·温伯格于1926年写了第一部这样的著作《边际效用学派》⑥。他在每个场合都回溯到标准的说法。哈耶克在评论该书时，抱怨它名不副实，因为该书大部分篇幅无视先驱者和奠基人的著作，也很少涉及边际效用学派⑦。皮若的两本多次重印的书：《边际效用》（1932年）和《均衡经济理论：瓦尔拉斯和帕累托》（1934年），尽管把奠基者分成两半，尽管后一本书包括一些不相干的内容，但仍是对边际效用史资料的蛮不错的处理。⑧ 爱德华·弗朗西斯·斯克鲁德的《边际效用理论在美国》（1947年）处理了这个历史的一个特定部分⑨。对边际效用的最出色的一篇纯粹历史的论述，是

① 这个时期最先出现的一本是夏尔·杜干的《亚当·斯密以来的价值分析》（雷恩，1913年）；杜干的论述是不充分的，因为他只限于说明英国。1921年增订再版仍不能令人满意，尽管包括了法国经济学家。

下一部这样的价值论史，也是其中最出色者，是E. 鲁菲的《价值概念，亚当·斯密以来的发展》（洛桑，1923年）。

另一部1910年以后出版的价值论史是G. B. 沙里达克斯的：《价值理论发展》（巴黎，1924年）；R. V. 吉尼克顿：《1870年以来价值论的发展》（阿姆斯特丹，1927年）。

② P. N. 罗森斯坦-罗丹为《政治学袖珍词典》准备了一篇关于边际效用史的新论述，其中有一份很长的著作书目（第4版，第Ⅳ卷，第1190~1223页）。F. H. 奈特关于边际效用的文章刊于《社会科学百科辞典》（第Ⅴ卷，第357~363页）。

③ S. 费色根：《政治经济学的奥地利学派》，载于《经济学家》杂志（第6种，第XXXⅠ卷〔1911年〕，第50~57、214~230、375~388页，第XXXⅢ卷〔1912年〕，第57~61页）。J. 维纳对评论边际效用的杂志文献作了一番考察：《价值论中的效用概念及其批评》，载于《政治经济学杂志》，第XXXⅢ卷（1925年），第369~387、638~659页。H. S. 布洛克：《卡尔·门格尔的需求论》（巴黎，1937年），该书虽然主要不是历史论述，但对边际效用史作了一些解说。

④ K. R. 布鲁姆：《从开始到戈森为止的主观心理价值论》（黑森，1934年）。这个标题会使人误以为布鲁姆只考察了很少的先驱者。

⑤ 《当代价值理论》（第1卷，维也纳，1927年）。

⑥ 哈尔堡斯达茨，1926年。

⑦ 《国民经济与统计年鉴》，第3种，第LXⅪ卷（1927年），第460~462页。

⑧ G. 皮若：《边际效用》（巴黎，1932年），《均衡经济理论：瓦尔拉斯和帕累托》（巴黎，1934年）。

⑨ 尼穆根，1947年。

乔治·斯蒂格勒为《政治经济学杂志》（1950 年）撰写的两篇论文：其中一篇《效用理论的发展》，作者把他的历史研究限于主要著作家和所选择的论题，但是，在这双重限制的范围内，他作了极好的历史叙述。在边际效用的历史论述中，斯蒂格勒第一次解释了帕累托时代及其以后出现的各种观点；在历史讨论中，第一次包括了效用的衡量可能性这一类问题。

期刊译名对照表

一般政治学杂志	Zeitschrift für die gesammte Staatswissenchaft
计量经济学	Econometrica
冈市评论	Revue de Caen
双周评论	Fortnightly Review
立法、行政和国民经济年鉴	Jahrbuch für Gesetsgebung, Verwaltung and Volkswirtschaft
世界经济文献	Weltwirtschaftliches
北美评论	North American Review
北不列颠评论	North British Review
社会学评论	Rivista di Sociologia
社会心理学杂志	Journal of Social Psyclology
社会科学百科全书	Encyclopaedia of the Social Sciences
每季评论	Quarterly Review
每月评论	La Revue dus Mois
法国经济学家	Economiste Francais
美国经济评论	American Economic Review
耶鲁评论	Yale Review
国民经济学杂志	Zeitschrift für Nationalokonomie
国民经济、社会政治和行政管理杂志	Zeitschrift für Volkswirtschaft Sozialpolitik und Verwaltung
国民经济与社会政治杂志	Zeitschrift für Volkswirtschaft und Sozialpolitik
国民经济和文化史季刊	Vierteljahrschrift für Volkswirtchaft und Kulturgeschichte

国民经济和统计年鉴　Jahrbucher für Nationalökonomie und Statistik

帕尔格拉夫政治经济学词典　Palgrave's Dictionary of Political Economy

经济学　Economica

经济学家　De Economist

经济学家杂志　Giornale degli economisti

经济学家杂志　Journal des Economistes

经济学季刊　Quarterly Journal of Economics

经济学家杂志和经济年鉴　Giornale degli economisti e annali di economia

经济评论　Economic Review

经济记事　Economic Record

经济与社会史评论　Revue d'historire economique et Sociale

经济杂志　Economic Journal

政治学袖珍词典　Handwörterbuch der Staatswissenschaften

政治科学季刊　Political Science Quarterly

政治经济学评论　Revue d'economie Politique

政治经济学杂志　Journal of Political Economy

威斯特敏斯特评论　Westminister Review

星期六评论　Saturday Review

皇家统计协会杂志　Journal of Royal Statistical Society

剑桥哲学会刊　Proceedings of the Cambridge Philosophical Society

统计学会杂志　Journal of the Statistical Society

新英格兰杂志　New England Magazine

新英格兰人　New Englander

人名译名对照表

二画

丁沃尔	Dingwall，J.

三画

门格尔（父）	Menger，C.
门格尔（子）	Menger，K.
马海姆	Mahaim，E.
马蒂诺	Martineau，E.
马克思	Marx，K.
马达佳	Mataja，V.
马歇尔	Marshall，A.
马歇尔夫人	Marshall，M，P.
马利奥梯	Mariotti，F.
马尔萨斯	Malthus，T. R.

四画

瓦莱特	Valette，A.
瓦根弗尔	Wagenfuhr，H.
瓦格纳	Wagner，A，H，G.
瓦尔拉斯（父）	Walras，A.
瓦尔拉斯（子）	Walras，L.
戈森	Gossen，H. H.

比赞特	Besant, A.
比顿	Beeton, H. R.
丹尼斯	Denis, H.
丹马克	Damaschke, A.
内夫	Neff, F.
贝克拉斯	Beckerath, E. V.
贝恩	Bain, A.
贝利	Bailey, S.
贝尔	Bell, J.
巴特	Butt, I.
巴勒特	Barratt, A.
巴斯夏	Bastiat, F.
孔狄亚克	Condillac, E. B. de.
韦伯	Webb, S.
韦伯	Webb, E. H.
韦伯	Webb, W.

五画

汉尼	Haney, L.
兰格	Lange, F. A.
兰格	Lange, B. O.
兰姆巴德	Ramband, J.
古西尔	Courcelle-Seneuill, G.
古茨	Goods
古奇	Gutsche, H.
古尔诺	Cournot, A. A.
安东尼里	Antonelli, G. B.
布洛克	Block, H. S.
布洛克	Block, M.
布洛迪格	Blodig, H.
布兰斯	Blaise, Ad.

布朗	Brown, E. H. P.
布朗	Brown, T.
布朗基	Blanqui, A.
布斯凯	Bousquet, G. H.
布莱克	Black, R. D.
布峰	uffon, G. L. L.
布伦坦诺	rentano, L.
布鲁克	Brooke, S. A.
布鲁尔	Bourouill, J. d. d.
布鲁姆	Blum, K, R.
布维尔	Bouvier, A. M.
艾纳玛	Inama, S.
皮若	Pirou, G.
皮尔逊	Pierson, N. G.
边沁	Bentham, J.
尼科尔森	Nicholson, J. S.
加特纳	Gartner, F. W.
加利阿尼	Galiani, F.
加尼斯	Cairnes, J. E.
加尼尔	Garnier, J. F.
弗里克	Frisch, R.
弗里德兰德	Friedlander, E.
弗里德利考威斯	Rridrichowicz, E.
圣马克	Saint-Marc, H.

六画

汤普逊	Thompson, W.
米契尔	Mitchell, W.
米亚基马	Miyajima, T.
米斯	Mees, W. C.
米拉	Mira, G.

齐默尔曼	Zimmerman, L. J.
吉诺维西	Genovesi, A.
吉丁斯	Giddings, F. H.
吉恩克顿	Genechten, R.
考拉	Kaulla, R.
考威	Cauwes, P.
考茨	Kauts, G.
考德	Kauder, E.
亚当斯	Adams, H.
亚当·斯密	Smith, A.
西格	Seager, H. R.
西格弗利德	Siegfried, B.
西季威克	Sidgewick, H.
西尼尔	Senior, W.
达文波特	Davenport, H. J.
达鲍斯	Dabos, H.
达尔文	Darwin, G. H.
迈斯考斯基	Miaskowski, A. V.
迈耶	Meyer, M.
迈耶	Meyer, R.
迈克利斯	Michaelis, O.
迈克尔斯	Michels, R.
托托缅茨	Totomiants, V. F.
托依尔	Toyer, F. A.
乔治	George, H.
乔丹	Jourdan, A.
休厄尔	Whewell, W.
休尔特	Suret, L.
华莱士	Wallas, G.
约翰逊	Johnson, A.

七画

汪茨	Wundt, W. M.
沃洛威斯基	Wolowski, L. F.
沃尔夫	Wolf. J.
沃尔克	Walker, F.
沙洛诺	RiccaSalerno, G.
沙林	Scharling, W.
沙林	Salin, E.
沙里达克斯	Saridakis, G.
沙穆斯	Scharms, E.
沙德威尔	Shadwell, J. L.
亨德森	Henderson, A.
麦康内尔	McConnell, J.
麦克劳利	Macrory, E.
麦克利戈	Macgregor, D. H.
麦克利昂	Macleod, H. D.
克雷格	Craig, J.
克拉克（父）	Clark, J. B.
克拉克（子）	Clark, J. M.
克拉茨克曼	Kretschmann, J. G.
克希拉	Kerschlagl, R.
克鲁斯	Kruse, A.
克尼斯	Knies, K.
杜波依斯	Dubois, A.
杜干	Turgeon, C.
杜吉特	Duguit, L.
杜林	Duhring, E.
杜皮特	Dupuit, J.
杜尔阁	Turgot, A. R.
杜能	Thunen, I. H. V.
李嘉图	Ricardo, D.

李斯特	Rist，C.
李西	Ricci，U.
坎宁安	Cunningham，W.
坎南	Cannan，E.
劳埃德	Lloyd，W.
劳德戴尔	Lauderdale，J. M.
苏拉侬	Suranyi-Unger
肖夫	Shove，G. F.
希格斯	Higgs，H.
利斯	Rees，R. L.
伯托里诺	Bertolino
伯努里	Bernoulli，D.
伯纳・肖	Shaw，Bernad
狄潘豪斯特	Diepenhorst，P. A.
狄兹	Dietzel，H.
阿米塔奇・斯密	Armitage-Smith，G.
纽柯布	Newcowb，S.
纽曼	Newmann，J.
纽曼	Newman，J. C.

八画

庞巴维克	Bohm-Bawerk
拉普拉斯	Laplace，P.
拉韦利	Laveleye，E. d.
松吞	Thornton，W. T.
杰文斯	Jevons，H. S.
杰文斯	Jevons，T.
杰文斯	Jevons，W.
杰文斯	Jevons，Herbert
杰文斯	Jevons，Thomas
贾菲	Jaffe，W.

林德伍恩	Lindwurn, A.
林登	Linden, P. W. A.
奈特	Knight, F. H.
雨光	Hugon, P.
坦戈拉	Tangorra, V.
英格拉姆	Ingram, J. K.
迪鲍夫	Delboeuf, J.
罗宾斯	Robbins, L.
罗斯科	Roscoe, M. A.
罗斯科	Roscoe, W.
罗斯特	Rost, B.
罗斯勒	Roesler, H.
罗杰斯	Rogers, E.
罗杰斯	Rogers, J. E. T.
罗森斯坦-罗丹	Rosenstein-Rodan
罗西	Rossi, P. L. E.
罗尔	Roll, E.
罗伯逊	Robertson, R.
罗科	Roca, R.
帕累托	Pareto, V.
帕桑斯	Parsons, T.
凯恩斯	Keynes, J. M.
邦奇	Bunge, N. K.
季德	Gide, C.
配克	Peck, H. W.
配林	Perin, C.
配蒂特	Petit, E.

九画

派顿	Patten, S. N.
洛里亚	Loria, A.

施罗德	Schroder, E.
施穆勒	Schmoller, G.
施皮格尔	Spiegel, H. W.
祖坎德尔	Zuckerkanall, R.
柯莫津斯基	Komorzynski, J. V.
查德威克	Chadwick, D.
查德威克	Chadwick, E.
威斯蒂德	Wicksteed, P.
威利	Waley, J.
威特利	Whately, R.
威尔布兰	Wilbrandt, R.
奎克	Quack, H. P. G.
哈克	Hack, F.
哈耶克	Hayek, F. A. V.
哈奇逊	Hutchison, T. W.
科特里尔	Cotterill, C. F.
科萨	Cossa, L.
科恩	Cohn, G.
科恩斯杜亚特	CohenStuart, A. J.
科尔松	Colson, L. C.
费雪	Fisher, I.
费克	Fick, L.
费希纳	Fechner, G. T.
费鲍根	Feilbogen, S.

十画

高纳德	Gonnard, R.
朗哈兹	Launhardt, W.
朗菲尔德	Longfield, M.
诺高洛	Nogoro, B.
索斯顿	Thurstone, L. L.

格洛斯	Gros，G.
格雷	Gray，A.
格雷文	Greven，H. B.
格莱塞阿尼	Graziani，A.
莱克西	Lexis，W.
莱斯利	Leslie，T. E. C.
莱斯特	Lester，R. A.
莱瓦苏	Levasseur，E.
莱尔	Lehr，J.
莫利纳里	Molinari，G.
特里布	Treub，M. W. F.
桑巴特	Sombart，W.
陶希	Taussig，F. W.
陶茨克	Tautscher，A.

十一画

康茨	Contzen，H.
盖特	Guyot，Y.
勒托特	Letort，C.
勒本	Lieben，R.
菲力波维奇	Philippovich，V. P. C.
萨伊	Say，J. B.
萨克斯	Sax，E.
苏里	Sully，J.
曼尼金	Mannekin，Th.
维塞尔	Wieser，F.
维利	Villey，D.
维利	Villey，E.
维纳	Viner，J.

十二画

温特费尔德	Winterfield，L.

温伯格	Weinberger, Otto.
普雷斯	Price, L. L.
普林什姆	Pringsheim, A.
普列考索斯	Precursors
普拉托	Prato, G.
普鲁东	Proudhon, P. J.
谢夫勒	Schaffle, A. E. F.
琼克	Junker, P.
博宁西尼	Boninsegui, P.
博让	Beaujon, A.
博卡多	Boccardo, G.
博利	Beaurin, G.
博纳	Bonar, J.
惠特克	Whitteker, E.
塔斯曼	Tasman, H. J.
斯潘	Spann, O.
斯潘塞	Spencer, H.
斯蒂格勒	Stigler, G.
斯达克	Stark, W.
斯达哈根	Stavenhagen, G.
斯廷	Stein, L. V.
斯科特	Scott, W.
斯鲁茨基	Slutsky, E.
斯马特	Smart, W.
奥托	Ott, A.
奥斯皮茨	Auspits, R. andd.
奥曼	Oman, C.
奥尔斯	Oules, F.
鲁宾	Ruppin, A.
鲁道夫	Rudolf, C. P.
鲁菲	Ruffy, E.

十三画

塞利格曼	Seligman
福塞特	Faucett, H.
福古森	Ferguson, J.
福克斯威尔	Foxwell, H. S.
蒙基	Mongin, M.
蒙塔纳里	Montanari, A.
蒙巴特	Mombert, P.
詹宁斯	Jennings, R.
詹金	Jenkin, F.
詹姆斯	James, Edmund
詹姆斯	James, Emile
鲍丁	Baudin, L.
鲍克	Boucke, O. F.
鲍里拉	Baudrillart, H. J. L.
鲍利	Bowley, A. L.
鲍利	Bowley, M.

十四画以上

赫恩	Hearn, W. E.
赫德曼	Hyndman, H. M.
赫弗德	Herford, C. H.
赫维-巴齐	Herve-Bazin, F.
熊彼特	Schumpeter, J.
潘达里奥尼	Pantaleoni, M.
摩根斯坦	Morgenstern, O.
霍斯利兹	Hoselitz, B.
霍布森	Hobson, J.
霍达德	Houdard, A.
默里维尔	Merovale, H.
赞诺	Zanon, G. A.

赞比利	Zambelli，A.
穆勒（父）	Mill，James
穆勒（子）	Mill，J. S.

索引

本索引含人名与事项，以笔画排序，页码系原书页码（标在正文和注释相应的译文处）

四画

五画

六画

七画

八画

九画

十画

十一画

十二画

十三画

十四画

十五画

十六画

图书在版编目(CIP)数据

边际效用学派的兴起/(美)理查德·豪伊著;晏智杰译.—成都:西南财经大学出版社,2019.7
(晏智杰译文集)
ISBN 978-7-5504-3943-6

Ⅰ.①边… Ⅱ.①理…②晏… Ⅲ.①边际效用学派 Ⅳ.①F091.34

中国版本图书馆 CIP 数据核字(2019)第 095911 号

晏智杰译文集:边际效用学派的兴起
YANZHIJIE YIWENJI BIANJI XIAOYONG XUEPAI DE XINGQI
[美]理查德.豪伊 著
晏智杰 译

责任编辑:汪涌波
装帧设计:傅瑜
内文版式设计:穆志坚
责任印制:朱曼丽

出版发行	西南财经大学出版社(四川省成都市光华村街 55 号)
网　　址	http://www.bookcj.com
电子邮件	bookcj@foxmail.com
邮政编码	610074
电　　话	028-87353785
照　　排	四川胜翔数码印务设计有限公司
印　　刷	成都金龙印务有限责任公司
成品尺寸	170mm×240mm
印　　张	17.875
彩　　插	4 页
字　　数	315 千字
版　　次	2019 年 7 月第 1 版
印　　次	2019 年 7 月第 1 次印刷
书　　号	ISBN 978-7-5504-3943-6
定　　价	98.00 元